检察官博士文丛

JIANCHAGUAN BOSHI WENCONG

大数据不正当竞争行为检察公益诉讼研究

Dashuju Buzhengdang Jingzheng Xingwei
Jiancha Gongyi Susong Yanjiu

兰　楠——著

中国检察出版社

图书在版编目（CIP）数据

大数据不正当竞争行为检察公益诉讼研究 / 兰楠著
. -- 北京：中国检察出版社，2025.1
ISBN 978-7-5102-3054-7

Ⅰ．①大… Ⅱ．①兰… Ⅲ．①互联网络—应用—反不正当竞争—经济法—研究—中国 Ⅳ．① D922.294.4

中国国家版本馆 CIP 数据核字 (2024) 第 058237 号

大数据不正当竞争行为检察公益诉讼研究
兰　楠　著

责任编辑： 王伟雪
技术编辑： 王英英
封面设计： 天之赋设计室

出版发行： 中国检察出版社
社　　址： 北京市石景山区香山南路 109 号（100144）
网　　址： 中国检察出版社（www.zgjccbs.com）
编辑电话：（010）86423797
发行电话：（010）86423726　86423727　86423728
（010）86423730　86423732
经　　销： 新华书店
印　　刷： 河北宝昌佳彩印刷有限公司
开　　本： 710 mm × 1000 mm　16 开
印　　张： 18.75
字　　数： 284 千字
版　　次： 2025 年 1 月第一版　　2025 年 1 月第一次印刷
书　　号： ISBN 978-7-5102-3054-7
定　　价： 59.00 元

“检察官博士文丛”出版说明

新时代新征程，检察工作欣逢最好发展时期，同时也面临更高履职要求。高质效办好每一个案件，离不开高素质的检察队伍。检察官博士作为检察队伍中的高层次人才，其深厚的法学理论基础和丰富的实践经验，对高素质队伍建设具有重要的带动作用。特别是近几年来，一些青年检察官带着实践问题攻读博士学位，理论与实践互融互促，产出一批优秀成果。

我们甄选具有较高理论和实践价值的检察官博士研究成果，策划推出“检察官博士文丛”系列图书，助力既有“底色”又有“亮色”的新时代检察人才建设，促进检察理论研究繁荣发展。入选文丛的基本要求：

一是以习近平新时代中国特色社会主义思想为指导，全面贯彻习近平法治思想，运用马克思主义立场、观点、方法，深入研究检察实践中面临的基础性、前瞻性、全局性、战略性问题，反映“四大检察”重大实践创新成果，对解决重大理论和现实问题、推进检察理论和实践发展具有积极意义。

二是坚持以人民为中心的研究方向，着眼于人民群众关心的实践问题，回应人民群众的普遍关切和检察人员的困惑痛点，切实抓住监督办案重点中的真问题，从理论上深入阐释、精准指引，促进理论研究解决真问题，真解决问题。

三是资料翔实、推理严密、论证充分、文字畅达，具有较强的原创性、理论性和实用性，深植法律政策规定，正确理解、正确解读、正确适用，充分反映最新立法、司法动态，体现法治进步，符合学术出版规范。

“检察官博士文丛”的出版得到了全国检察机关的广泛关注和大力支持，广大检察人员积极参与。对他们的关心和厚爱，我们表示衷心感谢！人才建设不是一朝一夕、一蹴而就的，希望“检察官博士文丛”能够成为具有坚定理想信念、强烈家国情怀、扎实法学根底的检察人员的一片“沃土”，并在此开出繁花，结出硕果，为检察工作现代化贡献智慧和力量！

中国检察出版社

2024 年 2 月

序　一

很高兴能有机会“优先”阅读此著作，并能以这种方式表达阅读后的感受。

拿到样书，只看书名就让人眼前一亮：“大数据”“不正当竞争行为”“检察公益诉讼”这几个关键词组合在一起所产生的观念冲击。因为这是具有中国时代特色的、宏大制度风景中的一处正在建构的别致景观。一方面，它所面对的问题具有逐层叠加的特性，并由此形成多个不同环节的不同挑战；另一方面，标题所指向的中心议题中充满了很大的理论空间，引发读者许多想象和期待。

标题中的三个关键词都是我国新时代立法和法律实施中的热点问题。

首先，关于“大数据”的法制度化问题。数据的价值生发性极强，也具有高度的社会连带性。这些特性要求对数据的认识无法保持单向度。大数据的立法视角是多元的，包括微观视角下的基础性的制度，如权利、权利属性、权利运用等，也包括中观视角下的大数据获取、交易等，还包括宏观视角下的数据中的社会公共利益、国家利益等。尽管国家已经制定了个人信息保护法、数据安全法等数据方面的专门法律，但就数据问题，这两部法律远远不够，由此数据法律制度体系就形成了这样一种拱卫结构：以专门的立法为中心，以分散在诸多部门法中的数据规范为补充。

其次，从“不正当竞争行为”的角度，我国反不正当竞争法进行了第一次修改，但解决的问题尚不足以适应数字时代的要求，由此，正在进行再一次的修订。很大程度上，再次修订的挑战和内容主要集中在“数据”上。它不仅仅是在传统的不正当竞争行为中增加一项独立的内容——数据不正当竞争，贴“瓷砖”的思路不可能满足数字时代的需要。故数字竞争与反竞争问题冲击到所有的不正当竞争行为。甚至可以说，现行的反不正当竞争法已经从传统的色彩转变为数据为底色的制度形态了。

最后，关于“检察公益诉讼”的制度挑战。近年来，在我国公益诉讼理论和实践交叉推进，螺旋上升。我国的反垄断公益诉讼制度有别于西方的团体诉讼和集体诉讼。尽管“两高”就检察公益诉讼发布了一些指导性的文件，但总体上，公益诉讼的制度框架虽基本建立，但还需要不断细化，并建立完善的制度体系。公益诉讼类型的多元化——民事公益诉讼、行政公益诉讼、刑事附带民事公益诉讼，和不同制度内容的差异性——环境公益诉讼、消费者权益保护公益诉讼等各自需要不同的制度设计，要求建立一般性的制度内容，也需要类似反垄断公益诉讼、个人信息公益诉讼等特殊制度的建构。在扩大意义上，也包括反不正当竞争行为公益诉讼。

以上是从三个关键词各自的范畴展开的探讨，标题确立的是三个关键词的关系。从关系上看，呈现逐级限缩的逻辑。

数字时代的反不正当竞争法被赋予更高的使命，承担更重的任务。这既需要丰富已有的制度规制的行为类型，也需要创建新的制度。是否将公益诉讼引入到制度之中，是一个待定的命题。

本书以大数据不正当竞争行为的检察公益诉讼为目标，探讨大数据的特殊性、数据不正当竞争行为的特殊性，提出为数据不正当竞争行为设置公益诉讼制度的必要性及以检察机关为诉讼主体的理由。

近年来，我国公益诉讼制度在探索中快速推进，已经积累了很多有价值的经验。本项成果是探索性的研究。对于数字经济背景下不正当竞争行为的检察公益诉讼至少包含两大主题：反不正当竞争法需要公益诉讼；不正当竞争行为的检察公益诉讼。研究主要集中于前者，很多分析是基础性的，如反不正当竞争法中的公共利益、分析模式等。这些基础性问题除服务于立法外，更重要的是将大数据不正当竞争行为公益诉讼这一主题正式提出来。它代表着一种立法趋势，相关研究内容为在立法上落实公益诉讼提供一定的学理基础。

一项制度的开始，通常始于较为丰富的理论研究，也有可能发生在重大事件之后。黑格尔曾说，“密涅瓦的猫头鹰要等到黄昏到来，才会起飞”。“密涅瓦”是罗马神话中的智慧女神，猫头鹰是智慧的象征。这种隐喻的意义是，只有重大事件发生后，才能洞察、理解事件中的价值。从立法的角度看，我们不希望一部法律是在一项重大事件之后才被动地填补，提前研究并充分发表意见，再结合法律实践的需要完成立法，这种规范与事实之间的稳定融合才是法制化的最佳选择。

目前，学术界和实务界关于公益诉讼的研究积累了一定的成果，关于大数据不正当竞争行为的研究也取得了可观的成绩，但将两者结合起来并以检察的视角展开研究尚属首次，相信这一主题的提出将引发理论界持续关注此问题，并由此形成更具有延展性的研究成果。祝贺此书的出版！

刘继峰

中国政法大学钱端升讲座教授、博士生导师

2024年8月

序　二

检察公益诉讼作为我国司法制度中的一项重要制度创新，在保护公共利益、保障民生、维护法治权威、提升全社会的法治意识等方面的独特作用已经凸显。尤其是在面对环境保护、食品药品安全、国有财产保护等重要领域的新型违法行为，检察机关通过提起公益诉讼，在遏制违法行为的同时，也弥补了法律救济的不足。为此，进一步探索检察公益诉讼的适用范围，对于充分发挥其在社会治理体系中的积极作用，推动我国法治建设的深入发展，具有重要的学术价值和实践意义。

就保护社会公共利益角度观察，反不正当竞争法律制度与检察公益诉讼制度有着共同旨趣。在市场经济的早期阶段，市场秩序相对混乱，商业欺诈和不正当竞争行为屡见不鲜，严重侵害了消费者权益和市场公平。此时，反不正当竞争法律制度主要通过打击虚假宣传、商业贿赂、侵犯商业秘密等显性行为，维护市场的基本秩序和公平竞争环境。随着经济的发展和市场的成熟，竞争形式日益多样化和复杂化，反不正当竞争法律制度的作用也逐步拓展到保护知识产权、维护企业创新动力等方面。在全球化和信息化的今天，反不正当竞争法律制度不仅是维护市场秩序的法律工具，更是保护企业和消费者的合法权益、促进市场健康发展、保障社会公平正义的重要手段。然而，大数据技术的迅猛发展带来巨大经济效益和促进社会进步的同时，还催生了大量更加隐蔽和复杂的不正当竞争行为。大数据不正当竞争行为通常涉及对用户数据的非法收集和滥用。如果企业未经同意对通过各种手段获取的用户数据进行数据分析和商业利用，将会严重侵害个人隐私和信息安全，无论是利用其对用户数据的掌握，进行数据垄断，通过数据分析和算法控制市场信息流，在搜索排名、广告投放、商品推荐等方面进行市场操控，排除其他企业的公平竞争机会和市场生存空间；还是通过对用户数据的深入分析，或者进行个性化的广告推送实现精准营销，或者夸大产品效果以虚假宣传误导消费者，侵犯消费者的知情权和选择权，削弱消费者对市场的信任，这些损害市场健康发展和公平竞争环境的行为，对社会秩序和社会正义构成了严重的威胁和破坏。而且，大数据不正当竞争行为往往涉及技术手段的复杂应用，还可能涉及跨区域甚至跨国界的操作，挑战现有法律制度的有效性，增加执法的难度和复杂性。在这种背景下，亟须深入探究反不正当竞争法律制度的调整和完善，以应对新的竞争形式，维护社会的公平正义和市场的健康发展。

大数据领域的不正当竞争行为难以被传统的法律救济手段和行政监管手段全面覆盖，而检察公益诉讼作为一种司法救济手段，通过对典型案件提起公诉，通过法律途径对企业的大数据不正当竞争行为进行有力打击，形成法律震慑，预防和遏制潜在的大数据不正当竞争行为，维护市场的公平竞争环境。同时，将检察公益诉讼应用于反大数据不正当竞争行为，还可以让公众看到法律的公正性和权威性，增强公众对法律制度的信任和认同感，从而提升对司法公正的信心，促进社会的和谐稳定。本书以大数据权利及其运用为研究对象，以社会公共利益为连接点，通过深入的理论分析和丰富的实践案例，系统地揭示了大数据不正当竞争行为的本质及其危害，为学术界进一步研究相关问题提供了翔实的研究资料。该研究成果充分论证了将检察公益诉讼应用于反大数据不正当竞争行为的必要性和可行性，提出了大数据不正当竞争行为的检察公益诉讼分析框架，不仅具有很高的立法和政策参考价值，而且也为司法实践提供了切实可行的操作指南。

司法实践是法学理论的源泉和检验场所。通过实践中的具体案例，法学理论得以从抽象的法律条文和概念转化为具体的司法判决和操作流程。从这个意义上讲，司法实践经验不仅是法学理论研究的重要依据和检验标准，还是推动法学理论不断进步的重要动力。虽然一个人在法学研究方面的卓越创新能力是其取得杰出成就的关键，十几年前兰楠在硕士生阶段就已经展示出她对于法学研究的灵性和非同寻常的潜力，但作为她的硕士生导师，我深知她在法院和检察院多年的工作经历为本著作的创作提供了宝贵的实践基础，她善于运用大数据分析、实证研究、多学科交叉研究等科学的研究方法也多来源于此。此外，广泛的阅读和广博的知识背景助力她拥有丰富的知识储备和多元的思想视角，使得她能够从不同的法律体系和学派中汲取有益的思想和经验，让她在面对复杂的新型法律问题时，能够从不同的角度进行深入思考，找到独特的解决方案。

在这十几年间，兰楠于繁忙的工作之余，仍然坚持学术研究，展现出非凡的勤奋和毅力。她笔耕不辍，始终关注法律实践中的新问题、新挑战，并不断将这些问题转化为学术研究课题，并能突破传统的法律思维，进行深入探讨，提出新颖的法律理论和观点。她曾经对我感慨“办案是法学研究的灵感来源”。正是这种扎实的实践经验和严谨的学术态度，使得本书客观、理性且具有很强的说服力，在理论深度和实用性方面达到了很高水平。我相信，兰楠的这一研究成果对于促进法律理论界和实务界充分理解检察公益诉讼应用于反大数据不正当竞争行为的必要性，推动立法机关和相关部门进行相关立法和政策的调整，强化检察公益诉讼在反大数据不正当竞争行为实践中的积极效能，将会作出重要贡献。

本书不仅是兰楠多年研究的结晶，更是她在司法实践中积累的丰富经验和深刻见解的集中体现。司法工作不仅是一份职业，更是一种使命和责任，我相信兰楠能够永葆初心，为社会的公平正义贡献自己的力量，我也相信她会继续保持对学术研究的热情，不断探索和创新，能够取得更多具有重要影响力的研究成果，在未来的研究道路上能够体验到更多的幸福。愿她在未来的职业和学术生涯中，取得更加卓越的成就。

刘智慧

中国政法大学法律硕士学院副院长、教授

2024 年 8 月

前　言

中国特色社会主义事业进入新时代后，依法治国面临着全新的时代背景，世情、国情、民情都在发生着深刻变化。当今世界正在经历百年未有之大变局，全球治理体系不断发生变革，我国的改革也进入了关键时期。经过四十余年的改革开放，我国社会的主要矛盾已经从人民日益增长的物质文化需要同落后的社会生产之间的矛盾，转变成为人民日益增长的美好生活需要和不平衡不充分的发展之间的矛盾。习近平总书记反复强调“要有强烈的问题意识，以重大问题为导向，抓住重大问题、关键问题进一步研究思考，找出答案，着力推动解决我国发展面临的一系列突出矛盾和问题”。2014年10月，中国共产党第十八届中央委员会第四次全体会议审议通过《中共中央关于全面推进依法治国若干重大问题的决定》，首次提出“探索建立检察机关提起公益诉讼制度”。2021年6月，《中共中央关于加强新时代检察机关法律监督工作的意见》明确提出，“进入新发展阶段，与人民群众在民主、法治、公平、正义、安全、环境等方面的新需求相比，法律执行和实施仍是亟须补齐的短板，检察机关法律监督职能作用发挥还不够充分”，要充分“服务保障经济社会高质量发展”“切实加强民生司法保障”“积极引领社会法治意识”。检察公益诉讼以法治手段参与国家治理体系和治理能力现代化建设，试图“积极稳妥”拓展公益诉讼案件范围，而公益诉讼案件范围的探索，实际上是对检察公益诉讼视野下社会公共利益范畴和实现路径的理解与把握。

大数据的出现及大数据化的技术、工具和思维方式正在从互联网领域向其他各个领域迅速扩张、植根。从技术的角度观察，数据生成、存储设备的改进、数据处理方法与技术高速更迭、算法和机器学习的普遍运用，都使得海量数据的生成与运用成为可能；从数据运用的角度观察，多领域海量数据的形成，以及数据使用、分析方法的多元化，使得数据实际得以深刻交叉、融合，产生了更高的分析预测价值。除了直接的大数据交易外，大数据还被应用到了几乎各个行业的价值创造和分配过程。以分析预测为核心功能的大数据对经济社会生活产生了深刻影响，竞争领域概莫能外。2022 年 6 月 22 日，中央全面深化改革委员会第二十六次会议审议通过了《中共中央、国务院关于构建数据基础制度更好发挥数据要素作用的意见》(以下简称《意见》)，明确提出要“建立数据产权制度”，推进公共数据、企业数据、个人数据分类分级确权授权使用，建立数据资源持有权、数据加工使用权、数据产品经营权等分置的产权运行机制，健全数据要素权益保护制度。《意见》的发布对于明确数据权属及相应规则具有极为重要的意义。

本书以竞争法视野下的大数据权利及其运用为研究对象，通过实证分析法、规范分析法和比较分析法等方法，对大数据权利的基础性规则、大数据权利运用中的反竞争问题、大数据不正当竞争案件的启示及认定理论的再认识进行梳理和分析；与此同时，对检察公益诉讼履行法律监督职能的本质属性进行了分析，探讨了检察公益诉讼通过监督法律统一正确实施参与国家治理的重大方式变革，并实质分析了“社会公共利益”这样一个检察公益诉讼与反不正当竞争法高度契合的连接点；最终尝试提出大数据不正当竞争行为的检察公益诉讼分析框架。

第一章梳理和分析了与大数据相关的前提和基础性问题。从大数据的自然属性和法律属性入手，分析大数据的权利属性；通过对域外法的介绍和我国实践需求的分析，从财产权的视角提出构建大数据基础性规则的思路。同时，对竞争法视野下的大数据权利运用的法律适用进行了初步分析。认为大数据相关立法应当是一个围绕数据化新型资产使用与交易需要而进行的系统性的法律制度变革，需要区分数据主体的数据权利和经营者的大数据权利。

第二章是大数据权利运用中的反竞争问题研究。大数据权利运用在为经营者带来竞争优势的同时，也对竞争产生了不利影响，与大数据权利运用相关的反竞争行为产生的原因有必要予以分析。在此基础上，由于大数据技术创新给反垄断分析方法带来了不确定性，通过对传统反垄断分析方法有效性的重新审视，认为规制的视角应当向反不正当竞争法适度转移。

第三章是大数据不正当竞争案件的启示及对认定理论的再认识。通过对典型案例的法律适用进行详细分析，结合裁判中存在的错误观念，提出大数据权利运用对竞争行为认定理论的挑战与矫正。对竞争行为正当性评价理论和竞争关系进行梳理、反思。

第四章是关于反不正当竞争法上的公共利益保护与检察公益诉讼职能行使和拓展的边界。检察公益诉讼的制度初衷包含了三个不同层面的基础问题，即法律监督、国家治理与公共利益。检察公益诉讼的本质是检察机关履行法律监督职能，却又是对法律监督职能的新诠释、新发展，检察公益诉讼实则通过监督民事、行政（经济）法律的统一正确实施来实现公益诉讼制度从“救济到治理”的重大变革，以法治手段参与国家治理体系与治理能力现代化建设；而对检察公益诉讼进行探讨的核心问题在于对社会公共利益的探讨和把握。社会公共利益是一个不确定的概念，我们只能通过多方位的分析尽可能逼近其内涵，社会公共利益更是检察公益诉讼制度与反不正当竞争法最大的连接点，两者都以对公共利益的保护为重要目标。有关大数据不正当竞争行为的公益诉讼已经有过零星实践，最关键的是我们要构建一个大数据不正当竞争行为的分析框架，这是比较专业和复杂的。

第五章是构思大数据不正当竞争行为的检察公益诉讼分析框架。大数据依托于互联网经济，互联网经济的特殊性将对分析产生重要影响。结合大数据不正当竞争的典型行为和非典型行为，梳理分析的特殊性与一般思路。由于互联网专条的先天不足，分析框架只能回到一般条款具体化上来，适用原则的建立包括公益优先原则和比例原则，分析方法的运用包括法益衡量的评价方法和商业道德的评价方法，传统的原则和分析方法在大数据权利运用中有着新的理解。

兰　楠

2024 年 8 月

目 录

导　论

一、研究背景和目的

（一）问题导向：现有制度供给不足以回应实践需求

1. 大数据具有极强的使用价值和交换价值

数据与大数据是一组密切关联的概念，两者应当在不同的语境下区分使用，“大数据”侧重于强调海量数据的集合，“数据”侧重于强调其在物理或法律上的抽象意义。“大数据”是指大量、多样、高效且有价值的数据集合，指的是大数据的技术、工具和思维方式。大数据表现出明显的财产属性，单个的数据汇集成为规模化的数据集合之后，成为一种资源、要素、财产，经营者可以获得经济利益、竞争优势；当数据集合被演化为创造巨大价值的新型资源和方法时，实际成了“数据化新型资产”。

一方面，大数据因其重要性被誉为互联网时代的“石油”，表现出极强的使用价值和交换价值，具有智能性、互动性与极强的个性化，可以运用于精准服务；另一方面，作为“零边际成本产品”，无论是被复制还是被抓取，经营者往往没有能力控制其绝对不被抓取，更加刺激了有关竞争行为和争议的频繁发生。由于大数据产品具有零边际成本的特点，与大数据相关的反竞争行为频繁发生，值得关注。

2. 与大数据相关的权利基本规则缺位

大数据的收集和利用是一系列的过程，这一系列过程包含了两种法律关系：一是用户个体（常常为自然人）和数据收集者之间的法律关系，集中表现为个人信息的保护需要和数据经营者的数据收集、利用需要之间的关系，这导致隐私问题引起了广泛的关注和讨论。二是围绕基于数据的新资产使用的法律关系，基于对市场秩序、效率、安全的考虑，如何定义相关权利，如何使用它们，以及如何合理限制。“只有清晰界定静态的权利，活跃的动态交易才成为可能”，缺乏权利运用的基本规则，是大数据法律框架中的首要问题，如果基本规则不清晰，大数据的收集、存储、加工、利用和交易都必然受到限制，实际也已经成为当前互联网领域涉数据竞争的根本因素。①

民法典囿于定位和篇章结构的限制，只作了原则性和指引性的规定，第 127 条规定，“法律对数据、网络虚拟财产的保护有规定的，依照其规定”。法典编纂过程中，许多反馈意见认为，清晰的权利内容和归属是交易的前提和基础，数据法律属性问题随着产业的发展已经成为必须解决的问题，但由于立法者考虑到与数据权属相关的一系列制度，包含保护的情形、主体和客体、权利内容和限制、期限和法律责任等内容需要系统详细地规定，故而留待专门立法予以完善。② 从该条的规定来看，一方面明确了依法保护数据的原则；另一方面鉴于数据的权利性质依然存在争议，需要进一步作深入研究，进一步总结理论和司法实践的经验，为以后立法提供基础。③

从学术界的主流观点看，还是倾向于对大数据采取赋权保护模式，赋予数据资产权或者至少数据经营权，主要考虑是能够提供一个合理的行为预期和行为边界，维护法的安定性。大致有两个路径：一个是在现有财产权的制度框架内，做一个扩张解释；另一个是突破现有的财产权制度，赋予新的权利类型。具体的权利形态，学界具体提出了包括“数据新型财产权”④、“数据控制者权”⑤、“数据生产者权”⑥、“企业数据权”⑦、“数据用益

---

① 张钦坤:《中国互联网不正当竞争案件发展实证分析》，载《电子知识产权》2014 年第 10 期；刘继峰、曾晓梅:《论用户数据的竞争法保护路径》，载《价格理论与实践》2018 年第 3 期。

② 石宏主编:《中华人民共和国民法总则条文说明、立法理由及相关规定》，北京大学出版社 2017 年版，第 302—304 页。

③ 石宏主编:《中华人民共和国民法典立法精解（上）》，中国检察出版社 2020 年版，第 166 页。

④ 龙卫球:《数据新型财产权构建及其体系研究》，载《政法论坛》2017 年第 4 期。

⑤ 戴昕:《数据隐私问题的维度扩展与议题转换——法律经济学视角》，载《交大法学》2019 年第 1 期。

⑥ 姚佳:《企业数据的利用准则》，载《清华法学》2019 年第 3 期。

⑦ 管洪博:《大数据时代企业数据权的构建》，载《社会科学战线》2019 年第 12 期。

权”[①] 等，但是，大数据赋权的先例、正当性、可行性和可能对实践的影响都需要理论和实践的审慎评估。

大数据具有明显的财产属性，与大数据相关的权利因此表现出极强的财产权属性；同时，由于大数据来源于用户个体的数据信息，用户个体数据信息体现了个人的自由、尊严与意志，因而大数据权利兼具明显的人格权属性。从初步分析来看，似乎又不能将其简单地归入某一类传统的民事权利之下，确有必要对其性质进行深入分析。可以肯定的是，从财产权角度构建基本权利规则的目的应该是建立一个“有效保护个人权益”“充分维护数据活动自由和发挥数据经济价值的权利体系”[②]，那么，就应当区分用户个体对数据的权利和经营者对大数据的权利。

3. 相关的竞争法规则不足以回应现实需求

不论是在传统领域还是互联网领域，反垄断法和反不正当竞争法的适用都是既有交集又有互补。反垄断法没有专门回应互联网竞争问题，大数据技术创新是否会给反垄断分析方法带来不确定性有待分析，大数据权利的运用是否给反垄断法传统的“结构—行为—绩效”的法理分析框架带来挑战同样值得关注。与此同时，由于大数据技术造成了不正当竞争行为的低成本甚至零成本，不正当行为的发生变得更普遍和容易，不正当竞争法的分析框架应予适当重视。

2018 年《反不正当竞争法》引入了被称为“互联网专条”的第 12 条，2019 年修订该法时也不涉及该条的调整，第 12 条第 1 款基本属于宣示性质，概括式地规定了网络经营者在互联网领域实施的不正当竞争行为不仅受到互联网专条的约束，同样受到传统行为规范的约束。第 2 款共四项，列举了三类具体情形并加入了一项兜底性条款，这四项规定之间，既不互斥也不周延，“不互斥”意味着因分类方法缺乏足够的理性，而导致经营者的单一行为可能被条款规定的多个类型所覆盖，发生法条竞合；“不周延”意味着条款的预见性低，存在类型化条款并不能覆盖的互联网竞争行

---

① 申卫星:《论数据用益权》，载《中国社会科学》2020 年第 11 期。

② 程啸:《论大数据时代的个人数据权利》，载《中国社会科学》2018 年第 3 期。

为，远不能满足立法技术对类型化条款分类“互斥并周延”的要求[①]，互联网专条未能对与大数据相关的不正当竞争行为予以适当回应，可能需要探讨是否应当在充分考虑大数据竞争行为特性的情况下，继续容忍在一般性条款的框架下寻求解决争议。

4. 检察公益诉讼提供积极稳妥的实践探索

2021 年 6 月，《中共中央关于加强新时代检察机关法律监督工作的意见》提出“积极稳妥拓展公益诉讼案件范围”“总结实践经验，完善相关立法”。2021 年 11 月，最高人民检察院在《关于充分履行检察职能服务保障海南自由贸易港建设的意见》中首次提出探索办理“反垄断、反不正当竞争、信息数据安全、消费者权益保护”等领域公益诉讼案件。在海南，首次明确将对公益诉讼案件范围的探索、拓展直接指向反不正当竞争领域。严格来说，反不正当竞争领域并不是检察机关传统的办案领域，大数据也是数据爆炸之后的新生事物，大数据不正当竞争行为是法学的一个新兴的关注点，检察公益诉讼在该领域的探索还有待进一步深入。

（二）研究目的：构建一个行为分析框架

1. 分析和梳理与大数据权利相关的基本规则，作为竞争法分析的基础

基本权利规则应当围绕以下几个方面的诉求：第一，用户个体的个人信息、隐私保护需要；第二，用户个体持续获取便捷网络服务的需要；第三，经营者追逐数据资源并为之投入和开发的意愿；第四，经营者合法权利获得保护的需要；第五，公共领域数据分析利用的社会化需求。

2. 分析并构思大数据不正当竞争行为检察公益诉讼的分析框架

大数据除作为数据化新型资产本身的价值与优势之外，还为权利主体带来了特殊的竞争优势。随着数据多元化开发和利用，大数据权利主体争夺和利用数据资源的矛盾日益突出，有可能对竞争产生多方面不利的影响，侵害竞争法所保护的社会公共利益。消除大数据权利运用给竞争带来的不利影响，首先应当将大数据权利运用行为纳入竞争法视野，并进一步

---

① 蒋舸：《〈反不正当竞争法〉网络条款的反思与解释——以类型化原理为中心》，载《中外法学》2019 年第 1 期。

分析反垄断法分析框架和反不正当竞争法分析框架的适用。分析大数据权利运用可能对反不正当竞争法的实施带来哪些方面的挑战，不正当竞争行为产生的特殊原因，以此为切入点，对不正当竞争行为认定的基本理论和竞争关系进行再认识。最后，将一般性与特殊性相结合，提出大数据不正当竞争行为的检察公益诉讼分析框架。

二、研究思路和方法

一是解决竞争法分析的前提和基础性问题。从大数据的自然和法律属性入手，分析大数据的权利属性；通过对域外法的考察和我国实践需求的分析，从财产权的视角提出构建大数据基础性规则的思路。同时，对竞争法视野下的大数据权利运用进行初步分析。

二是分析和研究大数据权利运用中的反竞争问题。分析大数据权利运用为经营者带来的竞争优势和对竞争产生的不利影响，对大数据权利运用进行竞争法调整，需要充分发挥反垄断法和反不正当竞争法两者在保护竞争和维护市场竞争秩序方面的相互补充的作用。大数据技术创新已经给反垄断分析方法带来诸多不确定性，有必要重新审视反垄断分析方法；同时，结合大数据不正当竞争行为产生的原因，分析反不正当竞争框架的适用性。

三是结合竞争行为与司法裁判的具体实践，对不正当竞争行为认定理论进行再认识。通过对典型案例的法律适用进行详细分析，提出大数据权利运用对竞争行为认定理论的挑战与矫正。结合裁判的错误观点，对竞争行为正当性评价理论和竞争关系进行梳理、反思。

四是分析和研究检察公益诉讼制度的目的、特性，认为检察公益诉讼制度的本质是新时期检察机关履行法律监督职能的新发展，是从传统的单一的事后救济思路向多元化的治理方式的重大变革，是以法治的手段参与国家治理体系与治理能力现代化建设。检察公益诉讼制度对于社会公共利益的关注、把握，更是与经济法尤其是竞争法高度契合的，甚至可以说，检察公益诉讼制度是对反不正当竞争法现有治理模式的补强。

五是构思大数据不正当竞争行为分析的检察公益诉讼分析框架。大数据依托于互联网经济，因此有必要从互联网经济的特性与逻辑入手，结合典型的不正当竞争行为，回到一般条款的体系内进行分析，提出兼顾一般规律与特殊性的争议解决思路。

每一种研究都需要“运用一定的方法”，或者“遵循特定的方式”来解决自己提出的问题。[①] 法学的研究方法，是为探寻法的内在规律而运用的角度，以及采取的方式和手段。[②] 法学的研究方法服从于法学的内涵，并应与具体的法律调整对象相结合。

根据菲利普·黑克所倡导的“利益法学”的理解，法律规定主要涉及为保护特定社会上的利益，而牺牲其他利益。此处的“利益”由于其多义性、非恒定性而进一步被探讨和界定，比如哈里·韦斯特曼所指的“赋予某种利益优先地位”的界定，就具有了浓厚的评价法学的意味，“评价法学”的正当性在司法裁判中尤其得到认可。一旦法律应用所谓的“不确定概念”或“概括条款”，或者出现立法者尚未评价的新问题时，法官就不能仅从法律，或仅从法律可以得出的立法者的态度来得到裁判，法官必须另行评价来填补既有框架的空白。不仅如此，即便在涵摄的过程中，我们在将案件事实的小前提归入到法律规范的大前提之下时，就已经在进行价值判断了。[③] 竞争法视野下的大数据权利运用，作为立法者尚未来得及评价的新问题，就面临多重空白的填补。

在竞争法视野下对大数据相关权利进行分析，首先采取实证分析法，对大数据权利的属性进行分析，并结合比较分析法吸纳域外经验中可供借鉴之处，提出构建基础性规则的思路。实证分析法还将运用在大数据竞争优势和对竞争可能产生的不利影响的分析论证上、对反垄断法和反不正当竞争法在相互补充的作用上，以及分析大数据技术创新给反垄断分析方法带来的不确定性和反不正当竞争框架的适用性。同时，将实证分析法与规范分析法相结合，从竞争行为与司法裁判的具体实践入手，对不正当竞争行为认定理论进行再认识，并在一般条款之下的普遍性与互联网经济的特殊性之下，构思大数据不正当竞争行为分析的框架。

---

① ［德］卡尔·拉伦茨:《法学方法论》，陈爱娥译，商务印书馆 2003 年版，引论第 19 页。

② 蒋晓伟:《论法学研究方法的基本法则》，载《东方法学》2012 年第 2 期。

③ ［德］卡尔·拉伦茨:《法学方法论》，陈爱娥译，商务印书馆 2003 年版，引论第 19—21 页、正文第 1—6 页。

三、相关立法与研究现状综述

(一) 域外立法与研究现状

1. 美国：把握机遇，守护价值

从立法与研究的发展趋势上看，可以认为美国基于经济社会发展的考量，已经由单边的关注隐私权保护逐步发展到优先利用大数据，并试图在两者之间寻找一个平衡点。

美国作为互联网技术最早兴起和发展的国家，将用户个人信息纳入隐私进行保护的做法，在立法和司法实践中一直是得到支持的，早期保护的侧重点也更在于此。随着互联网的深入发展，美国立法和司法都逐渐认可了“知情＋同意”的用户个人信息自决模式。[①] 美国个人数据保护的理论基础可以归结于认为个人数据“本质上是一种财产”，用户个人对数据信息“拥有所有权，并且如同财产的所有人那样，有权控制对其个人信息的任何使用”[②]，相较于侵权法保护的思路更具优势。随着大数据产业的发展，关注的重心逐渐汇聚到了数据主体对个人信息数据积极的“控制和处分”，数据主体被置于个人信息数据使用的“决策中心”，“自由主义的自治”的原则成为可能。[③]

劳伦斯·莱斯格（Lawrence Lessig）首次系统提出了将数据作为财产，确定数据主体对数据享有财产权的观点，认为应当赋予数据主体“以隐私进行协商的能力”，经营者“必须在协商成功后才能把数据拿走”。[④]

2014 年 5 月，美国总统执行办公室发表了一份题为：“大数据：把握机遇，守护价值”（Big Data: Seize Opportunities, Preserving Values）[⑤] 的白

---

① 龙卫球：《数据新型财产权构建及其体系研究》，载《政法论坛》2017 年第 4 期。

② Jerry Kang, Information Privacy in Cyberspace Transaction, 50 Stanford Law Review, 1193, 1246-1294, (1998).

③ 程啸：《论大数据时代的个人数据权利》，载《中国社会科学》2018 年第 3 期。

④ ［美］劳伦斯·莱斯格：《代码：塑造网络空间的法律》，李旭等译，中信出版社 2004 年版，第 197 页。

⑤ U.S. Executive Office of the President. (2014). Big Data: Seizing Opportunities, Preserving Values, Retrieved February 26, 2018, from https://obamawhitehouse.archives.gov/sites/default/files/docs/big_data_privacy_report_may_1_2014.pdf.

皮书，重点关注美国大数据应用和管理的现状和政策。该框架提出了在利用大数据技术时如何保护个人隐私基本价值的对策。从白皮书所代表的价值判断来看，美国政府更加重视大数据技术的利用，并考虑利用大数据促进经济和社会发展，保持美国在相关领域的领先地位。至于隐私权保护，进一步考虑通过完善相关具体法律规则来实现。

2014 年 9 月，美国联邦贸易委员会（Federal Trade Commission）举行了关于大数据的专题研讨会，并于 2016 年 1 月发布了“大数据：包容工具或排除工具——对主要问题的理解”（Big Data: A Tool for Inclusion or Exclusion? Understanding the issues）。[①]

欧内斯特·盖尔霍恩等人认为，维持适应快速变化的、技术革新的全球经济的反垄断体系，要求通过增进对相关商业和技术现象的理解、加快解决争议的速度以及改善设计有效救济方式的能力，来提升执行机构的能力。[②]

基斯·N. 希尔顿认为，在一般情况下，我们能够明确市场力量的三个决定因素：需求替代、供给替代和市场份额。任何一种未能将所有这三个决定因素都考虑进去的对市场力量的分析都是不全面的。[③]

莫里斯·E. 斯图克（Maurice E. Stucke）、艾伦·P. 格伦斯（Allen P. Grunes）认为，大数据在许多公司的战略决策中起着举足轻重的作用，公司正纷纷努力争取比竞争对手获得更多的“数据优势”，数据驱动的合并也在增加，对隐私、消费者保护和竞争法产生了重大影响。现有的反垄断法不适用于大量数据收集带来的竞争威胁，因为传统反垄断法分析主要关注商品和服务的价格，基于数据的商业模式所具有的产品免费特点和双边

---

① U.S. Federal Trade Commission. (2016). Big Data: A Tool for Inclusion or Exclusion? Understanding the issues, Retrieved February 26, 2018, from https://www.ftc.gov/system/files/documents/reports/big-data-tool-inclusion-or-exclusion-understanding-issues/160106big-data-rpt.pdf.

② ［美］欧内斯特·盖尔霍恩、威廉姆·科瓦契奇、斯蒂芬·卡尔金斯：《反垄断法与经济学》，任勇等译，法律出版社 2009 年版。

③ ［美］基斯·N. 希尔顿：《反垄断法：经济学原理和普通法演进》，赵玲等译，北京大学出版社 2009 年版。

市场让传统竞争法以经济学分析见长的方法失效，随着“免费”服务的蓬勃发展，执法机关更难以充分评估竞争对价格之外因素的影响，例如产品质量降低或隐私保护。消费者保护法律不足以解决大数据带来的竞争法顾虑，因为隐私保护本身就受制于一个公司所面临的竞争程度。[①]

2. 欧盟：积极寻求平衡立场

1995年，欧洲议会和欧盟理事会在《关于涉及个人数据处理的个人保护以及此类数据自由流动的第95/56/EC号指令》中提出：“自然人的基本权利和自由，特别是隐私权，必须得到尊重。”[②]2000年《欧盟基本权利宪章》第8条“个人数据保护”中规定，个人数据，只能基于当事人同意或者其他法律依据等特定目的，而被公正地处理。[③]

2016年，欧盟委员会启动了TOREADOR项目，并于2017年根据该项目的阶段性研究成果发布了《欧洲数据经济背景下的数据所有权——关于一项新权利的提案》（White paper–Data ownership in the context of the European data economy：proposal for a new right）白皮书，提出与数据相关的法律规定的不确定性是造成数据自由流通的重要障碍，承认数据所有权是最佳路径。[④]

2016年5月，法国和德国的竞争执法部门联合发布了“数据与竞争法”（Competition Law and Data）的研究报告，对可能与数据相关的并购、拒绝交易、歧视、排他性合同、捆绑销售和数据的交叉使用等问题进行了

---

① Maurice E. Stucke, Allen P. Grunes, Big Data and Competition Policy, Oxford University Press, 2016.

② Directive 95/46/EC of the European Parliament and of the Council of 24 October 1995 on the protection of individuals with regard to the processing of personal data and on the free movement of such data (Data Protection Directive), OJ L 281/ 31.

③ Charter of Fundamental Rights of the European Union art. 8, 2010 O.J.C 83/02, at 10.

④ 参见 White paper–Data ownership in the context of the European data economy: proposal for a new right, http://eur-lex.europa.eu/content/news/building_EU_data_economy.html，2018年2月22日访问。

分析。①

2016年4月27日，欧盟通过了《一般数据保护条例》(General Data Protection Regulation，GDPR)，尝试进一步追求平衡个人数据保护、数据安全与促进有效竞争和社会现代化之间的关系。②

维克托·迈尔－舍恩伯格、肯尼斯·库克耶认为，防止21世纪数据大亨的崛起等同于19世纪强盗大亨的现代翻版。为了确保给大数据提供一个与早期技术领域情况相当的活跃的市场环境，我们应该实现数据交易，比如通过授权和协同合作的方式。但是，监管人员需要在数据独有权和公众利益之间实现一个平衡。反垄断法遏制了权利的滥用。③

马太·霍尔(Matthew Hall)分析了大数据与竞争法的第一个实际案例，即德国联邦卡特尔委员会对脸书Facebook的调查，调查的核心是有关Facebook涉及用户个人数据的用户协议，是否构成滥用市场支配地位。德国当局认为，由于Facebook拥有市场支配地位，尽管其收集用户个人数据的条款不合理而且涉嫌违反欧盟或其成员国有关数据隐私的法律，但用户别无选择而被迫接受，从而构成滥用市场支配地位，作者预测本案将以和解告终。④

(二)国内研究现状综述

从国内对大数据的研究来看，呈现“一个多、一个少”的现状：“一个多”是指对大数据环境下个人信息、隐私权保护的研究呈压倒性态势；“一个少”是指竞争法视角下的大数据权利运用研究非常少，近两年有所增加，但总体上还很少。有学者统计了2013年至2017年10月，我国关

---

① French Autorité de la concurrence, German Bundeskartellamt, Competition Law and Data, Competition Law and Data, 10th May, 2016, at 28.Retrieved February 26, 2018 from http://www.autoritedelaconcurrence.fr/doc/reportcompetitionlawanddatafinal.pdf.

② 瑞柏律师事务所译:《欧盟一般数据保护条例》，法律出版社2018年版，第2—4、49—57页。

③ [英]维克托·迈尔－舍恩伯格、肯尼斯·库克耶:《大数据时代：生活、工作与思维的大变革》，盛杨燕、周涛译，浙江人民出版社2013年版，第21页。

④ The Intersection of Big Data and Antitrust Law — Finally a Case in the EU, Retrieved February 26, 2018 from https://www.passwordprotectedlaw.com/2016/03/big-data-and-antitrust-law/.

于大数据法治相关问题的研究现状，四年间相关论文约350篇、专著10余部，其中关于个人信息保护问题的约130篇，关于隐私保护和被遗忘权的111篇，关于数据属性、保护及其收集、存储、交易的53篇，大数据背景下的知识产权研究约20篇，关于数据跨境流动及数据主权研究的12篇，其他30篇。绝对的研究重点集中在个人信息和隐私保护上，占比68.9%。[①] 2022年6月，以“大数据＋权”为篇名关键词，在中国知网进行检索，共有262条检索结果，其中以被遗忘权为主题的43篇、隐私权为主题的8篇，直接以数据权为主题的7篇；以“大数据＋不正当竞争”为篇名关键词，在中国知网进行检索，共有16条检索结果。初步分析主要原因在于：一是互联网使用初期，研究多围绕和回应用户恐慌，并由此形成了研究思路的路径依赖；二是围绕大数据的研究以民事法律为观察维度居多，竞争法思维略显迟滞，这也给本书的写作带来了较大挑战。

关于个人信息主体的权利保护，王利明教授提出，个人信息远远超出了隐私的范围，不应寄居在隐私权框架下保护，个人信息权应当得到单独规定，并作为一种具体的人格权予以保护。[②]

关于数据主体和数据经营者的权利，程啸教授研究认为，在大数据时代的背景下，一方面，应将数据主体对个体数据的权利限制在适度的范围内，提供防御性的保护，并在适当的时候提供侵权法上的救济；另一方面，数据经营者对其合法收集的数据集合的权利不应以自然人个人数据权为基础，而应当确认该权利是“原始取得的权利”，并将其视为绝对权，提供与物权、人格权相同的保护。[③]

关于数据财产权的配置，龙卫球教授主张，应当充分考虑数据经济的结构本质，尤其是双向动态特点，采用更复杂的权利配置方式。对个人用户，配置人格权和财产权；对数据经营者，配置数据经营权和数据资产权，进行这样两个层级的权利建构。[④]

---

① 李爱君主编：《中国大数据法治发展报告》，法律出版社2018年版，第1—9页。

② 王利明：《论个人信息权的法律保护——以个人信息权与隐私权的界分为中心》，载《现代法学》2013年第4期。

③ 程啸：《论大数据时代的个人数据权利》，载《中国社会科学》2018年第3期。

④ 龙卫球：《数据新型财产权构建及其体系研究》，载《政法论坛》2017年第4期。

关于数据交易的相关问题，齐爱民教授指出，社会生活中充满了各种各样的信息，通常基于财产性因素和人格性因素来对这些信息进行保护。至于个人信息，法律主要保护个人信息的人格性因素，但个人信息的可交易性也说明了它的财产性因素和稀缺性。从现有的法律制度出发，数据交易平台定位不明确、数据交易统一标准缺乏、数据与数据权利属性存在争议，以及交易规则理论的滞后，对大数据的交易形成障碍。①

关于互联网领域的竞争规则，张钦坤研究员提出，虽然目前一些法院已经提出了互联网行业的竞争规则，但是这些判例只能针对已经发生了的竞争行为，如果救济程序不完善、违法成本过低的状态持续下去，互联网不正当竞争行为将继续频繁发生。为了扭转这一趋势，我们要从法律制度、救济程序和惩罚机制等方面共同推进。②

关于数据产权安排，丁文联法官认为，现有法律制度中的权利类型很难适应数据产权安排的需要，数据产权需要一个介于“绝对排他性”和“非排他性”之间的制度安排。③

关于大数据立法，时建中教授认为，静态的权利清晰界定，动态的活跃交易才会成为可能。如果数据的权属不清晰，数据生产、采集、储存、加工和交易都必然会受到限制。大数据立法应当是一个以数据化新型资产使用与交易实际需求为核心而构建的系统性的法律制度变革，对原有规范的修修补补已经满足不了实际需要，也不利于防控大数据带来的风险。④

关于互联网领域的不正当竞争行为规制，刘继峰教授认为，互联网领域具有网络技术创新、支配力不稳定等技术特征，对反垄断法的适用提出了挑战。与垄断行为认定时所要求的前提、后果、合理性等综合评价相

① 齐爱民:《论个人信息的法律属性与构成要素》，载《情报理论与实践》2009年第10期。

② 张钦坤:《中国互联网不正当竞争案件发展实证分析》，载《电子知识产权》2014年第10期。

③ 丁文联:《数字经济时代数据性质、产权和竞争》，载《财经问题研究》2018年第2期。

④ 程姝雯、钱柳君:《时建中呼吁加快全国性大数据立法：地方立法或阻碍大数据行业发展》，载《南方都市报》2018年12月16日。

比，不正当竞争行为的认定反而可以相对简单而深入，由于技术和成本的原因，互联网领域的不正当竞争行为发生的频率也更高，普遍性更明显，反垄断法的适用应当适度谦抑，反不正当竞争法的适用应当予以显扬。①

关于数据的基本属性，李爱君教授主张，大数据权利的研究是保护市场竞争秩序，制定大数据资源确认、开放、流通和交易相关规则的起点和依据。②

关于反不正当竞争法互联网专条，孔祥俊教授指出，从实际操作层面看，该条的“宣示意义远远大于实际价值”。③ 蒋舸教授认为，互联网专条的分类既不互斥也不周延，远不能满足立法技术对类型化条款中各类型的“互斥并周延”的要求。④

关于个人信息保护的内涵，谢远扬教授认为，个人信息是社会交往的重要内容，人们通常通过“自主使用个人信息”来实现人格的自由发展，因此，个人信息自决应当受到保护。个人信息的价值包括“自主价值和使用价值”两个方面，相应的法律规范应以实现这两方面价值为目标。⑤

关于大数据立法，李海英研究员认为，要注重数据经济活力的平衡释放，规范商业用途与安全、隐私保护之间的关系。重点规范数据的收集和使用行为，明确大数据生态系统中的各方责任；促进数据资源开放，加强网络安全，注重隐私保护。⑥

关于数据权利，邵俊武教授分析认为，大数据已经成为一种商业利益，开始了商业化运作，其权利类型已经通过市场进行了类型化处理，法律对此予以确认即可：通过对数据主体的分类，也就是：基于数据本身、基于技能和基于思维的主体，可以对应：数据权利和方法、数据分析成果

---

① 刘继峰：《竞争法学》，北京大学出版社2018年版，第371—376页。

② 李爱君：《数据权利属性与法律特征》，载《东方法学》2018年第3期。

③ 孔祥俊：《论反不正当竞争的基本范式》，载《法学家》2018年第1期。

④ 蒋舸：《〈反不正当竞争法〉网络条款的反思与解释——以类型化原理为中心》，载《中外法学》2019年第1期。

⑤ 谢远扬：《信息论视角下个人信息的价值——兼对隐私权保护模式的检视》，载《清华法学》2015年第3期。

⑥ 李海英：《大数据的法律挑战和建议》，载《大数据》2016年第2期。

权利、数据创新成果权利。实际对应数据的收集者，保护其收集方法；数据的分析者，保护其分析方法；数据的创意者，保护其创意方案。[①]

关于数据权利安排，王融研究员认为，讨论数据所有权的前提是认识到数据的财产权属性。原始个人数据的所有权应当由用户自己拥有；在原始数据之上，经营者对通过完全匿名化获得的数据集应当享有限制性的权利。具体的限制表现在：以人格权为优先、受到人格权的限制，受到经过用户同意的收集目的的限制；对于隐私及信息安全评估高风险的数据限制利用。[②]

关于大数据不正当竞争，胡迎春等人认为，数据能为市场主体带来显著竞争优势并驱动发展。当前，数据竞争日益激烈，数据不正当竞争纠纷呈爆发之势，以数据不当获取、不当使用及数据质量瑕疵等不正当竞争类型为主。在数据竞争相关制度供给不足的情况下，司法实践主要通过个案明确数据竞争规则。在认定数据不正当竞争时，应从更宏观的角度理解数据竞争关系，应赋予对数据收集整理付出诚实劳动的竞争者数据竞争性权益，数据的获取和使用应获得授权许可并且不能对其他竞争者的产品形成实质性替代。[③]

关于数据不正当竞争的司法实践，仲春等人认为，现行法律对数据属性及利用规则的模糊状态，使得反不正当竞争法在平等市场主体之间的数据类纠纷案件裁判中发挥中流砥柱作用，实践中创设的规则在《禁止网络不正当竞争行为规定（公开征求意见稿）》和《最高人民法院关于适用〈中华人民共和国反不正当竞争法〉若干问题的解释》中进一步得到提炼。现有司法实践虽对保障企业数据权益、推动公共数据流通进行了有限的探索，但还应进一步结合数据的特点与效益，充分保障数据控制者的合法权益，促进数据健康有序流动。数据竞争纠纷中，司法机关应从权利侵害判断范式向行为正当性判断范式转化，注重案件背后的消费者福利与技术创新，积极探索适用数据可携权，以能动司法引导行业形成公平有序的数据

---

① 邵俊武:《法律视野下的大数据问题研究》，载《法治社会》2016 年第 2 期。

② 王融:《关于大数据交易核心法律问题——数据所有权的探讨》，载《大数据》2015 年第 2 期。

③ 胡迎春、廖怀学:《论数据不正当竞争的演进与规制》，载《竞争政策研究》2021 年第 2 期。

行业规范。[①]

关于检察公益诉讼制度的比较研究，张雪樵大检察官认为，从世界范围看，检察机关提起行政公益诉讼是我国独创的制度。传统诉讼的当事人可以完整、充分、自由地行使诉讼权利，检察机关在公益诉讼中的诉权行使则需严格依据法律规定，不可以随意处分。行政公益诉讼与一般行政诉讼在诉讼请求、是否设置第三人制度、举证责任分配、撤诉条件、类案效应等方面存在不同。检察民事公益诉讼与一般民事诉讼在诉讼请求、实体处分方面存在不同。[②]

关于检察公益诉讼的制度定位，胡卫列教授认为，公益诉讼检察是以法治思维和法治方式推进国家治理体系和治理能力现代化的重要制度设计，彰显了其高度契合国家治理要求的独特优势。检察机关开展公益诉讼的实践探索，是中国共产党领导和中国特色社会主义制度的优势转化为国家治理和社会治理效能的真实写照。公益诉讼检察作为一项新的制度，依然行进在积极、稳妥探索发展的道路上，也将随着国家治理体系和治理能力现代化的进程进一步发展完善。[③]

关于检察公益诉讼的制度属性，巩固教授认为，公共利益的主体不特定性决定了诉讼对于公益保护的局限。现代法治体系中的公益诉讼是作为行政管制的司法补充出现的，是以“补充管制”为目的和内容的“执法诉讼”，其基本规则需要法律的明确规定，制度内容应与管制法协调呼应。我国公益诉讼法律规定不足，与管制法缺乏衔接，具有照搬传统的“私诉化”倾向，需要法律层面的专门立法加以补充完善。相关立法在内容上应加强与管制法的内在关联，协调与管制执法的顺位关系，理顺检察机关诉讼与社会组织诉讼、检察行政公益诉讼与检察民事公益诉讼的关系，强化公众参与，进行类型化构建。在模式上应构建“综合法 + 单行法”体系，遵循先具体、后一般的立法顺序。[④]

---

① 仲春、王政宇：《数据不正当竞争纠纷的司法实践与反思》，载《北京航空航天大学学报（社会科学版）》2022 年第 1 期。

② 张雪樵：《检察公益诉讼比较研究》，载《国家检察官学院学报》2019 年第 1 期。

③ 胡卫列：《国家治理视野下的公益诉讼检察制度》，载《国家检察官学院学报》2020 年第 2 期。

④ 巩固：《公益诉讼的属性及立法完善》，载《国家检察官学院学报》2021 年第 5 期。

关于检察公益诉讼制度的理论架构，刘艺教授认为，在检察公益诉讼中，关于检察机关的诉讼称谓、诉讼权利义务、受案范围限于“等内”还是扩张至“等外”一直存在对立的观点。实际上，相关讨论及其理论分歧与行政诉讼诉权理论紧密相关。虽然行政公益诉讼并非行政诉讼中一项核心机制，但朝着主观诉讼方向发展的诉权理论已经从诉权实体化、私法化和主观化角度束缚了检察公益诉权的合理建构。为了推动检察公益诉讼制度的深化发展，应当厘清公益诉权的构成要素，从主体、权利义务及受案范围等维度夯实公益诉权基础。还应强化公益诉权的正当性，突出其客观诉权性质，并在现代实质诉讼法的立场上加强公益诉权建设。①

关于检察公益诉讼制度的学理分类，薛刚凌教授认为，类型化发展是诉讼制度走向成熟的必由之路，行政公益诉讼同样如此。自试点至今，行政公益诉讼发展迅速，成绩斐然，然而，行政公益诉讼制度设计和实践对主观诉讼和客观诉讼这一基础分类缺乏足够重视，在维护秩序公益或保护特定领域公共利益之间摇摆，导致部分案件对秩序公益的忽视，影响检察机关法律监督职能的履行，也给行政公益诉讼案件的审理、裁判和执行带来困惑。因此，有必要对主观诉讼和客观诉讼这一基础分类进行反思与检讨，也需要拓展客观行政公益诉讼和完善主观行政公益诉讼，以推动行政公益诉讼的高质量发展。②

关于竞争公益诉讼的法理基础，颜运秋等人认为，反竞争行为不但会对同业竞争者的利益造成损害，更重要的是，它往往会破坏市场秩序，弱化市场机能，对社会公益造成损害，而且这种损害在目前我国的法律制度安排下很难得到救济，即使能够得到救济，也显得很不经济。为了弥补现有法律制度的缺陷，使这种因反竞争行为造成的公益损害得到有效救济，我国有必要借鉴国外在竞争公益诉讼方面的经验，建立我国的竞争公益诉讼制度。③

---

① 刘艺：《检察公益诉讼的诉权迷思与理论重构》，载《当代法学》2021年第1期。

② 薛刚凌：《行政公益诉讼类型化发展研究——以主观诉讼和客观诉讼划分为视角》，载《国家检察官学院学报》2021年第2期。

③ 颜运秋、周晓明：《竞争公益诉讼的法理与规则》，载《甘肃社会科学》2008年第2期。

第一章

大数据权利

第一节 数据、大数据和数据资产

一、大数据的自然属性与法律属性

2012 年 12 月，“中关村大数据产业联盟”成立，致力于推动互联网、大数据、人工智能和实体经济的深度融合。2015 年 4 月，全国首家大数据交易所在贵阳成立，随之而来的还有全国首部大数据地方性法规、全国首个大数据资产评估实验室，并获批建立了“国家大数据（贵州）综合试验区”。全国多地竞相发展大数据产业，大数据创业颇为活跃。业内人士将大数据市场的迅猛发展归因于两个方面的市场需求：一是移动互联网技术的发展与传感器的广泛使用，使数据资源大大丰富；二是经营者依靠大数据进行预测、精准营销，提高生产效率的意愿强烈。2021 年，《“十四五”数字经济发展规划》和《“十四五”大数据产业发展规划》发布，更是进一步规范并推动了数据要素市场的培育、数据产业链的形成，以及整个数据产业生态的构建。①

2022 年 6 月 22 日，中央全面深化改革委员会第二十六次会议审议通过了《关于构建数据基础制度更好发挥数据要素作用的意见》，会议明确

① 2021 年 11 月 30 日，工业和信息化部召开新闻发布会，介绍“十四五”大数据产业发展规划有关情况，围绕加快培育数据要素市场、发挥大数据特性优势、夯实产业发展基础、构建稳定高效产业链、打造繁荣有序产业生态、筑牢数据安全保障防线六个方面提出了重点任务，设置了数据治理能力提升、重点标准研制及应用推广、工业大数据价值提升、行业大数据开发利用、企业主体发展能级跃升、数据安全铸盾六个专项行动。参见“工信微报”（工业和信息化部官方政务新媒体账号），载 https://mp.weixin.qq.com/s/PFec8N9Gdd1ELHCUUi-f1A，2022 年 6 月 24 日访问。

指出，数据作为新型生产要素，是数字化、网络化、智能化的基础，已快速融入生产、分配、流通、消费和社会服务管理等各个环节，深刻改变着生产方式、生活方式和社会治理方式。我国具有数据规模和数据应用优势，推动出台数据安全法、个人信息保护法等法律法规，积极探索推进数据要素市场化，加快构建以数据为关键要素的数字经济，取得了积极进展。2023年12月，财政部印发《关于加强数据资产管理的指导意见》，提出数据资产作为经济社会数字化转型进程中的新兴资产类型，正日益成为推动数字中国建设和加快数字经济发展的重要战略资源，应当正确处理数据资产安全、个人信息保护与数据资产开发利用的关系，明确数据资产管理各方权利义务，推动数据资产权利分置，完善数据资产权利体系，加强数据分类分级管理，建立数据资产分类分级授权使用规范。

（一）数据与大数据的基本界定

2011年，麦肯锡研究院发布了一份关于大数据的研究报告——“大数据：创新、竞争和生产力的下一个前沿”，大数据研究被再次推到了一个引起全社会广泛关注的高度。[①]2015年8月，国务院印发《促进大数据发展行动纲要》，指出大数据是“以容量大、类型多、存取速度快、价值密度低为主要特征的数据集合，正快速发展为对数量巨大、来源分散、格式多样的数据进行采集、存储和关联分析，从中发现新知识、创造新价值、提升新能力的新一代信息技术和服务业态”，“数据已成为国家基础性战略资源”，“正日益对全球生产、流通、分配、消费活动以及经济运行机制、社会生活方式和国家治理能力产生重要影响”。[②]2017年12月，习近平总书记在中共中央政治局第二次集体学习时强调，要审时度势、精心谋划、超前布局、力争主动，深入了解大数据发展现状和趋势及其对经济社会发展的影响，推动实施国家大数据战略。[③]

---

① ［美］詹姆斯·R.卡利瓦斯、迈克尔·R.奥弗利：《大数据商业应用：风险规避与法律指南》，陈婷译，人民邮电出版社2016年版，第4页。

② 载 http://www.gov.cn/zhengce/content/2015-09/05/content_10137.htm，2018年4月25日访问。

③ 载 http://www.qstheory.cn/yaowen/2017-12/09/c_1122085231.htm，2018年4月25日访问。

2022年6月，中央全面深化改革委员会第二十六次会议审议通过了《关于构建数据基础制度更好发挥数据要素作用的意见》，明确了“数据作为新型生产要素，是数字化、网络化、智能化的基础，已快速融入生产、分配、流通、消费和社会服务管理等各个环节，深刻改变着生产方式、生活方式和社会治理方式”，“要建立数据产权制度，推进公共数据、企业数据、个人数据分类分级确权授权使用，建立数据资源持有权、数据加工使用权、数据产品经营权等分置的产权运行机制，健全数据要素权益保护制度”，“要建立合规高效的数据要素流通和交易制度，完善数据全流程合规和监管规则体系，建设规范的数据交易市场”，“要完善数据要素市场化配置机制，更好发挥政府在数据要素收益分配中的引导调节作用，建立体现效率、促进公平的数据要素收益分配制度”，“要把安全贯穿数据治理全过程，守住安全底线，明确监管红线，加强重点领域执法司法，把必须管住的坚决管到位”，具有极为重要大的意义。

数据与大数据是一组密切关联的概念，两者在不同的语境下被区分使用。① 使用“大数据”时，侧重于强调海量数据的集合；使用“数据”时，多侧重于强调其在物理或法律上的抽象意义。② 关于如何界定数据的内涵和外延，以及数据的权利属性、内容和限制都存在极大争议。本书尝试从以下几个角度理解“数据”与“大数据”这一组概念：第一，数据包含各种文字、数值、图像、声音等信息，以及这些信息的各种组合。第二，大数据不是单一或少量的数据，而是一定数量级以上的庞大数据的集合，或称“海量数据”；大数据不是数据的简单叠加，而具有多样性和多维度的特征。③ 第三，在此基础上，人们通过对数据的收集、存储、利用、创新，使大数据发生量变到质变的本质变化，为人类经济和社会生活提供新的思

① ［英］维克托·迈尔－舍恩伯格、肯尼斯·库克耶：《大数据时代：生活、工作与思维的大变革》，盛杨燕、周涛译，浙江人民出版社2013年版，第104页。

② 兰楠：《“一带一路”倡议下数据的利用与保护——以构建一种新型财产权为视角》，载《法大研究生》2018年第1辑。

③ Xavier Boutin, Georg Clemens, Defining “Big Data” in Antitrust, Competition Policy International Antitrust Chronicle, (2), 2017, p.3.

维方式和生产工具，具有深刻影响。[①] 第四，大数据不仅包括海量数据本身，还用以表示与大数据的处理技术和工具。

（二）大数据的自然属性

当前，大数据不仅用来指称海量的数据，也用以命名与大数据相关的处理技术和工具，甚至已成为“一种生活方式，一个时代的知识语境和思维方式”[②]，“大数据化”的技术、工具和思维方式正在从互联网领域向其他各个领域快速扩展。除了直接的大数据交易的产业规模之外，大数据技术几乎可以应用到各个行业的价值创造和分配的全过程，其核心在于分析预测；提高市场透明度，精细划分客户群，降低交易成本，降低营销成本和优化决策机制的优势日益明显。以美国为代表的先发国家，依靠机器、算法和大数据提供的智能，取得新的增长，正成为各行业信息化演变的主要方向。[③]

麦肯锡的研究报告认为，大数据是一种“数据集”，规模超出了通常数据库软件工具的捕获、存储、分析和管理能力。[④]

第一，大数据是海量数据的数据集合。一定数量级的数据集合是大数据的基础性要求，是分析运算的前提，是大数据区别于“小数据”的本质特征。大数据是时代和技术的产物，在经济社会条件不具备的时候，数据无法得到海量级的收集和处理，无法实现分析预测功能。随着研究的深入，人们越来越发现，建立在相关性分析基础上的“预测”是大数据的核心价值。当我们说一个数值增加时，另一个数值也很有可能随之增加，这两者之间存在相关关系，而相关关系实质上是一种概率，只有相对性，没有绝对性，当相关关系强的时候，两者关联操作的概率是很高的，既可以预测，也可以进一步干预。

---

① 兰楠：《“一带一路”倡议下数据的利用与保护——以构建一种新型财产权为视角》，载《法大研究生》2018 年第 1 辑。

② 刘岩、宋吉鑫：《大数据伦理问题中的权利冲突及法律规制———以个人信息权为中心》，载《辽宁大学学报（哲学社会科学版）》2018 年第 6 期。

③ 魏凯：《对大数据国家战略的几点考虑》，载《大数据》2015 年第 1 期。

④ 转引自詹姆斯·R. 卡利瓦斯、迈克尔·R. 奥弗利：《大数据商业应用：风险规避与法律指南》，陈婷译，人民邮电出版社 2016 年版，第 4 页。

第二，大数据是全体数据，而非抽样数据。在“小数据”时代，人们能够获取和处理的数据都十分有限，先期较为盛行的是逐一统计的方法，这种方法实践起来较为困难，因为数据变化的速度远远超过了人们统计分析的能力；随后，使用的主要分析方法是“样本分析法”，它使用少量有用的样本信息试图获取相对具有全局意义的结论，但是样本分析法的局限性也逐渐被证实，即便随机采样法同样存在难以克服的缺陷，尽管它曾经取得了成功并被广泛使用。一旦采样过程存在主观或客观导致的偏差，分析结果就会大相径庭；并且，样本分析法对细节考察的忽略和固有的错误率并不是可以广泛接受的，多样性的额外价值被严重低估了。谷歌的流感趋势预测和乔布斯医生治疗方案的制定使用的正是大数据分析方法。正是基于这些原因，人们逐渐选择放弃样本分析的捷径，选择收集完整而全面的数据。从这个意义上说，大数据意味着收集并分析所有数据的方法，以及果断摒弃随机分析法，坚持总体即样本的思路。随着技术条件的大幅度提高，人们可以处理的数据也已经大大增加，并且将伴随着技术手段的进步而呈现不断增加的趋势。①

第三，大数据是混杂数据，而非结构化数据。执迷于精确性是信息匮乏时代和样本时代的产物，只有极少量的数据是结构化并适合应用于传统数据库的，如果不接受混杂，则完全无法利用绝大多数的非结构化数据。一方面，一定范围内的错误率是必经的过程和必然的结果，随着我们掌握数据的更加全面和庞大，某个微观的数据点对整个分析的影响逐渐变得无足轻重，数据分析要做的就是从纷繁复杂的数据中得到有效的结论，而不是以过多的精力和代价来消除所有的不确定性。最简单清晰的例子是，当数量规模变大时，确切的数量就不那么重要了，比如我们通常会精确地描述十、百、千这样的精确数字，但是当数量增加到一定程度时，很容易描述为“10 万 +”，而跟在 10 万之后的几十、几百变得不再重要，只是一个附带的“+”。另一方面，大数据通常以“概率”来表达，大数据观察变化和发展“趋势”，描绘轮廓和脉络，进行趋势的预测，允许不精确是

---

① ［英］维克托·迈尔－舍恩伯格、肯尼斯·库克耶：《大数据时代：生活、工作与思维的大变革》，盛杨燕、周涛译，浙江人民出版社 2013 年版，第 28—43 页。

大数据分析的一个亮点，不是缺点。我们怎样看待使用所有数据和使用部分数据的差别，以及我们怎样看待数据的精确性，将会对我们与客观世界的沟通产生深刻的影响。[①]

第四，大数据的价值依靠高速的分析、处理、挖掘。大数据具有明显的时效性，数据的价值必须在尽量短的时间内挖掘出来，这就需要高速的数据处理速度，同时还依赖算法和机器的深度学习能力。以实时导航工具为例，经营者在为消费者提供导航服务的同时，收集消费者在道路交通中的具体定位信息、通行速度、车流密集程度、是否存在事故等具体数据，并迅速对这些数据进行分析以帮助消费者判断和选择优先道路，而由于道路拥堵情况的瞬息万变，如果未能对这些收集的数据进行迅速分析，价值将立即大幅度减损，甚至变得毫无价值。“4V”概念是目前较为普遍的对大数据特点的描述，即大体量（Volume）、迅速（Velocity）、多样（Variety）和价值（Value）。[②]

（三）大数据的法律属性

大数据极强的使用价值与交换价值决定了其财产属性，大数据的独立性、确定性与非消耗性又决定了大数据具有可交换性。“财产属性与可交换性”是大数据最显著的特征，也是我们判断其应当在何种制度框架下受保护的前提和基础。[③]

---

① ［英］维克托·迈尔－舍恩伯格、肯尼斯·库克耶：《大数据时代：生活、工作与思维的大变革》，盛杨燕、周涛译，浙江人民出版社2013年版，第45—66页。

② 詹馥静、王先林：《反垄断视角的大数据问题初探》，载《价格理论与实践》2018年第9期。

③ 梅夏英教授在《数据的法律属性及其民法地位》（载《中国社会科学》2016年第9期）一文中指出，数据缺乏民事客体的确定性或特定性、独立性，也不构成民法中作为客体的“无形物”。梅教授在该文中研究的数据，限于在计算机和网络上流通的在二进制的基础上以0和1的组合而表现出来的比特形式，以此区别日常生活中各种纸面统计数据，也区别于以文字、图像或视频等形式显示的信息。本书探讨的数据本质上是海量数据的集合，是经过收集的数据。单个数据确实价值密度低，不具有明显的财产价值，数据集合则不同，由于其分析预测、可视化功能而具备了较高的财产价值；至于如何特定化，在交易中需要通过对数据集合的提取方法、范围、对象、时间节点、内容等方面进行描述以确定；数据集合在被提取后已经独立于个人用户而存在，事实上正在被广泛地交易。

第一，独立性。数据是对事实、状态、行为的记录，形式多样，以来源于用户个人信息的大数据为例[①]，在被收集之后独立于用户个体而客观存在，可以被存储、利用、交易。

第二，确定性。大数据依赖一定的客观载体来存储，一方面，大数据可以通过采集范围、方式、内容、时间、标准等情形来进行描述和划分，予以固定，区分为不同的权利客体，作为交易的前提；另一方面，大数据所依赖的客观载体可以被占有和控制。由于具有了确定性，大数据可以通过法律规定来实现独占性。

第三，财产属性。大数据具有巨大的使用价值和交换价值，单个的数据汇集成规模化的数据集合之后，成为一种要素、资源，经营者可以据此获得经济利益和竞争优势；当数据集合进一步被演化为"创造巨大价值的新型资源和方法"，表现出极强的商业化价值，实际成了"数据化新型资产"。[②]以 Facebook 为例，2011 年，根据会计准则计算出（供投资者评估的审核账目显示）的价值为 66 亿美元，Facebook 在次年上市时的估值已逾千亿美元，这一巨大的差距来自无形资产，主要是公司数据库中存储的大量数据和对数据的分析能力。有研究机构对 Facebook 首次公开募股之前一段时间的数据进行了分析，认为从 2009 年开始的三年间，公司收集了 2.1 万亿条有价值的信息，包括用户的基本信息、偏好、行为轨迹等，经过计算，这些信息每条价值相当于 4 美分。[③]

第四，可交换性。由于大数据具有独立性和确定性，数据经营者可以对数据集合进行交易或转让，以实现大数据的多重利用。

第五，非消耗性。个体对数据的使用不会妨碍他人的使用，大数据不

① 个人信息也属于数据的范畴，《民法典》第 111 条和第 127 条在不同的语境下分别使用了"个人信息"和"数据"的表述，本文沿用。就法律上的名称而言，欧盟国家多采用"个人数据"的表述，如 GDPR 定义"个人数据"为被识别或可识别的自然人的任何信息；日本、韩国、俄罗斯则使用"个人信息"，我国台湾地区同时使用"个人数据"和"个人资料"两种表述，《民法典》第 111 条在描述与自然人相关的数据信息时，使用了"个人信息"，而在第 127 条描述各类数据信息时直接使用了"数据"。

② 龙卫球：《数据新型财产权构建及其体系研究》，载《政法论坛》2017 年第 4 期。

③ ［英］维克托·迈尔 – 舍恩伯格、肯尼斯·库克耶：《大数据时代：生活、工作与思维的大变革》，盛杨燕、周涛译，浙江人民出版社 2013 年版，第 149—156 页。

会像其他消耗产品一样随着使用而损耗。数据可以按照不同的思路、方法被再利用、再重组，大数据可以反复使用，而不会造成价值的减损。

第六，大数据既是经营者的竞争优势，又可能形成进入壁垒。近年来，数据的创新使得数据的价值不断地被发掘，发掘数据的首要价值之后，继而发现数据的潜在价值。就数量级而言，已开发的价值恐怕只是数据价值的冰山一角。以近年来新出现的一个描述人们在网络上留下的数字轨迹的词汇“数据废气”为例：数据废气可以说是大数据产业中极为边缘的内容了，指向的是“用户在线交互的副产品”，包括用户具体浏览了哪些页面，在特定页面停滞了多久，鼠标（目光）停滞的位置，输入的信息等。[①] 许多公司根据从数据废气提取的信息而对系统进行了升级，使系统能够掌握和分析数据废气，以改进或更新服务，在这种模式下，用户的每一个细微的动作都被认为是有价值的“信号”，都会被收集和反馈给系统。从数据废气这样的边缘内容向核心内容推演，足以见得：一方面，大数据既是经营者的巨大竞争优势，又可能成为对手的强大的进入壁垒。试想，掌握大数据的经营者，掌握了庞大的数据库，深入熨帖地了解用户的偏好、动向甚至每一个细微的习惯，知道如何最好地回应用户需求，新进入的经营者如何与其竞争？

二、数据驱动型公司的出现：运用大数据不断演变新的商业模式

（一）数据驱动型公司

根据所提供价值的不同，基于数据本身的公司、基于数据技能的公司、基于数据创新思维的公司三种数据公司出现了。

第一，传统的基于数据本身的公司。这些公司收集或占有大数据，但不一定直接从数据中提取价值或使用数据进行创造性思考。以 Twitter 为例，它收集大量数据，但是授权他人使用。免费提供平台服务是传统数据公司演变的商业模式之一，作为免费提供服务的对价，公司实际免费获得了海量的用户信息，组成大数据，对大数据或转售或分析加工。

---

① ［英］维克托·迈尔－舍恩伯格、肯尼斯·库克耶：《大数据时代：生活、工作与思维的大变革》，盛杨燕、周涛译，浙江人民出版社 2013 年版，第 43 页。

第二，基于数据技能的公司。这些公司通常是咨询公司、分析公司或技术供应商，他们掌握数据分析技能，对数据进行分析，获得有针对性的经营方案，一般来说，这类公司的工作止于数据分析或以数据分析为主，并不发散到创新思维。Teradata 是典型的数据分析公司，帮助沃尔玛等零售商分析数据，改进经营方略。基于数据技能的公司，通常不对数据拥有所有权，受第一类公司的委托，发掘数据价值，并对结果予以反馈，和第一类公司之间常为委托代理关系。

第三，基于数据创新思维的公司。创新思维通常较难定义，我们一般理解为用大数据思维对数据的新价值进行深入挖掘，区别于传统的分析方法。例如，论证大数据的相关性特征，从 A 数值的变化，发散性地得到与 A 相关的数值将发生变化的结论，以此为基础推荐销售方案。这类公司通常是引领行业进步的公司，先于其他经营者发现机遇，并且不易受到既得利益和固有思维模式的影响而阻碍创造性思维的实现。①

上述三种类型的公司都可以称为数据驱动型公司，这些公司的区分实际展示了数据提取、分析、运用的生动过程。三种业务可以一定程度的区分，但并不是截然不同，一些公司兼具数据、技能与思维三方面能力。比如，谷歌收集人们使用搜索引擎时的各类信息，包括用户搜索的时间、地点、方式、习惯甚至拼写错误，利用这些数据改善产品或服务，对大数据进行发散创新，为谷歌带来巨大的利润。

（二）传统商业模式的颠覆与全新商业模式的演变

第一，免费商业模式。越来越多的大数据经营者启用了免费商业模式，用以获取用户的数据。例如，经营者运营一个免费的手机智能导航程序，一方面为用户提供免费的实时交通信息，另一方面获得了用户的同步数据。经营者获得的数据背后蕴藏着无限的商机，可以是商场周边的客流量，由此对应广告投放；可以是用户出现在这一个地点后下一步大概率出现在哪里，有针对性地派发附近商场的优惠券。免费商业模式下，经营

① ［英］维克托·迈尔－舍恩伯格、肯尼斯·库克耶：《大数据时代：生活、工作与思维的大变革》，盛杨燕、周涛译，浙江人民出版社 2013 年版，第 158—189 页。

者、消费者的地位和权利义务认定都变得更为复杂，需要突破传统判断方式的限制。

第二，数据共享成为数据经济领域的核心问题。围绕数据共享，形成了庞大的产业链，数据的收集团队、分析团队、发散团队，甚至各种各样的数据中间商，大大小小的“脑洞”都在实践中不断地呈现。多样化的数据意味着更大的竞争优势，也意味着竞争对手更大的进入壁垒，这一点已经为越来越多的经营者所认识到，在许多交易中，数据本身都比对数据的加工和发散更值钱；这样一来，许多经营者并不愿意和他人分享这些数据，或者会期待更高的分享数据的对价，数据共享的相关法律问题也成为法律关切的核心问题，这些问题是前提和基础，权属清晰，并且有了基本的交易规则，才能划分行为的界限，在此基础上明确竞争法规则，判断竞争法问题。

竞争法关切的数据核心问题是“数据的共享和共享之间的矛盾”，数据的共享以民事基础性规范为前提。从经济学层面来看，实质就是数据的供给与需求之间的矛盾。比如，HiQ 与 LinkedIn 之间就数据接口是否应当开放的争议，就是围绕数据的共享利用而发生的争议；大众点评诉百度案是否允许百度抓取数据，也同样涉及这一问题。在数字经济时代，“数据资源应当如何配置”？无论是数据的抓取还是数据的使用，实质都是数据资源的分配和利用。谁对于基础性、来源性数据拥有权利？谁对于收集、加工形成的海量数据集合拥有权利？数据资源以何种规则进行流转？解决基础性问题，方能进一步回应竞争法之关切。[①]

第二节 大数据权利运用的前提和基础性问题

一、大数据权利研究的关联性分析

数据权利的定义有助于在经营者的数据竞争之中确定边界，法的安定

---

① 丁文联:《数字经济的竞争法关切和基础问题》，载《竞争政策研究》2017 年第 5 期。

性有利于保护合理预期。“静态的权利已明确，动态的交易才会活跃。如果数据的权属不清晰，数据生产、采集、储存、加工和交易都必然会受到限制。”[①] 领英禁止 HiQ 抓取的数据是用户已公开的信息，新浪微博禁止脉脉抓取的信息是用户对公众公开的个人信息。究竟谁有访问数据的权利？对公开信息的售卖或限制是不是不当垄断利润的体现？

缺乏基本的规则，是大数据法律框架中的首要问题，只有解决了基础性问题，才能制定竞争法规则，回应竞争法关切。对大数据权利的研究是保护市场竞争秩序，制定大数据流通规则的起点和前提。[②] 大数据的权利应当归属于数据主体即用户，还是归属于对其进行收集、加工的互联网经营者，抑或具有公有性质？经营者获用户同意后能否随意处置所获数据？这些问题直接关系大数据的流通，是互联网领域涉数据竞争纠纷产生的根本缘由。[③] 从大数据权利运用在当前市场经济运行中所展现出的正向和逆向激励来看，对大数据权利属性进行独立并深入的讨论非常必要，因为如果不能对大数据权利本身的法律属性进行阐释，那么围绕大数据所进行的一系列法律适用探索都将会是混乱的。

权利和义务贯穿于法律现象的全过程，是法的核心内容，是法学的基础性问题，法以权利和义务为基础调整主体的行为和社会关系。权利是一个开放的体系，权利的属性与主客体及权利内容直接相关。大数据权利并不是传统民法体系中的概念，应当从其本身的权利结构来具体分析。大数据权利，“旨在安排一种鼓励经营者积极开展数据创新、数据利用的私有结构”，这种结构体现为经营者自身的“可支配性和排他占有性私益”。在这样的制度安排下，经营者的数据行为得到有效驱动、付出和努力得到合理肯定和促进。大数据权利的最终制度意义，与知识产权的制度设计相似，通过权利私益结构的激励作用，“最终实现整体数据经济的繁荣和福利的增进”，“以私权私利之名，行公权公

---

① 程姝雯、钱柳君：《时建中呼吁加快全国性大数据立法：地方立法或阻碍大数据行业发展》，载《南方都市报》2018 年 12 月 16 日。

② 李爱君：《数据权利属性与法律特征》，载《东方法学》2018 年第 3 期。

③ 刘继峰、曾晓梅：《论用户数据的竞争法保护路径》，载《价格理论与实践》2018 年第 3 期。

利之实”。[①]

民法典囿于定位和篇章结构的限制[②]，无法对与数据相关的一系列制度作出系统详细的规定，只能作原则性和概括性的规定。从仅有的这一条规定可以看出：第一，数据和网络虚拟财产一样，具有财产属性。第二，数据和网络虚拟财产一样，同为民事权利客体，应受法律保护。第三，清晰的权利归属和权利内容是交易的前提和基础，随着数据产业的发展和数据交易实践的进行，数据法律属性问题成为必须解决的问题。第四，数据权利的主体、客体、内容、限制、期限、法律责任，与周边法律概念的辨析等问题尚不明晰，需要一系列的制度设计予以完善。[③]

二、大数据权利属性分析

（一）财产权属性之上兼有人格利益

如前文所述，正是由于大数据具有明显的财产属性，大数据权利同样表现出极强的财产权属性。一方面，数据权利具有经济价值。大数据的使用权可以直接作为数据投资，以此为对价取得股权[④]；大数据权利可以通过交易进行转让，获取对价，数据权利转移。另一方面，大数据权利可以为经营者带来明显的竞争优势，成为其他经营者的进入壁垒。竞争优势，一般表现为相对于其他竞争者的优势地位，可以是达成特定交易的优势，也可以是阻碍其他竞争者特定交易的优势，还可以是在特定领域形成的排他权、优先权、市场优势地位等。大数据权利客体涵盖的深入、全面、细

---

① 龙卫球：《再论企业数据保护的财产权化路径》，载《东方法学》2018年第3期。

② 民法典总则编在“民事权利”一章第127条规定，“法律对数据、网络虚拟财产的保护有规定的，依照其规定”。

③ 石宏主编：《中华人民共和国民法总则条文说明、立法理由及相关规定》，北京大学出版社2017年版，第301—303页。

④ 李爱君：《数据权利性质与法律特征》，载《东方法学》2018年第3期。如贵阳数据投行有限公司对北京舆讯科技有限公司进行数据投资，以价值200万元的数据使用权为对价，取得舆讯公司15%的股权。

致，无疑是明显的竞争优势。[①]

人格权是指以人的价值、尊严为内容的权利，并个别化于特别人格法益，如生命权、身体、健康、名誉、自由、信用、隐私、贞操[②]；人格权是一种受尊重权，人格权承认固有的尊严以及人的身体和精神，人的实然存在与应然并存。[③] 从大数据采集的实践来看，用户个体（自然人）的姓名、身份号码、肖像、家庭住址、信用状况、收入状况、行为轨迹、行为偏好等涉及一般人格权和具体人格权的内容，均体现了个人的自由、尊严与意志，属于人格权的内容；根据个人信息保护法的规定，一旦泄露或者非法使用，容易导致自然人的人格尊严受到侵害或者人身、财产安全受到危害的个人信息，包括生物识别、宗教信仰、特定身份、医疗健康、金融账户、行踪轨迹等信息，以及不满 14 周岁未成年人的个人信息，是敏感个人信息，也具有浓厚的人格利益属性。

（二）不是典型的传统民事权利

数据既不是物，也不必然是智力成果或权利。作为无形物，数据不太可能被特定主体垄断，当然地受到"代码或技术规则的控制"，需要通过终端或介质进行存储和传输，需要通过技术方式和技术规则来防止他人的径行抓取，尽管如此，也不意味着不能将数据"作为民事权利的客体来进行支配和控制"，就如同知识产权客体的"无形性"也并不妨碍法律通过知识产权制度来"鼓励更多的发明创造"。[④]

无论是从资源的稀缺性还是排他性来看，大数据权利与传统的财产权都不相同，难以简单地归入到传统制度项下保护。大数据权利的稀缺性和

---

① 王瑞贺主编:《中华人民共和国反不正当竞争法释义》，法律出版社 2018 年版，第 20 页。《民法典》第 109 条规定，"自然人的人身自由、人格尊严受法律保护"。第 110 条规定，"自然人享有生命权、身体权、健康权、姓名权、肖像权、名誉权、荣誉权、隐私权、婚姻自主权等权利"。第 111 条规定，"自然人的个人信息受法律保护。任何组织和个人需要获取他人个人信息的，应当依法取得并确保信息安全，不得非法收集、使用、加工、传输他人个人信息，不得非法买卖、提供或者公开他人个人信息"。

② 王泽鉴:《民法概要》，中国政法大学出版社 2003 年版，第 38 页。

③ [德] 卡尔·拉伦茨:《德国民法通论》(上)，王晓晔等译，法律出版社 2004 年版，第 282 页。

④ 程啸:《论大数据时代的个人数据权利》，载《中国社会科学》2018 年第 3 期。

排他性都相对较弱甚至可以说不具备，只要数据收集的思路、路径、方式足够宽广，各种各样的数据取之不尽，而建立在此基础上的大数据权利缺乏稀缺性；数据权利同样也缺少（不存在）排他性，甲以A种方式使用了一组大数据之后，乙同样可以B种方式加工使用该组大数据，两者会根据自身需求设计，得出完全不同的结论，互相不排斥。

1. 区别于知识产权

与有形财产相比，大数据是无形的；与知识产权客体相比，大数据客体并不绝对是智力成果，只是计算机按照通常由人工设置的既定程序收集整理并依据一定算法得到的结论，或者进一步说，大数据权利客体并不以具备"独创性"为必要条件，不具备独创性并不影响大数据权利。

大数据的收集、分析、利用，必然蕴含着经营者的劳动成果，其中，作为大数据分析工具的软件、形成的数据报告（特定的数据表达方式），可以受到著作权的保护；"数据算法和数据查询"之外的数据本身，可通过数据库邻接权来保护。[①] 此外，知识产权制度框架下难有载体来保护大数据财产。经过收集、利用、分析，蕴含了经营者劳动成果的大数据及与大数据密切相关的算法如何保护，在此都找不到答案。[②]

具体原因，还要从知识产权的客体和特征来分析。第一，数据信息和知识产权的其他客体两者不具备法律上的共同特征；第二，数据信息保护并不能为知识产权制度所涵盖。在民法典总则编编纂过程中，草案一次审议稿曾在第108条中[③] 将"数据信息"规定为"知识产权的客体"之一，有反馈意见认为，对于数据信息的保护较为复杂，不宜规定在知识产权之中，至少应当"着眼于数据信息所承载的对象"，综合运用物权、债权、著作权、隐私权等多种法律制度来保护，而能够成为数据专有权的，是"经过加工后的衍生数据"，在此处进行规范的也应当是排除了原始数据的衍生数据。[④] 考虑到上述原因，自草案二次审议稿开始就删除了数据信息作为知识产权客体的规定，最终通过的民法典总则编保持了这一状况。

---

① 尽管有经营者将算法申请专利，但从实践的数量来看，并没有典型性。

② 刘越：《个人信息、数据的权属》，载《人民法治》2017年第9期。

③ 对应最终颁行稿的第123条，关于民事主体依法享有知识产权和知识产权客体的规定。

④ 龙卫球：《再论企业数据保护的财产权化路径》，载《东方法学》2018年第3期。

2. 区别于传统物权

大数据权利与传统物权同样存在明显区别。大数据权利具有非排他、非损耗的特点，不同的权利主体可以同时分析利用大数据，这种支配行为并不互相排斥，数据的价值并不因为分析利用而损耗。从实践情况来看，大数据交易的合同、平台规则中直接使用的“所有权”概念，就值得进一步探讨，但是可以考虑借助民法的物权体系构建经营者的大数据权利，然后再对权利进行限制，形成“赋权 + 限制”的结构。

3. 区别于商业秘密

第一，民法典认为数据信息既不是商业秘密，又不是知识产权的其他客体。①2016 年 7 月，《民法总则（草案）》一次审议稿向社会公开征求意见，规定“数据信息”作为知识产权的一种客体与“商业秘密”并列。有的意见提出，知识产权的核心是智力成果，而对于数据信息的保护，应当着眼于数据信息所承载的对象，分析所对应的权利类型，综合运用多种权利类型进行保护，不宜直接作为知识产权的客体予以规定。② 最终审议稿为了避免扩大知识产权保护范围引发的体系混乱风险，在第 123 条中删除了数据信息客体的规定，而在第 127 条设置了数据和网络虚拟财产保护的指引性规则。③ 可见，民法典认为数据信息既不是商业秘密，又不是知识产权的其他客体。

第二，置于商业秘密项下，对数据信息的保护难免被弱化。《反不正当竞争法》第 9 条规定了商业秘密的概念范围和对商业秘密的保护。④ 从

---

①《民法典》第 123 条规定，民事主体依法享有知识产权，商业秘密是知识产权的客体，但民法典不认为数据是知识产权的客体。

② 石宏主编:《中华人民共和国民法总则条文说明、立法理由及相关规定》，北京大学出版社 2017 年版，第 309—310 页。

③ 张新宝:《中华人民共和国民法总则释义》，中国人民大学出版社 2017 年版，第 250 页。

④ 商业秘密，是指不为公众所知悉、具有商业价值并经权利人采取相应保密措施的技术信息、经营信息等商业信息。经营者不得以盗窃、贿赂、欺诈、胁迫、电子侵入或者其他不正当手段获取权利人的商业秘密；不得披露、使用或者允许他人使用以前项手段获取的权利人的商业秘密；不得违反保密义务或者违反权利人有关保守商业秘密的要求，披露、使用或者允许他人使用其所掌握的商业秘密；不得教唆、引诱、帮助他人违反保密义务或者违反权利人有关保守商业秘密的要求，获取、披露、使用或者允许他人使用权利人的商业秘密。

这一规定来看，一方面，商业秘密以“秘密性、价值性和保密性”三性为基本内涵，大数据并不都具备这样的特征。对大数据来说，复制和利用是不会减损价值的，不同的经营者可以有不同的使用方法和思路，数据的秘密性和保密性不必然左右其价值，但是也将因为不具有秘密性和保密性而导致无法作为商业秘密来进行保护。另一方面，“秘密性”是商业秘密的首要属性，如何理解秘密性？结合相关国家和地区的法律规定来看，[①]秘密性要求商业秘密要不易获得，且不被同行业经营者所普遍知悉。用秘密性的要件比对大数据，大数据的获得需要依靠一定的平台、经营者的劳动支出和财力支出，并且海量、多样化的混杂数据也不太可能为同行业经营者所知悉，似乎商业秘密并不缺乏秘密性内涵。大数据具有巨大的使用价值和交换价值，价值性内涵也无须过多质疑，至于采取合理保密措施的要件，网站下的 Robots 协议至少是一种保密措施，个案还可以个别认定。至少大数据是可以具有前述基本内涵的。

这样大数据就适宜放在商业秘密制度下进行保护了吗？首先分析商业秘密的保护目的和方式。在民法典实施之前，商业秘密一直是在反不正当竞争法框架下作为一种法益来进行保护的[②]，反不正当竞争法对商业秘密的保护目的在于维护公平有序的竞争秩序，作为一种法益被保护的商业秘密在被侵害之前，权利主体是没有任何请求权的，法律的保护也限于禁止不正当获取、披露和使用。[③]其次分析大数据的保护目的和方式。大数据的价值在于使用和交易，对数据资产进行保护的目的更在于促进资源利用

---

① 《美国统一商业秘密法》第 1 条将秘密性界定为不为公众所知悉，且他人无法通过正当手段轻易获得；我国台湾地区相关规定将秘密性界定为不为营业秘密所在地域的一般人所知晓。刘继峰:《竞争法学》，北京大学出版社 2018 年版，第 337 页。

② 无论是美国的《侵权法重述》《法律重述（第三版）：反不正当竞争法》，还是德国的《反不正当竞争法》，均未将商业秘密权利化；TRIPS 协定中也没有对商业秘密采取任何权利化的描述，明显与专利权、商标权区别开来。根本原因在于，商业秘密所保护的是正当的交易秩序，而非赋权排除竞争。许可:《数据保护的三重进路——评新浪微博诉脉脉不正当竞争案》，载《上海大学学报（社会科学版）》2017 年第 6 期。

③ 李岩:《民事法益的界定》，载《当代法学》2008 年第 3 期。此外，法益所获得的保护是相对薄弱的，体现为权益区分的立法梯次保护、以司法救济为主的消极保护和法律解释上的限缩保护倾向。张芳:《民事法益的弱保护及突破》，载《湖北社会科学》2015 年第 2 期。

的效率[①]和鼓励数据利用行为及投资行为，侧重于激励维持一种动态的过程。如果把数据资产放到商业秘密项下进行保护，则促进流转的目的很难实现，因为按照对商业秘密的前述保护方法，待保护的法益一旦脱离支配或占有，就丧失了保护的基础，也就是一旦数据泄露，实际上保护就消失了。

不仅如此，商业秘密制度也由于其转让存在的障碍，难以对需要动态交易的数据财产进行保护。商业秘密作为知识产权的客体之一，所能得到的保护与发明、实用新型、外观设计大不相同，后者得到的是权利保护；而商业秘密，法律只通过禁止不当手段获取、使用和披露来保护它的“秘密状态”[②]，完全没有赋予法律上的垄断性的意图。本质上，商业秘密只是由于一种客观存在的秘密状态而使得持有人对商业秘密享有一种“排他性的利益”，一旦秘密状态被破坏则利益的排他性就被打破。[③]

还有观点尝试通过对大数据进行具体分类的方式来分析大数据与商业秘密的关联与区别：将数据具体分为“对所有人无差别开放的数据”和“并非对所有人无差别开放的数据”。前者如大众点评诉百度不正当竞争案中的消费者点评信息，后者则既包括完全不公开的数据如互联网经营者收集的个人信息和经过分析加工得到的全新数据等，也包括依据个人浏览痕迹、习惯进行的有差别推送内容，以及社交网络中有差别（分组、分类）

---

① 张阳:《大数据交易的权利逻辑及制度构想》，载《太原理工大学学报（社会科学版）》2016 年第 5 期。

② 王涌:《财产权谱系、财产权法定主义与民法典〈财产法总则〉》，载《政法论坛》2016 年第 1 期。

③ 根据王涌教授按照韦斯利·霍菲尔德（Wesley Newcomb Hohfeld，1879—1918 年）的“法律概念分析学说”进行的推导，商业秘密本质上不是严格意义上的财产权，商业秘密持有人对他人的所谓“许可”也不是严格法律意义上的许可，它的本质是一种“传授行为”，或者说是“以传授行为为债的给付内容的合同行为”，既然在商业秘密上许可都不可能，转让商业秘密就更不可能，而在实践中，所谓商业秘密的许可和转让都是“虚幻的假象”，它们在本质上都是物理传授行为，而非财产法意义上的许可和转让。这一理论虽然与我们的传统观念存在差异，但是逻辑自洽，而且可以肯定的是，如果将数据财产权放到商业秘密项下进行保护，其流转必然是存在现实困境的。沈宗灵:《现代西方法理学》，北京大学出版社 1992 年版，第 113—120 页；王涌:《财产权谱系、财产权法定主义与民法典〈财产法总则〉》，载《政法论坛》2016 年第 1 期。

公开的数据等。前者完全不具备秘密性与保密性的特征，相反，越公开越使用越有价值，与商业秘密的特征毫不契合，与此相关的侵权行为往往从数据的不正当抓取、使用出发，因为经营者为获取数据付出了劳动，应当享有相应的竞争利益。至于第二类数据，比重更大、种类更多，基本契合了商业秘密的秘密性与保密性特征，同样无法回避前文所论述的在商业秘密项下进行保护的流转困境。[①]

第三，技术上的证明难度也会减少商业秘密制度在数据信息上适用的可行性。在新浪诉脉脉非法抓取微博用户数据案中，法院面对双方当事人两种相互对立的主张，即“通过爬虫抓取数据”和“利用协同过滤算法实现数据匹配”，正是因为无法查明事实，难以直接判定淘友公司侵犯微梦公司的商业秘密。[②]

总之，大数据权利从经济和法律上均与其他财产权不同，应当放在什么样的法律框架下调整是我们面临的新问题。如前文所述，数据的共享是数据经济领域的核心问题，数据的权属是明确数据共享的前提和规则无法回避的问题：谁对数据享有所有权，谁对数据有使用权，既有的物权理论能否适应数据共享的需要，如何调整等。

（三）具有社会公共属性

各国和地区都已经充分认识到对数据资源的控制能力和使用能力对国家和地区经济、安全等领域的深刻影响，对数据资源的争夺从公民个人信息、隐私安全上升到了主权高度。《关于构建数据基础制度更好发挥数据要素作用的意见》也反复强调，“要把安全贯穿数据治理全过程，守住安全底线，明确监管红线，加强重点领域执法司法，把必须管住的坚决管到位”。一方面，大数据权利的行使涉及国家主权、国家安全、国家内政；另一方面，大数据权利关系到反恐、打击跨国犯罪、金融体系安全、基因数据安全，关系到市场竞争秩序，各国法律制度在“数据本地化”和“数

---

① 刘继峰、曾晓梅：《论用户数据的竞争法保护路径》，载《价格理论与实践》2018 年第 3 期。

② 许可：《数据保护的三重进路——评新浪微博诉脉脉不正当竞争案》，载《上海大学学报（社会科学版）》2017 年第 6 期。

据自由流动”之间，在发挥数据权利的竞争优势和控制对竞争的不利影响之间反复博弈。大数据权利的行使由于客体的特殊性而受到一定的限制，不得侵害用户个体的权利（如肖像权、隐私权、被遗忘权），不得损害国家利益，不得危及国家主权、国家安全及社会公共利益，不得因为大数据权利的行使影响公平有序的市场竞争秩序等。

三、构建大数据权利运用基本规则的多元视角

大数据权利属性是权利运用规则的基础，明确权利属性才能进一步确定权利运用的基本规则。围绕大数据权利运用有关的行为包括数据本身的行为（数据收集、存储）、数据分析行为（加工、利用）和数据发散行为（大数据思维、大数据联想），数据行为的基本原则是促进和保护数据共享、维护市场经济秩序。

从发生的时间和逻辑顺序上看，大数据的收集、存储、分析、加工、利用、发散等一系列过程包含了两种法律关系：一是自然人（用户个体）和数据经营者之间的关系，存在个人信息的保护需要和数据利用需要，由于主体的广泛性和互联网使用早期的用户恐慌，在这一法律关系中，个人信息保护和个人隐私保护最受关注。二是围绕数据利用而产生的法律关系，包括促进和保护数据交易、利用，保护公平的市场竞争秩序等。

（一）美国从单边关注隐私权保护到积极优先考虑数据利用

从历史上看，美国是互联网技术最早兴起和普及的国家，在立法和司法实践中用户个人信息一直得以纳入隐私范围进行保护。《信息自由法案》《隐私权法》《阳光下的政府法案》都是关于个人隐私数据保护的立法。此后，随着互联网技术和产业的深入发展，经营者逐步探索了“以知情同意为方式”的个人信息收集利用，这在本质上意味着允许用户自决。如果单方面强调隐私保护，知情同意的自决利用是难以突破的。[①]

美国对个人数据保护的理论基础在于个人数据“本质上是一种财产”，用户个人对数据信息“拥有所有权，并且如同财产的所有人那样，有权控

① 龙卫球：《数据新型财产权构建及其体系研究》，载《政法论坛》2017年第4期。

制对其个人信息的任何使用”。[①] 至于应当通过侵权法的相应规则还是财产法的相应规则来保护，理论和实务中是一直存在争议的，根据侵权法的理念，如果隐私权依然只被理解为“消极的不受侵害的权利”，而不具有可以“积极地自我决定利用的权能”，隐私权保护将实际成为经营者收集、存储、利用个人信息数据的壁垒。随着数据产业的发展，关注的重心逐渐汇聚到了数据主体对个人信息数据积极的“控制和处分”，数据主体被置于个人信息数据使用的“决策中心”，“自由主义的自治”的原则成为可能。[②]

1999年，美国学者劳伦斯·莱斯格在当年出版的《代码和网络中的其他法律》一书中首次系统性地提出了“数据财产化理论”——将数据定位为财产，意味着获取财产之前应当先协商；而传统理论仅仅将数据定位为隐私，实际的结果是先获取后赔偿，赋予数据主体财产权才能真正实现对数据的控制和权利。[③] 劳伦斯·莱斯格认为，从效率的角度出发，应当确认数据主体对数据财产享有财产权，也就是赋予数据主体“以隐私进行协商的能力”，要获得数据主体的个人数据就只能通过合同或侵权两种路径，在传统的侵权方式之外，经营者不但必须也可以“在协商成功后把数据拿走”，这正是“财产概念”的体现，也只有这样数据才能合法有序地“流动起来”，一定程度上改变了用户在市场上被忽视的境地，获得了一定的议价能力，也使得对数据市场的规范由事后变为事前。评价的观点高度肯定了莱斯格的理论无疑具有重大的突破与进步，但是不得不承认，这一理论的视角也是单边的、局限的，解决了数据主体的权利问题，却未能再向前一步，解决经营者对所获取的数据集合的权利，未能反映数据经济结构关系的实际特点和内在需求。[④] 当然，这一局限性也真实地反映了时代和

① Jerry Kang, Information Privacy in Cyberspace Transaction, 50 Stanford Law Review, 1193, 1246—1294, (1998).

② 程啸：《论大数据时代的个人数据权利》，载《中国社会科学》2018年第3期。

③ [美]劳伦斯·莱斯格：《代码：塑造网络空间的法律》，李旭等译，中信出版社2004年版，第197页。

④ 龙卫球：《数据新型财产权构建及其体系研究》，载《政法论坛》2017年第4期。该书中译本为《代码：塑造网络空间的法律》，李旭等译，中信出版社2004年版。

技术背景，在 1999 年，信息爆炸和大数据还远不如今时今日来得猛烈。

2014 年 5 月，美国总统执行办公室发表了《大数据：把握机遇，守护价值》① 的白皮书，重点关注美国大数据应用和管理的现状和政策。该框架提出了在利用大数据技术时如何保护个人隐私基本价值的对策。从白皮书所代表的价值判断来看，美国政府更加重视大数据技术的利用，并考虑利用大数据促进经济和社会发展，保持美国在相关领域的领先地位。至于隐私权保护，进一步考虑通过完善相关法律规则来实现。2016 年 1 月，美国联邦贸易委员会发布了题为《大数据：包容或排斥的工具——主要问题解读》的研究报告。② 2015 年 2 月，白宫发布了《消费者隐私权利法案（草案）》，试图在保障消费者隐私并给予经营者一定灵活性之间寻求平衡。③

从美国的法学研究和司法实践的发展趋势来看，美国基于经济和社会发展的考虑，倾向于从单方面关注隐私权保护到考虑鼓励大数据利用，并试图在两者之间寻找一个最佳的平衡点，这是政策制定者的一个美好的期待，但是实践并没有探索出一种能够有效、可复制、可推广的方式充分保障和激励数据经济的发展，现有的合同模式只解决了数据收集，数据的转手利用依然是空白且具有不确定性的。除了传统的路径依赖之外，对广大互联网用户隐私保护的压力是最根本的制约因素。④

（二）欧盟从相对严格保护个人隐私到积极寻求平衡的立场

1995 年，欧洲议会和欧盟理事会在《关于涉及个人数据处理的个人保护以及此类数据自由流动的第 95/56/EC 号指令》中提出：“自然人的基本权利和自由，特别是隐私权，必须得到尊重”，“不仅要求个人数据能在

---

① U.S. Executive Office of the President. (2014). Big Data: Seizing Opportunities, Preserving Values, Retrieved February 26, 2018, from https://obamawhitehouse.archives.gov/sites/default/files/docs/big_data_privacy_report_may_1_2014.pdf.

② U.S. Federal Trade Commission. (2016). Big Data: A Tool for Inclusion or Exclusion? Understanding the issues, Retrieved February 26, 2018, from https://www.ftc.gov/system/files/documents/reports/big-data-tool-inclusion-or-exclusion-understanding-issues/160106big-data-rpt.pdf.

③ 转引自马海群、王茜茹：《美国数据安全政策的演化路径、特征及启示》，载《现代情报》2016 年第 1 期。

④ 龙卫球：《数据新型财产权构建及其体系研究》，载《政法论坛》2017 年第 4 期。

成员国之间自由流动，而且应当保护个人的基本权利”。[①]

1996年，欧盟颁布《数据库法律保护指令》，用于保护那些不符合独创性标准而无法受到著作权法保护的数据库，这类数据经过经营者一定的安排（实质性投入）成为可以单独访问的独立作品或数据集合，可以享有特殊权利的保护。[②] 这种权利的获得并不以著作权法规定的条件为前提，摆脱了汇编作品的保护路径，是一种独立的财产权，但由于适用范围和权利标准在实际操作中的争议，即便在欧盟地区，这一制度也未能得到广泛运用。

2000年，《欧盟基本权利宪章》第8条规定了“个人数据保护”的相关内容。个人数据，只能基于当事人同意或者其他法律依据等特定目的，而被公正地处理。[③] 2002年，欧洲议会和欧盟理事会发布《隐私和电子通信指令》，对前述宪章规定的基本权利和原则予以确认。[④]

2017年，欧盟委员会发布题为《欧洲数据经济下的数据所有权——关于一项新权利的提案》的白皮书，向议会提出了立法建议。根据该白皮书，首先，法律规定的不确定性是造成数据自由流通的重要障碍；其次，由于无法排除经营者的数据“所有权”，个人数据不一定归个人所有；最后，知识产权和商业秘密制度均不能对数据财产提供充分的保护，著作权的原创性要求、地域性要求和独占性要求实际阻碍了这一目的，商业秘密的保密性要求和制度初衷也都决定了无法保护数据财产。结论是：当前的法律框架不能有效地促进数据交易，经营者把希望寄托于合同，看似灵

① Directive 95/46/EC of the European Parliament and of the Council of 24 October 1995 on the protection of individuals with regard to the processing of personal data and on the free movement of such data (Data Protection Directive), OJ L 281/ 31.

② Directive NO.96/9/EC of the European Parliament and of the Council, of 11 March 1996 on the legal protection of databases (EB/OL).

③ Charter of Fundamental Rights of the European Union art. 8, 2010 O.J.C 83/02, at 10.

④ Directive 2002/58/EC of the European Parliament and of the Council of 12 July 2002 concerning the processing of personal data and the protection of privacy in the electronic communications sector (Directive on privacy and electronic communications), OJ L 201/37, at 37.

活，但是合同签署和履行中的各种不确定因素却实际加大了数据流动的不确定性，导致了数据经济发展的高风险与不可持续性。如果经营者和用户都希望从数据经济中获益，承认数据所有权才能提供更加可靠和有力的制度保障。①

不难看出，受战争和传统等多重因素的影响，欧盟在个人信息保护方面较之美国更为积极和严格，互联网经营者的活动空间相对受限，也正是因为这样，不少观点将欧洲未能酝酿产生如 Google、Facebook 这样的互联网巨头归因于此。

2016 年 5 月，法国和德国的竞争执法部门联合发布了《数据与竞争法》的研究报告，对可能与数据相关的并购、拒绝交易、歧视、排他性合同、捆绑销售和数据的交叉使用等问题进行了分析。②

2016 年 4 月，在之前的立法基础上经过了四年多的讨论，欧盟《一般数据保护条例》通过，2018 年 5 月 25 日正式生效，GDPR 具有重要的宣示意义和政策调整作用，在个人数据保护和安全与数据使用之间不断寻找平衡。GDPR 强化了对数据主体的保护，要求数据主体（data subject）的授权必须是在充分知情的情况下自由作出的清晰具体的授权；数据主体可以随时撤回同意，数据控制者（controller）应为此提供便利，数据主体有知情权、纠正权、删除权、拒绝权和自主决定权，但是，个人信息的自决权又要让位于合同履行之必要，让位于社会公共利益之必要；数据控制者和处理者（processor）有对个人数据采取安全保障措施的义务，包括数据的匿名化处理，对于高风险的数据处理活动，要进行数据保护影响评估，发生数据泄露时，要及时通知监管机构；同时也考虑了数据控制者的合规成本，根据经营者规模、数据处理的量级和频次，对业务设定了不同的数据安全要求；监管机构对于没有取得用户同意等行为，可以处以最高 2000

① White paper–Data ownership in the context of the European data economy: proposal for a new right, Available at: http://eur–lex.europa.eu/content/news/building_EU_data_economy.html，2018 年 2 月 22 日访问。

② French Autorité de la concurrence, German Bundeskartellamt, Competition Law and Data, Competition Law and Data, 10th May, 2016, at 28. Available at: http://www.autoritedelaconcurrence.fr/doc/reportcompetitionlawanddatafinal.pdf, 2018 年 2 月 26 日访问。

万欧元或企业上一年度全球营业收入的 4% 的处罚。[①]

值得注意的是，GDPR 定义自然人为数据主体（data subject），控制者（controller）是能单独或联合决定个人数据的处理目的和方式的自然人、法人、公共机构、代理机构或其他组织，并定义了“处理者”和“接收者”。

（三）我国立法为大数据权属问题预留了空间

2012 年，全国人大常委会通过了《关于加强网络信息保护的决定》，以保护“能够识别公民个人身份和涉及公民个人隐私的电子信息”，禁止任何组织和个人非法获取、出售或非法向他人提供。这一规定的局限性在于单边保护，未能回应数据资产的利用问题。2013 年实施的《信息安全技术公共与商用服务信息系统个人信息保护指南》是首个个人信息保护的国家标准，将个人信息区分为“一般信息”和“敏感信息”，要求个人敏感信息的收集利用需要信息主体的明确授权，而非默许同意。2014 年，《最高人民法院关于审理利用信息网络侵害人身权益民事纠纷案件适用法律若干问题的规定》第 12 条首次明确了个人信息权益的侵权法保护定位。[②] 2016 年的《网络安全法》构建了基本的个人信息保护框架和原则，遗憾的是未能吸纳 2013 年指南中对一般信息和敏感信息的区分。[③] 2017 年，《民法总则》限于定位和篇章结构，仅以第 127 条作原则性和指引性规定提出了数据和网络虚拟财产的保护，具体细节须留待专门立法予以完善[④]，这

① 瑞柏律师事务所译:《欧盟一般数据保护条例》，法律出版社 2018 年版，第 2—4 页、第 49—57 页。

②《最高人民法院关于审理利用信息网络侵害人身权益民事纠纷案件适用法律若干问题的规定》第 12 条规定，“网络用户或者网络服务提供者利用网络公开自然人基因信息、病历资料、健康检查资料、犯罪记录、家庭住址、私人活动等个人隐私和其他个人信息，造成他人损害，被侵权人请求其承担侵权责任的，人民法院应予支持”。

③ 2018 年，全国信息安全标准化技术委员会组织制定的《信息安全技术 个人信息安全规范》，延续了个人信息保护指南的规定，区分了敏感信息的概念、类型和传输存储的要求，明确了应按照约定的目的、方法和范围使用个人数据的要求，以及去身份化的要求。

④ 石宏主编:《中华人民共和国民法总则条文说明、立法理由及相关规定》，北京大学出版社 2017 年版，第 302—304 页。

也是我们认为的为进一步明确规定预留了空间。2021 年 8 月发布的《个人信息保护法》区分了个人信息和敏感个人信息，确立了个人信息处理的基本原则和规则，明确了个人信息主体的权利和个人信息处理者的义务。

起草阶段的《民法典人格权编草案》规定了自然人的个人信息受法律保护，进一步明确了收集、使用和持有个人信息的原则、规则，可以为大数据的收集、使用和持有提供基本的法律支持，但受到结构和对应内容的限制依然没有对大数据权属问题进行规定。

当前，世界上主要国家和地区的立法对于个人数据的保护与利用都采取了"公法规制与私法赋权"并重的治理模式。在公法领域，通过个人数据收集、存储、转让和使用方面的"管制性的"法律或法规对数据行为进行规制，如前述我国 2016 年《网络安全法》。在私法领域，通过赋予民事主体对个人数据的民事权利，以私权的制度设计对个人数据进行保护[①]，我们认为应当包括数据主体的数据权利和经营者的大数据权利。私法赋权方面，我国立法留下了进一步完善的空间。

至于司法实践，对个人信息的保护的态度也在不断变化：2017 年新浪微博诉脉脉抓取使用用户信息案[②]较之 2013 年个人用户朱某诉百度隐私权纠纷案，对用户个体敏感信息的保护态度就有了变化，从认为在用户默示同意下 cookie 采集用户信息不构成侵权（个人隐私利益不应受到特殊保护），到认为经营者应当保护用户个人关于敏感信息的知情同意权等，司法实践的进一步发展，源于立法和法学理论研究的不断更新。

（四）以财产权为视角构建的基础性规则：数据主体的数据权利和经营者的大数据权利

1. 突破既有研究思路的限制

当前，世界上主要国家和地区的立法对数据的保护存在两种主要的保护方式：一个是以美国模式为代表的隐私保护模式，侧重保护数据信息背后的人格利益；另一个是以欧盟模式为代表的财产权益保护模式，侧重保

① 程啸：《论大数据时代的个人数据权利》，载《中国社会科学》2018 年第 3 期。
② 参见北京知识产权法院（2016）京 73 民终 588 号判决书。

护个人数据所涉的独立的财产权益。

综合前述国内研究现状来看，规则的构建其实应该包括两个维度：一是数据主体对单个数据的数据权利；二是经营者对蕴含了劳动等多方面价值的数据集合的大数据权利。在数据主体的权利方面，基于我国的历史和社会现实，考虑将“维护人格尊严和人格自由”作为赋予数据主体民事权利的正当性基础或定位之所在，能有助于鼓励数据主体维护自身权利的积极性，逻辑上也更加自洽。[①] 2021年的《个人信息保护法》已经从法律层面赋予了个人信息主体关于个人信息保护的相关权利，如个人对其个人信息的处理享有知情权、决定权，有权限制或者拒绝他人对其个人信息进行处理，有权查阅、复制其个人信息，有权请求将个人信息转移至其指定的个人信息处理者（可携带权），有权要求个人信息主体更正、补充、删除其个人信息等。

另外，随着互联网经济的深入发展，理论界与实务界都越来越认识到，如果只是持续地单方面关注个人信息保护，沿袭互联网经济初期回应用户恐慌解决用户焦虑的传统思路，都远不足以回应经济和社会发展的现实需求，安全与效率问题必将凸显。从宏观来说，大数据的收集、分析、使用、转移不仅仅意味着巨大的经济利益、市场利润，更意味着国家安全、网络安全、金融安全和经济效率，大数据分析甚至已经成为一种义务和职责。从微观来说，如果仅仅持续简单关注个人信息的单边保护，忽视事物的另一面，高效便捷的网络服务也将难以为继，就连用户自身也会因此失去网络便利。明确经营者对大数据的权利已势在必行，2022年中央深改委《关于构建数据基础制度更好发挥数据要素作用的意见》适时提出了“建立数据资源持有权、数据加工使用权、数据产品经营权等分置的产权运行机制，健全数据要素权益保护制度”意义重大，这一要求至少包含了三方面内容：第一，大数据权利的权能至少可以包括数据资源持有权、数据加工使用权、数据产品经营权；第二，这些数据权能是可以分置运行的；第三，要健全数据要素权益保护制度。

---

① 程啸：《论大数据时代的个人数据权利》，载《中国社会科学》2018年第3期。

值得注意的是，对经营者的大数据权利的研究不仅是一个民法学问题，更具有浓厚的经济法色彩。首先，大数据权利的基本规则是竞争法的前提和基础，是评价竞争行为的边界。数据的固有特征导致了其在竞争法视野内可能产生多重影响，包括对相关市场、市场主导地位、商业道德和社会公共利益的影响，以及哪些涉数据的协议和并购可能是反竞争的，哪些涉数据的竞争行为可能是不正当的。其次，大数据权利的研究，不仅要坚持传统民法的平等、自愿、公序良俗原则，还要考虑经济法的基本原则，贯穿社会本位的理念和维护数据安全的理念，贯穿促进数据资产利用的理念和资源优化配置的理念。最后，经营者的大数据权利不会是一个传统民法意义上的所有权，要考虑到数据资源的非消耗性、可重复利用性。

2. 确立个人信息主体的相关权利和经营者的大数据权利（权能）

"法律必须保持稳定，但又不能一成不变"，所有的法律思想都力图协调"稳定必要性"与"变化必要性"这两种彼此冲突的要求。[①] 大数据领域的法律治理同样如此，要在经济社会发展的巨大变革之中充分实现稳定与变化的协调，实现用户主体、经营者和社会公共利益等各方面诉求的平衡保护。制度安排的诉求是什么？一方面，社会生活的广泛数字化及技术爆炸带来的数据收集、存储的低成本化，使得海量个人数据被收集、存储和利用成为现实，加之运用大数据技术对海量数据进行的相关性分析，经营者完全能够充分捕捉并分析、描述、预测用户个体的行为轨迹，用户个体与数据相关的人格权、财产权面临暴露和受侵害的高风险；另一方面，海量用户数据所形成的"数据集"蕴含着巨大的经济与战略价值，这些数据集甚至被比喻为大数据和人工智能时代的"石油"，没有石油，数据产业就无法发展，大数据技术就无法运用在各个产业之中，因此，用户个体的数据权利还关系到数据产业的发展，数据经营者对合法收集的个人数据集合是否拥有权利及权利内涵至关重要。可以说，"个人数据上的权利安排直接决定了数据的流动、分享以及数据产业的发展"，制度安排既要考虑保护用户个体的民事权益，又要考虑促进数据的流动与利用，实现社会

① ［美］罗斯科·庞德:《法律史解释》，邓正来译，中国法制出版社 2002 年版，第 2 页。

福利最大化。如前所述，从数据所具有的民事权利客体所要求的“独立性与财产性”角度出发，数据应当是“现代民法中一类新型的民事权利客体”。确认数据作为民事权利的客体，是保护数据主体人格和财产权益的基础，也是确认数据经营者对数据集合权利的基础。[①]

确立大数据权利运用的民事规则，以建立一个“有效保护个人权益”“充分维护数据活动自由和发挥数据经济价值的权利体系”[②]为目标，要解决以下几个方面的诉求：第一，用户个体的个人信息、隐私保护需要；第二，用户个体获取便捷网络服务、数据服务的需要；第三，经营者追逐数据资源并为之持续投入和开发的意愿，有利于数据要素生产[③]；第四，经营者合法权利获得保护的需要；第五，公共领域数据分析利用的社会化需求，以及数据安全。这五个方面的需要作为一个具有独立意义的问题呈现出来，呼唤着制度的回应。

现实的问题是：一方面，近年发生的顺丰宣布关停菜鸟数据引发数据控制权之争，华为和腾讯之间因荣耀 magic 手机而引发的用户数据之争，主要表现为大数据权利运用在民事领域发生的争议，这些争议而引发的停滞、不安和不可预测性会给用户个体及数据经营者的积极性、效率产生不良影响。另一方面，数据合同之外的第三人侵入或非法利用是数据加害的典型方式，实践中大量使用的看似严丝合缝的用户协议，无论如何周密地布置，本质上依然只是一种“债的保护”，不具有排他性，无法应对来自第三人的数据侵害。以及如前文分析，大数据权利与知识产权相比，客体并不是典型的智力成果，知识产权制度同样无法一一对应地保护大数据权利。制度的空缺才会导致争议发生时经营者只能采取向主管部门“反映情况”这样的方式求得争议解决。[④]

实践中还有一种思路：直接援引反不正当竞争法的一般性条款进行裁

① 程啸:《论大数据时代的个人数据权利》，载《中国社会科学》2018 年第 3 期。

② 程啸:《论大数据时代的个人数据权利》，载《中国社会科学》2018 年第 3 期。

③ 张钦昱:《数据权利的归集：逻辑与进路》，载《上海政法学院学报（法治论丛）》2021 年第 4 期。

④ 2017 年 6 月，国家邮政局介入解决顺丰菜鸟的数据之争。2017 年 8 月，在华为腾讯数据之争中，腾讯公司将争议反映到工信部。

判。比如新浪微博诉脉脉不正当竞争案[①]中，二审法院放弃了商业秘密和知识产权的制度保护路径，直接援引当时适用的《反不正当竞争法》第2条[②]，要适用这一条在法律的大前提和事实的小前提之间建立涵摄关系，需要证明经营者的行为扰乱了市场竞争秩序，损害消费者或其他经营者合法权益。从法院裁判来看，大致思路为：首先，论证被告不当取得了竞争优势，破坏了市场竞争秩序；其次，论证被告的行为侵害了消费者知情权和自由选择权，损害了消费者利益；最后，直接推定必然造成经营者损害。援引一般条款是无法拒绝裁判而采用的后顺位选择，从实际效果来看，运用一般条款作出了裁判，但是，未能恰当界定商业道德，以及从违反行业惯例推论行为的不正当性，从行为的不正当性推论违反诚信原则和商业道德，逻辑推理混乱，更加加剧了一般条款的不确定性，可以说，虽然看似解决了个案的争议，但是未能通过个案来梳理、确立一般条款具体化的确切思路，“浪费”了一个通过典型案例确立审判思路的良好机会。[③]

如同前文探讨数据资产无法置于商业秘密制度框架下得到有效保护时所分析的那样，大数据如果被定位为一种受法律保护的“纯粹经济利益”，而不赋予权利，那么就只能在遭受特定方式侵害的时候获得救济，保护的力度和方式不利于鼓励经营者收集、存储和利用数据，不利于促进数据的流动与共享[④]，反不正当竞争法关注的核心是竞争秩序，不宜作为大数据的最终保护框架。

从数据经济的各个环节来看，数据从用户个体流向经营者，用户个体是我们当前多数研究所认为的数据主体，如欧盟GDPR所规定的那样，确认数据主体的知情权、纠正权和删除权、拒绝权和自主决定权，对于确保其积极性和数据安全有着积极意义，也保障了经营者收集大数据的前提和

---

① 北京知识产权法院（2016）京73民终588号民事判决书。

② 当时的《反不正当竞争法》第2条规定，“经营者在市场交易中，应当遵循自愿、平等、公平、诚实信用的原则，遵守公认的商业道德。本法所称的不正当竞争，是指经营者违反本法规定，损害其他经营者合法权益，扰乱社会经济秩序的行为”。

③ 兰楠：《“一带一路”倡议下数据的利用与保护——以构建一种新型财产权为视角》，载《法大研究生》2018年第1辑。

④ 程啸：《论大数据时代的个人数据权利》，载《中国社会科学》2018年第3期。

基础。经合法收集的数据由经营者管理与使用，与原始权利主体分离，意味着个人信息与数据资产区别的开始，个人信息尚在从用户个人的角度出发描述，数据资产已经从经营者角度出发界定了。[①] 用户个体对单个、分散数据的权利虽然具有基础性地位，是民法研究的重点，但并不是数据经济的核心问题，对经过收集和处理的大数据的权利，才是本书关注的重点问题。从主客体对应的关系来看，难以描述用户个体对海量的大数据集合拥有何种权利；从经营者在收集、利用大数据的过程中的各方面投入，尤其是施加的劳动来看，可以认为经营者因为该劳动而产生一定的财产权[②]；从顺应数据经济的经济规律，保护经营者的投资积极性，保障交易便利来看，同样应当肯定经营者对大数据的财产权。而从反面看，如果不明确大数据的权利规则，一则有可能使得经营者采取多种形式规避由于法律规定不明确而潜在的各种风险，实践中已经出现了这样的情况，经营者普遍地不断通过使用预先制定的格式化条款迫使用户个体作出授权，信息保护模式化、无选择，使得实际上的个人信息保护完全流于形式，无法选择，用户个体陷入了不同意即无服务的困境[③]；二则可能使得权利无保护，则经营者为大数据收集利用进行投入的积极性降低，影响大数据产业发展。由此，从两方面综合考虑，需要区分数据权利和大数据权利，数据权利是数据主体的私权利，大数据权利则是来源于数据主体但已经可以脱离前者单独存在的一种新型权利。如果承认大数据权利是一种新型权利，则其他经营者不当获取大数据就可能产生不正当竞争行为，大数据权利才能受到竞争法保护，行使权利的行为才能受到竞争法规制。[④]

至于经营者大数据权利的正当性基础，一方面，经营者的数据收集

---

① 刘继峰、曾晓梅:《论用户数据的竞争法保护路径》，载《价格理论与实践》2018 年第 3 期。

② ［英］洛克:《政府论》(下)，叶启芳、瞿菊农译，商务印书馆 1964 年版，作者提出，人民对某物施加劳动，该劳动就产生财产权。

③ 林洹民:《个人信息保护中知情同意原则的困境与出路》，载《北京航空航天大学学报（人文社科版）》2018 年第 3 期。

④ 刘继峰、曾晓梅:《论用户数据的竞争法保护路径》，载《价格理论与实践》2018 年第 3 期。

行为是“合法的事实行为”。经营者依据法律规定公开收集和使用的规则，明示收集和使用的目的、方式和范围，获得数据主体同意，并依法履行安全保障义务、合规审计义务、个人信息保护影响评估义务、安全事件通知义务及平台特殊义务。[①] 正是通过这样的合法收集行为，经营者获取数据集合这样一个大数据权利的客体，在该客体之上产生了经营者的大数据权利。另一方面，数据经营者为收集、存储数据的行为付出了相应的成本，投入了大量的劳动，应当受到保护，赋予经营者大数据权利符合公平原则。[②]

按照数据经济中数据的动态流转过程，“用户个体对分散数据的权利”和“经营者对于大数据的权利”是一组相关的概念。用户的数据权利包括知情权、纠正权和删除权、拒绝权和自主决定权等，以独立的个人信息权为元权利，并应构建单独的个人信息权损害赔偿机制。[③] 经营者对大数据的财产权也包括多种权能、多种形态，最终落脚点在于经营者获得数据权利受保护的依据，在于大数据得以顺利流转。

经营者对大数据的财产权利，应当承载多重功能、牵涉多方面利益考量，制度设计必然与民法上典型的财产权利不同，是一种新型的财产权利。大数据权利的制度安排，要兼顾多重功能和利益，将呈现为一种复杂的形态[④]，应当包括两个框架下的内容：第一，确定权利；第二，在不同部门法的框架下对权利运用行为进行深入分析。

第一，确定权利是确认经营者的大数据权利以保障经济秩序、交易安全。经营者大数据权利的内容包括：

一是数据资源持有权。经营者有权持有其合法收集和存储的大数据。

---

① 安全保障义务、合规审计义务、个人信息保护影响评估义务、安全事件通知义务，以及平台特殊义务具体参见 2021 年《个人信息保护法》第 51 条、第 54—58 条。

② 程啸：《论大数据时代的个人数据权利》，载《中国社会科学》2018 年第 3 期。

③ 当前，我国个人信息权权利救济体系尚未搭建起来，司法实践中更多的是以侵害隐私权和名誉权为由请求侵权损害赔偿，缺乏单独以自然人个人信息权受侵害为由主张侵权损害赔偿的机制。面对大数据时代下个人信息内涵的不断扩容，应当尽快构建个人信息权，对各类个人信息进行收集、处理、加工、存储、流转、交易等流程中全方位的保障。这是一个重要的理论问题，但不是本书的研究重点，故不展开论述。

④ 龙卫球：《再论企业数据保护的财产权化路径》，载《东方法学》2018 年第 3 期。

类似于传统民法上的占有权能，但对于大数据的存储应当符合法律和用户授权中关于存储期限和存储模式（尤其是加密模式）的要求，以及法律关于存储地域的限制等。[①]

二是数据加工使用权。经营者对所持有的大数据有权进行分析、加工和利用。数据经营者可以按照法律规定和约定（在数据主体授权的范围、方式、目的之下）的方式，对数据进行分析、加工、使用，当然，应当经去身份化处理并不违反法律的强制性规定。

三是数据产品经营权。经营者有权开发经营大数据产品，并依法处分数据产品，还可以在法律允许的范围内转让给其他经营者或授权其他经营者使用，或传输和删除大数据，保障数据转让、使用的灵活性和确定性，以促使其使用价值和交换价值的实现。

四是排除第三人的干涉，包括数据侵入、加害、盗窃和非法抓取等。这是大数据权利区别于普通债权的重要内涵。[②] 在第三人非法侵入时，有权要求其停止侵害；在第三人未经许可盗窃数据时，经营者有权要求其停止侵害、删除数据；给经营者造成损害时，经营者有权要求承认侵权损害赔偿责任。

一方面，权利化可以使大数据经营者获得比在合同法或反不正当竞争法一般条款框架下更有力的保护，不必承担证明自己损失和他人过错的举证责任，司法裁判的确定性将大大增强；另一方面，大数据转让变得高效便捷，经营者可以按照自身意愿转让或授权他人使用。[③] 当然，随着电子

---

① 例如，我国《网络安全法》第 37 条规定，“关键信息基础设施的运营者在中华人民共和国境内运营中收集和产生的个人信息和重要数据应当在境内存储。因业务需要，确需向境外提供的，应当按照国家网信部门会同国务院有关部门制定的办法进行安全评估；法律、行政法规另有规定的，依照其规定”。

② 与龙卫球教授在《再论企业数据保护的财产权化路径》（《东方法学》2018 年第 3 期）一文中提到的第二种构想是类似的思路。龙教授关于赋权的第一种构想是数据经营权，即经营者对于数据得以经营的一种主体资格，基于这种资格，经营者可以收集、加工、利用和交易数据，分为一般经营权和特别经营权，特别经营权涉及数据经营管制问题，适用于特殊领域如金融、医疗、司法、电信等需要依法建立许可、特许制度的领域，第一种构想的观点有待进一步探讨。

③ 许可：《数据保护的三重进路——评新浪微博诉脉脉不正当竞争案》，载《上海大学学报（社会科学版）》2017 年第 6 期。

商务日趋明显的平台化趋势，也有必要进一步研究平台经营者和平台内经营者对大数据的权利，平台内经营者此时居于何种位置，是否更类似于一般意义上的数据主体，在平台之内是否具备与平台经营者议价的能力等。

无论是财产观念还是财产制度，都在随着经济和社会生活的变化而不断调整，在大数据、人工智能、云计算等信息技术迅猛发展的今天，仅仅将数据信息作为用户个体的权利来考虑，显然已经非常不合时宜，财产权从来都只是手段，而非目的。在数据主体的权利之外分离并确定大数据权利就是这样一个鲜活的例证，以期与我们值得追求的目标的变化相匹配。①

当然，数据赋权是一个复杂的权能配置和权益保护机制，大数据具有碎片化、高密度、海量的特点，赋权的设置既要注重避免权利重叠的问题出现，也要避免过度保护对数据分享、数据流通的阻滞②，如同知识产权制度的设计一样，既要保护经营者追求技术进步的积极性，也要保护智力成果的合理广泛运用。

第二，在不同部门法的框架下对权利运用行为进行深入分析。GDPR也认为，“保护个人数据的权利不是一项绝对权利，应考虑其在社会中的作用并应当根据比例原则与其他基本权利保持平衡”。③ 个人数据权利尚且如此，经营者的大数据权利运用更具影响力，应当受到合理限制。大数据从来源、渠道和特征及去向、用途来看，与公众密切相关，具有一定的公用性。在关系社会公共安全的领域，具有一定的公益性。由于关乎诸多公共利益，除用户授权中的限制之外，还应当基于公共利益对权利运用进行限制，包括：

一是经营者的安全保障义务。根据《个人信息保护法》第51条的规定，个人信息处理者应当根据个人信息的处理目的、处理方式、个人信息的种类及对个人权益的影响、可能存在的安全风险等，采取安全保障措施确保个人信息处理活动符合法律、行政法规的规定，并防止未经授权的访

① 许可:《数据保护的三重进路——评新浪微博诉脉脉不正当竞争案》，载《上海大学学报（社会科学版）》2017年第6期。

② 李晓宇:《大数据时代互联网平台公开数据赋权保护的反思与法律救济进路》，载《知识产权》2021年第2期。

③ 参见GDPR鉴于条款第（4）。

问及个人信息泄露、篡改、丢失。其中既包括分类管理，加密、去标识化等，也包括个人信息收集的合法性、合目的性、最少使用和知情同意原则。[①] 之后通过去标识化去除用户个人的身份识别要素，切断信息与特定用户主体之间的辨识要素，“将重点放在对群体特征的分析预测上”，又降低个人信息泄露等安全风险。[②]

二是为保护国家和社会公共利益，建立数据强制公开制度。在关乎国家安全、自然灾害、疾病预防、反恐、系统性金融风险、食品安全卫生等领域，应主动或根据要求及时向有关部门和社会公开。为促进数据交流与使用，保护经营者对数据深入利用的积极性，考虑研究建立特定条件下的数据强制许可制度，考虑研究建立教学和科研领域的数据合理使用制度。[③]

三是对大数据权利运用中的垄断行为进行限制。2022 年修订的《反垄断法》增加了一条作为第 9 条，规定“经营者不得利用数据和算法、技术、资本优势以及平台规则等从事本法禁止的垄断行为”，从表述来看，数据、算法其实和资本、平台一样，已经融入交易的各个环节，深刻改变了生产方式、生活方式和社会治理方式，实质成为经营者的竞争优势，经营者不得利用这些竞争优势，从事法律所禁止的垄断行为。当前，互联网巨头已然依靠其平台优势、资金优势、先发优势而获得了排除、限制竞争

① 王利明:《论个人信息权在人格权法中的地位》，载《苏州大学学报》2012 年第 6 期。

② 吕洪涛、兰楠:《民法典编纂中关于隐私权问题的考量——以网络隐私权为切入点》，载《民事行政检察指导与研究》总第 19 集，中国检察出版社 2017 年版，第 158 页。

③ 类似于《最高人民法院关于审理利用信息网络侵害人身权益民事纠纷案件适用法律若干问题的规定》第 12 条规定的除外情形。即“网络用户或者网络服务提供者利用网络公开自然人基因信息、病历资料、健康检查资料、犯罪记录、家庭住址、私人活动等个人隐私和其他个人信息，造成他人损害，被侵权人请求其承担侵权责任的，人民法院应予支持。但下列情形除外:（一）经自然人书面同意且在约定范围内公开;（二）为促进社会公共利益且在必要范围内;（三）学校、科研机构等基于公共利益为学术研究或者统计的目的，经自然人书面同意，且公开的方式不足以识别特定自然人;（四）自然人自行在网络上公开的信息或者其他已合法公开的个人信息;（五）以合法渠道获取的个人信息;（六）法律或者行政法规另有规定。网络用户或者网络服务提供者以违反社会公共利益、社会公德的方式公开前款第四项、第五项规定的个人信息，或者公开该信息侵害权利人值得保护的重大利益，权利人请求网络用户或者网络服务提供者承担侵权责任的，人民法院应予支持。国家机关行使职权公开个人信息的，不适用本条规定”。

的能力。以不得拒绝交易为例，巨头从来都是拿走大量数据，而尽可能少地拿出数据。根据《反垄断法》第22条[①]的规定，毫无疑问，数据经营者的滥用市场支配地位行为应当受到规制，并充分考虑对上游市场投资和创新积极性的保护，结合不可或缺性、排除有效竞争和损害消费者利益、缺乏重大合理性等条件来认定违法拒绝交易。[②]数据经营者的拒绝交易行为不仅侵害反垄断法所保护的法益，更为现实的问题来自安全与发展方面[③]，如果经营者拒绝交易，将对社会发展、国家安全造成极大危害，仅有事后的追责无济于事；同时也实际限制了大数据权利的权能，损害制度目的。

四是依据反不正当竞争法，规制大数据权利运用中的不正当竞争行为，维护大数据行业的公平竞争秩序，保护经营者和消费者的合法权益。

第三节 财产权的拓展：竞争法视野下的大数据权利运用

大数据权利运用以民事活动为基础，但并不是一个简单的民事问题。在庞大的数据经济体量之下，大数据权利运用在经营者自身经济利益之外，还关系到经济和社会秩序，特别是市场经济秩序。首先，大数据权利运用对市场经济秩序的影响着重表现在对公平竞争、公平交易和公平消费利益的影响上。大数据权利的运用，可能产生数据垄断、数据滥用、数据歧视等问题，违反反垄断法、反不正当竞争法和消费者权益保护法，导致经营者之间、经营者和消费者之间的利益冲突，损害其他经营者和消费者利益。关于大数据算法的垄断、隐藏、歧视的案例频繁发生，也表现出竞争法在大数据权利运用上急迫的立法需要。例如，谷歌公司针对自己

---

① 《反垄断法》第22条规定，禁止具有市场支配地位的经营者在没有正当理由的情况下，拒绝与交易相对人进行交易。

② 王晓晔：《反垄断法》，法律出版社2011年版，第212—215页。

③ 邹开亮、刘佳明：《试论大数据垄断的法律规制》，载《大庆师范学院学报》2017年第4期。

的 PageRank[①] 算法申请了专利，使用这种算法能够获得超级大的数据量来挖掘市场利益，即使该专利终止，也可以凭借对各类数据的长时间的垄断获得比较利益，严重损害市场竞争和消费者利益。比如，我们通常认为数据垄断本身并不违反反垄断法，但是，如果经营者为了获得或维持垄断地位，实施了排除其他经营者获取该大数据的行为，且该数据的获得将成为其他经营者参与竞争的必要条件，那么经营者的排除行为就违反了反垄断法。再如，经营者将数据交易拆分为“许可交易 + 技术措施保留”的双重搭配方式，获得过当保护，实质破坏交易公平。[②]

以数据驱动型经营者集中、大数据经营者滥用市场支配地位为例，现有的竞争法规则不足以应对大数据权利运用带来的排除和限制竞争行为，也没有对损害消费者利益的行为进行合理的事前规制。管与不管，过度规制还是规制不足，都变得不确定。加之大数据所依赖的互联网平台区别于传统单边市场的双边市场特征，规制路径变得更加复杂。[③]

经营者对大数据的财产权和经营者竞争保护相比较，有着非常复杂的关系：首先，两者本身就具有相似性，经营者是基于经济动因不断提升竞争能力，对数据的追逐和利用同样是基于经济因素；其次，经营者竞争保护没有权利化，企业竞争能力没有形成所谓的“竞争权”，也没有定格为某种特定物，是一种抽象的能力，体现为经营条件、环境和水平等方面的比较优势；[④] 再次，对大数据的掌握和利用又实际成为经营者的竞争优势；最后，经营者的竞争能力、竞争优势未必都适合财产权化，但是实质地作为一种“具有排他性的特殊利益架构”，即竞争利益或竞争秩序而存在。

大数据会为经营者带来竞争优势，甚至整个行业的结构都因为大数据而发生变化，掌握大数据和拥有获取大数据的能力变得至关重要。对数据领域占据优势的大公司而言，大数据权利意味着规模效益。以苹果公司为例，在苹果公司推出 iPhone 之前，移动运营商从手机用户手中收集的大

---

① PageRank，通俗地解释为搜索引擎使用的一种网页重要性 / 排序评估方式，其结果决定了网页在搜索结果的排名，可以用于改善搜索体验、判断市场趋势。

② 龙卫球:《再论企业数据保护的财产权化路径》，载《东方法学》2018 年第 3 期。

③ 陈兵:《大数据的竞争法属性及规制意义》，载《法学》2018 年第 8 期。

④ 龙卫球:《再论企业数据保护的财产权化路径》，载《东方法学》2018 年第 3 期。

量的具有潜在价值的数据一直被雪藏，苹果公司进入手机市场后，通过与移动运营商的合约，直接获取了大量有效数据，可以说，苹果公司通过各种途径收集的“用户体验”比任何一家运营商或手机公司都要多，直接造就了苹果公司在数据上的庞大的规模效益。对数据领域的新进入公司而言，大数据权利同样能使公司享受到非固定资产规模的益处而同时兼具灵活性，以相对于固定资产来说极小的成本，带来更高的收益。大数据能够优化产品和服务，甚至加速优胜劣汰，催生新的行业。

大数据首先作为一门技术，通过对海量用户行为轨迹进行记录和分析，成为具有多样性的大数据资源，本身具有一定的客观性和中立性，与带有明显利益偏好的各类竞争行为截然有别，但是，大数据权利运用已经屡屡让原本单纯的大数据资源和技术对市场竞争活动的影响变得深刻而复杂，可能产生现行竞争法无法直接回应的反竞争效果。在竞争法项下，法律集中关注两方面的问题，一是大数据权利运用中的数据抓取行为[①]；二是大数据权利运用中的数据使用行为。基于数据共享的理念，许可抓取为原则，不许可为例外。对数据使用行为而言，关键点则在于不损害竞争，既不损害既有经营者之间的竞争，又不损害新进入经营者的竞争；既保护数据经营者的竞争优势，又保护新的数据经营者使用数据资源。

关于大数据本身是否应当纳入竞争法视野评判的问题，主要应当考察大数据是否具有经营者从事市场竞争行为的特征，即大数据作为一种资源和技术，在互联网经济下其资源的公开性与开放性、技术的中立性和客观性是否已转变或者正在转变成为一种具有价值偏好的竞争力要素，是否已经构成了经营者市场竞争行为的组成部分。我们通常会对反竞争行为进行类型化描述，即不正当竞争行为和限制竞争行为。比如，垄断行为就是一个中性概念，不会被一概否定，必要的垄断在各个国家和地区都实际存在，数据垄断本身也并不违反反垄断法，但是如果是经营者为了获取或者维持垄断地位，实施了排除其他经营者获取该大数据的行为，且该数据的获得是其他经营者参与竞争的必要条件，那么经营者的排除行为就违反了

① 数据抓取行为区别于数据收集行为，数据收集是指经营者从用户处逐一采集数据，数据抓取是指经营者直接获取其他经营者已经采集或固定的数据。

反垄断法。在竞争法的视野下，对于大数据领域出现的符合垄断行为形式要件的竞争行为，应当把握行业技术更新快、商业模式不断破旧立新和创新周期短、动态竞争的特点，进行必要的竞争效果分析，处理好维护竞争和鼓励创新的关系。①

一、从民法到反不正当竞争法的数据法律关系

反不正当竞争法与民法有着非常深刻的渊源，法国民法典一直被视为反不正当竞争法的母法，时至今日，法国民法典关于不法行为的总则性条款还是判断不正当竞争行为的基本依据；德国 1986 年反不正当竞争法制定之初也只是对一些特别有损市场竞争的行为进行了规定，在此之外仍需援引德国民法典中关于侵权行为的规定。不仅如此，德国 1909 年修订反不正当竞争法后，仍然适用民法的侵权责任规则裁判一些不存在竞争关系的案件，即便对于一些以竞争为目的的行为，也不绝对排除民法的适用。②

我国反不正当竞争法和民法也有着非常密切的关系，分析大数据权利运用中的反竞争问题应当将两者进行有机结合。第一，从调整对象看，反不正当竞争法和民法一样，都是调整平等主体之间的关系，反不正当竞争法在私法之中孕育，具有一定的私法性质，调整平等的经营者之间、经营者和消费者之间的关系；民法调整平等主体的自然人、法人和非法人组织之间的人身和财产关系。第二，从基本原则看，反不正当竞争法和民法的基本原则高度契合。《反不正当竞争法》第 2 条规定的自愿、平等、公平、诚信原则，基本是从民法中移植过来的，可以说，反不正当竞争法几乎没有自己的特有原则③，因此，与《民法典》第 4—7 条确立的平等、自愿、公平、诚信原则有着高度一致的精神内核。第三，从法律适用看，大量的不正当竞争行为在适用法律时会发生竞合。典型如不正当获取他人竞争优势的行为，既应当受到反不正当竞争法的规范，也可以适用民法典中的侵

① 时建中：《网络市场垄断行为发展趋势及危害研究》，载《经济参考报》2016 年 8 月 17 日，第 6 版。

② 王晓晔：《再论反不正当竞争法与其相邻法的关系》，载《竞争政策研究》2017 年第 4 期。

③ 刘继峰：《竞争法学》，北京大学出版社 2018 年版，第 273 页。

权行为规定；此外，对于反不正当竞争法没有规定的行为，则应当由侵权行为规定来处理。第四，反不正当竞争法在不正当行为受害者保护、违反该法从事不正当行为应当承担的民事法律责任等方面均需借力于民法。[①]

反不正当竞争法较之于民法有自身独特、核心的价值，随着反不正当竞争法对消费者权益保护的日益强化，逐渐发展成为调整社会公共利益、经营者之间、经营者和消费者之间利益，规范市场竞争行为，保护市场竞争秩序的法律制度。与民商法有关的特定关系，经与竞争法调整后，会形成权利、权力、义务关系的复合型，这是民商法与竞争法关系的总特点。在市场运行过程中形成的经济关系，是经济活动关系和经济活动制约关系的相统一，在法律关系的内容上就是权力与权利、义务。[②]

大数据权利运用，从数据的收集、加工、分析、利用到交易，受到民法和反不正当竞争法的共同调整，并各有侧重。即便大数据环境下的个人隐私保护，看似典型的民法问题，从反不正当竞争法的视野来看，又直接关乎消费者福利；大数据权利属性是民法问题，鼓励和保护大数据行业的公平竞争、促进数据商业利用和维护数据资源安全，则是反不正当竞争法以及反垄断法的问题。

二、数据运用中的反垄断法和反不正当竞争法的关系

2022 年修订的《反垄断法》，增加第 9 条“经营者不得利用数据和算法、技术、资本优势以及平台规则等从事本法禁止的垄断行为”规定，第 60 条第 2 款“经营者实施垄断行为，损害社会公共利益的，设区的市级以上人民检察院可以依法向人民法院提起民事公益诉讼”规定。从反垄断法的这两处修改情况来看，一是承认了数据给经营者带来的竞争优势；二是确立了反垄断领域的民事检察公益诉讼制度，为反不正当竞争法视野下的大数据检察公益诉讼探讨提供了有益参考。

反垄断法和反不正当竞争法同属竞争法的范畴，都是以规范市场竞争

---

① 王晓晔:《再论反不正当竞争法与其相邻法的关系》，载《竞争政策研究》2017 年第 4 期。

② 刘继峰:《竞争法学》，北京大学出版社 2016 年版，第 44—45 页。

秩序和保护竞争为立法目的，两者存在许多交叉之处。严格来说，反垄断法所规制的垄断行为同样属于不正当竞争行为，是相对特殊的不正当竞争行为，并且可以认为两者在保护竞争和维护市场竞争秩序方面起着相互补充的作用。

反垄断法的立法目的是维护“自由竞争”，着眼点在市场的竞争性，要保证市场上有足够的竞争者，竞争者之间有足够的竞争，使消费者或者经营者在市场上能够有选择商品或者服务的权利，从微观层面上降低产品的价格、改善质量，从宏观层面上优化配置资源和提高消费者福利。至于反不正当竞争法，首先保护的是“公平竞争”的市场秩序，规制经营者在生产经营活动中违反自愿、平等、公平和诚信原则，违反法律和商业道德，损害竞争秩序，损害其他经营者和消费者合法权益的行为。①

反垄断法和反不正当竞争法在互联网领域的适用同样既有交集又有互补。以《反不正当竞争法》第12条“恶意对其他经营者合法提供的网络产品或者服务实施不兼容”与《反垄断法》第22条的交叉重叠为例：有观点认为，网络产品或服务的不兼容看似互联网领域的新兴行为样态，其实在传统领域同样存在，我们是否要求传统领域的产品、服务全部能够匹配适用？如果不是，为什么对网络产品和服务就一概施加对他人兼容的义务呢？“不兼容”才是自由竞争的常态。如苹果手机、电脑的数据均只兼容其自有的IOS系统，但并不意味着对其他经营者关闭了交易、合作的大门。此外，对不同功能、不同类型的产品或服务要做到兼容，不但会大面积提高成本，还会损害经营者自主权，“恶意不兼容”应该说也是一种拒绝交易的行为，按照反垄断法的思路，对于拒绝交易的行为，“只有在经营者具备市场支配地位，且没有正当理由拒绝兼容导致排除、限制竞争时才有可能认定行为违法”，这与反不正当竞争法的规定明显冲突。② 恶意不兼容与拒绝交易究竟是冲突还是互补？笔者不同意前述观点。

---

① 王晓晔:《再论反不正当竞争法与其相邻法的关系》，载《竞争政策研究》2017年第4期。

② 田小军、朱萸:《新修订〈反不正当竞争法〉“互联网专条”评述》，载《电子知识产权》2018年第1期。

回答这一问题依然要回到竞争法的立法目的上来。反不正当竞争法重在“保护公平有序的竞争”，通过对具体的不正当竞争行为予以规制，从而实现整体上对社会竞争机制的保护[①]，其“价值取向应当在竞争法框架下衡量”[②]。那么，要认定不兼容行为属于不正当竞争行为，应当实质判断是否具有正当性，是否将影响公平有序的竞争，不能简单一概而论。关于“恶意”的主观要件，似乎并不是一个严格定义的法律术语。恶意如何界定？[③]有使自身产品或服务与他人产品或服务不兼容的主观故意？还是有损害公平竞争的主观故意？还是存在违反诚实信用原则和商业道德的主观故意？《中华人民共和国反不正当竞争法释义》一书中认为，“可以从该经营者实施的不兼容行为是否符合诚信原则和商业道德等要求进行综合考量”。[④]这样的适用将导致法律从互联网专条向一般性条款的回归，可能造成司法适用中的困扰，更重要的是，现行的侵权行为规定已经呈现越来越明显的“主观状态客观化趋势”，也就是依托于客观行为标准，而不过分纠结于不可描述的主观状态，否则完全背离了侵权行为规定的发展趋势。[⑤]继续回到竞争法的立法目的来判断冲突与互补：第一类情形，当经营者恶意对其他经营者合法提供的网络产品或服务实施不兼容，违反诚实信用和商业道德，构成对其他经营者网络产品或服务的妨碍、破坏，使之不能正常运行使用，属于恶意不兼容的不正当竞争行为。第二类情形，具备市场支配地位的经营者，没有正当理由，拒绝对其他经营者提供的网络产品或服务实施兼容，则同时符合反垄断法的规定，属于《反垄断法》第

---

① 王艳芳:《〈反不正当竞争法〉在互联网不正当竞争案件中的适用》，载《法律适用》2014 年第 7 期。

② 孔祥俊:《论反不正当竞争法的竞争法取向》，载《法学评论》2017 年第 5 期。

③ 反不正当竞争法修订草案征求意见过程中，地方和中央有关部门反馈意见中有的单位就提出，“恶意不兼容”认定标准不明确，且经营者并没有对他人网络产品和服务实施兼容的法定义务，建议删除该项规定，有的单位建议将“恶意”表述修改为“无正当理由”。王瑞贺主编:《中华人民共和国反不正当竞争法释义》，法律出版社 2018 年版，第 124—138 页附录之《地方和中央有关部门对反不正当竞争法修订草案的意见》。

④ 王瑞贺主编:《中华人民共和国反不正当竞争法释义》，法律出版社 2018 年版，第 45 页。

⑤ 兰磊:《比例原则视角下的〈反不正当竞争法〉一般条款解释——以视频网站上广告拦截和快进是否构成不正当竞争为例》，载《东方法学》2015 年第 3 期。

17条第3项规定的滥用市场支配地位行为中具体的拒绝交易行为，应当受到反垄断法的规制。

总的来说，在保护竞争和维护竞争秩序方面，反垄断法和反不正当竞争法两者应当发挥相互补充的作用，在对大数据权利运用进行调整的领域亦是如此。

小 结

数据与大数据是一组密切关联的概念，两者应当在不同的语境下区分使用，大数据侧重于强调海量数据的集合，数据侧重于强调其在物理或法律上的抽象意义。大数据具备自身独特的自然属性，而它最显著的法律属性是独立性、确定性、非消耗性和财产属性。

随着经营者运用大数据不断演化新的商业模式，最终，根据所提供价值的不同，三种数据驱动型公司出现了，即基于数据、技能和创新思维的公司。于是，传统商业模式受到重大冲击，全新商业模式出现了，数据共享成为数据经济领域的核心问题。

缺乏基本的规则是大数据法律框架中的首要问题，只有解决了这一基础性问题，才能制定竞争法规则，回应竞争法关切。对大数据权利的研究是制定大数据资源确权、开放、流通、交易等相关规则，保护市场竞争秩序的起点和基础。

正是由于大数据具有明显的财产属性，大数据权利同样表现出极强的财产权属性；同时，由于大数据来源于个体用户的个人信息，故而在财产权之上兼具人格利益。大数据权利有显著的自身特有属性，不是典型的传统民事权利，无论是从资源的稀缺性还是排他性来看，大数据权利与传统的财产权都不相同，难以简单地归入传统制度项下保护。大数据权利又具有社会公共属性，不是单纯的民事权利。

从发生的时间和逻辑顺序上看，大数据的收集、存储、分析、加工、利用、发散等一系列过程，包含了两种法律关系：一是自然人（用户个体）和数据经营者之间的关系，存在个人信息的保护需要和数据利用需要，由于主体的广泛性和互联网使用早期的用户恐慌，在这一法律关系中，个人信息保护和个人隐私保护最受关注。二是围绕数据利用而产生的法律关系，包括促进和保护数据交易、利用，保护公平的市场竞争秩序等。

对经营者的大数据权利的研究不仅是一个民法学问题，更具有浓厚的经济法色彩。首先，大数据权利的基本规则是竞争法的前提和基础，是评价竞争行为的边界。数据的固有特征导致了其在竞争法视野内可能产生多重影响，包括对相关市场、市场主导地位、商业道德和社会公共利益的影响，以及哪些涉数据的协议和并购可能是反竞争的，哪些涉数据的竞争行为可能是不正当的。其次，大数据权利的研究，不仅要坚持传统民法的平等、自愿、公序良俗原则，还要考虑经济法的基本原则，贯穿社会本位的理念和维护数据安全的理念，贯穿促进数据资产利用的理念和资源优化配置的理念；最后，经营者的大数据权利不会是一个传统民法意义上的所有权，要考虑到数据资源的非消耗性、可重复利用性。

数据应当是"现代民法中一类新型的民事权利客体"，确认数据作为一类民事权利客体，是进一步确认数据主体对个人数据权利的基础，是保护数据主体人格和财产权益的基础，同样是数据经营者对收集、存储、加工的数据集合控制、挖掘的基础。确立大数据权利运用的民事规则，以"有效保护个人权益""充分维护数据活动自由和发挥数据经济价值的权利体系"[①] 为目标，要解决以下几个方面的诉求：第一，用户个体的个人信息、隐私保护需要；第二，用户个体获取便捷网络服务的需要；第三，经营者追逐数据资源并为之投入和开发的意愿；第四，经营者合法权利获得保护的需要；第五，公共领域数据分析利用的社会化需求。这五个方面的需要均作为一个具有独立意义的问题呈现出来，呼唤着制度的回应。

由此，以财产权为视角构建基础性规则——应当确立个人信息主体的相关权利和经营者的大数据权利，建立数据资源持有权、数据加工使用权、数据产品经营权等分置的产权运行机制，健全数据要素权益保护制度。

---

① 程啸：《论大数据时代的个人数据权利》，载《中国社会科学》2018 年第 3 期。

第二章

大数据权利运用中的反竞争问题

就像知识产权是否有利于社会进步一样，精心设计的大数据权利（权能）体系能否实现价值平衡是一个不容回避的问题。大数据和任何新兴技术一样，在带来机遇的同时，对制度管理世界的方法亦提出了无数的挑战，我们管理21世纪的数据产业，就像19世纪管理美国的铁路产业、钢铁产业和电报产业一样：19世纪的新兴行业如何受到制约，竞争法发展的历史值得借鉴。

大数据和技术不仅造成了商业模式的迅速更迭，而且对既存的经营行为、竞争格局和竞争秩序产生了强烈冲击，加以互联网超级平台对传统竞争法规制体系的挑战，更加加剧了大数据权利运用对竞争法实施的挑战。在竞争法的视野之下，互联网经济中的大数据作为一种资源和技术，是不是一种具有价值偏好的竞争力要素？大数据权利的运用是否构成经营者市场竞争行为的组成部分？不可否认，大数据已经成为互联网经济领域经营者参与竞争的重要组成部分和核心竞争力，中国信息通信研究院发布的《中国大数据发展调查报告（2018年）》显示，2017年中国大数据产业规模达到4700亿元，增速高达30%，核心产业规模为236亿元，较2016年增速达40.5%，预计未来几年，大数据市场仍将保持30%以上的增速，到2020年中国大数据市场规模将达到586亿元；中国市场情报中心的相关统计显示：2018年结束，中国大数据市场规模将达到500亿元，而且未来几年它的成长空间也将是呈几何式发展的趋势。[①] 工信部数据显示，“十三五”时期，我国大数据产业年均复合增长率超过30%，2021年产业

① 载http://www.ccidreport.com/report/content/3660/201805/901045.html，2018年6月25日访问。

规模突破 1.3 万亿元，我国大数据产业规模快速增长，大数据产业链初步形成，近 5 年，全国省级公共数据开放平台从 5 个增至 24 个，开放的有效数据集从 8398 个增至近 25 万个。[①] 将大数据权利运用纳入竞争法规制的范畴并无争议，大数据权利运用突破了技术中立和资源开放的界限，对市场自由公平竞争和消费者利益产生了重大影响。

第一节　大数据权利运用带来的竞争优势

一、竞争优势的基本内涵

（一）经济学视域下的竞争优势

“竞争优势”这一概念最早由张伯伦（1939 年）提出，后来被霍弗和申德尔引入战略管理领域[②]；20世纪80年代中期，波特对其进行了较为深入的研究[③]。围绕竞争优势有各种理论研究和解释，但是并没有一个统一和明确的定义。

传统理论认为，经营者的竞争优势寓于“商品和服务的二因素”及其矛盾运动之中，在以货币为媒介的商品和服务交换之中，经营者统一让渡商品和服务的使用价值和价值给消费者，消费者以货币这一价值形式支付商品和服务的价值，表现为商品和服务的价格。这一过程中，经营者当然希望最大限度地实现商品和服务的价值，消费者则希望付出尽可能低的价格换取符合需求的使用价值。由此，经营者的竞争优势表现为：在一定范围内，比竞争对手“更好地获得商业机会”“满足消费者需求”，从而“实现交易获得利润”的这样一种优势。[④] 传统理论还认为，“低成本优势和差异性优势”是经营者竞争优势的两个基本形式，即经营者可以“低成本和

---

① 《我国大数据产业规模破 1.3 万亿元，数据流通和安全保护并重》，载 https://mp.weixin.qq.com/s/YicnqrKvWSvmDiygLFllPw，2022 年 6 月 25 日访问。

② 杨国亮：《企业竞争优势论》，中国经济出版社 2007 年版，第 41 页。

③ 杨国亮：《从西方竞争理论的演变看马克思竞争理论的历史地位》，载《当代经济研究》2005 年第 10 期。

④ 杨国亮：《关于竞争优势的马克思主义分析框架》，载《中国人民大学学报》2005 年第 5 期。

低价格”获取超额利润，或者以商品和服务的“差异性和不可替代性”获得超额利润。[①]

关于经营者可持续竞争优势的研究，主要是从“内生”和“外生”两个方面来进行分析的。“竞争优势外生论”认为，经营者的竞争优势主要是外部的某些变量所决定的，经营者所处的产业结构决定其业绩，那么，基于这一前提，竞争优势由产业集中度和成本结构等要素驱动，忽略了经营者的内部因素，无法解释处于相同产业结构、成本结构的经营者为什么依然存在竞争优势的差别。“竞争优势内生论”则认为，经营者内部条件对于其获取竞争优势起到决定性的作用，具体包括资源基础理论、行为制度理论、战略选择理论和综合因素理论等。内生论逐渐占据研究的主流地位。传统的经营优势理论面临着严峻的挑战，在动态的竞争环境之下，传统的竞争优势模式失效，亟须向动态竞争优势转移，竞争战略不断呈现出强烈的融合互动性。[②]

在传统的静态竞争条件下，经营者经营竞争战略的制定很少顾及竞争对手的反应，时间是被传统框架所忽略的一个十分重要的维度，变革、变化、互相赶超没有被纳入考察的视野。在动态复杂的环境下，仅仅保护竞争优势已经不能适应市场挑战，更为重要的是创造新的竞争优势，持续创新成为竞争优势维持和跃迁的重要路径。[③]

在社会生产能力有限，商品相对短缺的时期，经营者竞争的激烈程度有限，创新动力不足，这种环境下，经营者更适合追求“低成本的竞争优势”，即通过技术和管理创新等方式扩大生产规模、降低生产成本，获得低成本竞争优势。工业革命创造了巨大的生产力，结束了商品短缺的历史，出现了商品过剩的现象，市场从卖方市场转向了买方市场。随着经济全球化的发展、新技术革命和知识经济的兴起，经营者之间的竞争又进入了一个新的时期[④]：经济全球化，使得市场迅速扩大，市场竞争空前激烈，

---

① 杨国亮：《企业竞争优势论》，中国经济出版社2007年版，第41—42页。
② 霍春辉：《动态竞争优势》，经济管理出版社2006年版，第39—68页。
③ 霍春辉：《动态竞争优势》，经济管理出版社2006年版，第217—227页。
④ 杨国亮：《企业竞争优势论》，中国经济出版社2007年版，第53—59页。

从而推动技术创新不断加快，商品和服务的生命周期不断缩短，消费者需求向多样化和快速变化发展，消费者需求变得至关重要。经营者如果能够率先回应消费者需求的变化，根据消费者最新需求调整和推出商品（服务），就有可能获得更多的商业机会，而在竞争中获得“差异性优势”，如果能够进一步改善技术和管理，扩大生产规模，则就有可能在竞争中获得“低成本优势”。比如，日本的“精益生产模式”敏锐地追踪消费需求和变化，进行“适时正好”（Just-in-Time）的生产，进一步降低生产成本获得竞争优势。

贝特曼和斯奈尔（Bateman T. and Snee S.，1999）则认为，竞争优势的四个支柱是低成本、高质量商品或服务、速度和创新。创新是经营者竞争优势的源泉，既包括技术创新，又包括组织和管理等方面的创新。大数据的迅速、多样、海量、价值、技术革新等特征无疑暗合了竞争优势的基本形式。创新给大数据经营者带来的竞争优势是进一步分析的前提和基础。

（二）法学视域下的竞争优势

市场能够优化资源配置、提高效率，但是自发的市场并不具备保护公平竞争秩序的能力，随着市场竞争的高度发展，垄断和不正当竞争行为必然不断涌现。竞争法是保护市场自由公平竞争秩序的基本法律①，我国竞争法以反垄断法和反不正当竞争法为中心，反垄断法以“保护自由竞争秩序”为中心，反不正当竞争法以“保护公平竞争秩序”为中心。② 总体来说，竞争法的立法宗旨同时具有保护竞争本身，保护经营者和消费者利益，维护社会公共利益的多重目的。③

竞争优势是竞争法适用中的重要概念，但又是一个相对抽象的概念，如前所述，通常难以直接准确地界定竞争优势的内涵与外延，可以尝试借助一般竞争利益和商业机会等相关概念来理解竞争优势。竞争优势是市场竞争中最为一般的和常见的竞争利益，通常而言，不具有单独的可诉性。

所谓“一般竞争利益”，是竞争上的好处，但又不像具体利益那样

---

① 杨紫烜:《国家协调论》，北京大学出版社 2009 年版，第 220 页。

② 王晓晔:《我国反垄断法立法的宗旨》，载《华东政法大学学报》2008 年第 2 期。

③ 王晓晔:《反垄断法》，法律出版社 2011 年版，第 26 页。

"具体化、特定化和外化"，社会典型公开性较弱，是一种事实上和法律上的"弱利益"。[①] 在反不正当竞争法上，通常认为，对一般竞争利益的竞争性损害是"中性的"，所谓中性，即损害不表明违法，只有损害的方式存在可说责的不正当性时，法律才予以禁止，"一般竞争利益"才成为受法律保护的利益，除此之外，通常推论行为正当。因此，一般竞争利益属于典型的"以违反禁止的保护性法律规定"或者"以悖于善良风俗的方式"进行损害的利益形态，侵害一般竞争利益的不正当性或者违法性在于对于"行为本身的否定性评价"，而不是从利益自身出发。此类利益"因法律对不正当竞争行为的制止而成为受保护的法益"，而不是"因为是法益而当然受到保护"。[②] 这是我们后续研究的前提和基础。竞争优势与商业机会密切相关，商业机会是经营者以竞争优势欲夺取的具体目标，竞争优势是基础，是获取商业机会的条件或者能力。我们通常说，竞争的目的是获取竞争优势，获取竞争优势就是为了获得更多的商业机会，不正当竞争就是以不正当手段获取竞争优势。

以"山东食品公司等与青岛圣克达诚公司等不正当竞争纠纷申诉案"（通常简称的"海带配额案"）为例，法院认为，竞争优势是一个"内涵和外延并不确定的概念"，不应"泛泛地"将经营者的竞争优势作为"反不正当竞争法所保护的法益"，这样缺乏"法律依据和法理基础"。"商业机会虽然作为一种可以受到反不正当竞争法保护的法益，但商业机会本身并不是一种法定权利"，"竞争对手之间彼此进行商业机会的争夺是竞争的常态，也是市场竞争所鼓励和提倡的"，"只有竞争对手在争夺商业机会时不遵循诚实信用的原则，违反公认的商业道德，通过不正当的手段攫取他人可以合理预期获得的商业机会，才为反不正当竞争法所禁止"。[③]

通过上面的分析可以看出，竞争优势和商业机会都属于"一般竞争利益"，反不正当竞争法并不当然地对"一般竞争利益"给予保护，而是通

---

① 孔祥俊：《〈民法总则〉新视域下的反不正当竞争法》，载《比较法研究》2018年第2期。

② 孔祥俊：《〈民法总则〉新视域下的反不正当竞争法》，载《比较法研究》2018年第2期。

③ 参见最高人民法院（2009）民申字第1065号民事裁定。

过制止法定情形下的不正当竞争行为予以保护。最高人民法院认为，对于一般情况下“可以合理预期获得”的商业机会，“可以成为法律特别是反不正当竞争法所保护的法益”，同时，由于商业机会具有的“开放性和可竞争性”，它又仅仅是一种“可争夺的利益”和“客观上的好处”——只是一种事实状态，尚不构成可单独主张的法益——法律只基于维护公平竞争的需要规制不正当手段对它进行的争夺——从结果上间接保护经营者的商业机会。因此，可以认为，竞争优势“通常不是法律保护的前提，而是法律保护的结果”[①]。反不正当竞争法之所以对“一般竞争利益”给予保护，乃是因为他人攫取该利益的行为具有“不正当性”，所以反不正当竞争法对于包括竞争优势在内的一般竞争利益的保护，不是基于该利益本身，而是“基于竞争行为的不正当性”。

如前文所述，大数据意味着资源、技术，意味着巨大的创新潜能和市场价值，甚至意味着国家竞争力；与此同时，大数据对市场竞争活动的影响一步步显现出复杂与深刻性，远远超出人们的预期，更可能产生竞争法无法回应且难以恢复的结果。例如，大数据权利的“选择性和歧视性运用”对消费者和其他经营者产生压迫交易，就会构成“基于优势地位滥用的妨碍自由公平交易”。实践中，这种情况不但存在并且在不断强化：大数据权利的深刻运用导致了类似于报酬率递增的“雪球效应”，强大的经营者基于大数据对商品和服务的把控愈强大，消费者愈加没有选择的自由，弱小或新进入的经营者越没有存在和发展的空间；以爬虫软件等方式窃取和破坏其他经营者的大数据或者算法，不正当地攻击了经营者的竞争能力，攫取了其他经营者的竞争优势，实质扩展了反不正当竞争法规制的范畴。[②]

二、大数据权利主体的竞争优势分析

大数据经济中，数据经营者甚至能从“数据废气”这样的边缘内容开

---

① 孔祥俊:《〈民法总则〉新视域下的反不正当竞争法》，载《比较法研究》2018年第2期。

② 陈兵:《大数据的竞争法属性及规制意义》，载《法学》2018年第8期。

始，不断向核心内容推演，得到全方位的改进或更新产品和服务的信息，加剧了市场竞争，促进了跨市场的融合，导致了相关市场的竞争更加复杂而多样化。大数据除了作为数据化新型资产本身的价值与优势外，还为权利主体带来了特殊的竞争优势。

（一）竞争优势的来源

1. 强大的市场预测与改进而形成的优势

大数据的核心就是“预测”。人们常常一提到大数据就想到人工智能，认为大数据是人工智能的一部分，是一种机器学习。恰恰相反，大数据不是教机器像人一样思考，而是把数学算法运用到海量数据上来预测事件发生的可能性，预测之所以能够成功，关键在于他们是建立在海量数据的基础上，经营者收集到的数据越多，就越可以变得更“聪明地”判断自身算法和参数选择的有效性，实时进行调整，持续改进数据的表现。可以说，数据越多，经营者越“聪明”。

关于大数据的预测功能，有三个经典的案例，反映了大数据预测从微观到宏观的应用。第一个是某未婚少女怀孕案例，在家人尚不知情的情况下，经营者就已经根据所获得的信息作出初步判断，并开始打电话询问是否需要购买母婴用品了。这个案例反映的是依据大数据进行的精准营销，是大数据预测功能针对微观用户的具体应用。第二个是“啤酒尿布”案例，在这个案例中经营者依据关联分析规则来预测超市中消费者购买行为轨迹的规律。这个案例是经营者针对类型化的消费者需求进行的预测，是大数据预测针对类型客户的具体应用。第三个案例是谷歌根据搜索引擎中“关键词检索日志的时间序列”数据预测流感爆发的时间和规模。这一案例是大数据更加规模化，大到国家和地区级别的应用，更加体现了海量数据的非凡意义。随着经营者从以往只能收集到较少的数据，到现在动辄百兆、千兆的数据量，加之以强大的数据分析处理能力，在可以预见的将来，单纯依靠人类的经验和智力判断的领域都会被计算机依靠大数据来替代判断。

大数据以预测优势为基础，还具备改进产品和服务的优势。以搜索引擎为例，通过大量收集并分析用户所检索的词汇或词组，以及分析用户对检索结果的选择概率，总结检索的词频、特征和类型，可以提高检索结果的相关性和准确率，并通过分析结果不断改进算法，让搜索引擎变得更加“聪明好用”。原理一致的是互联网浏览器和计算机操作系统，同样可以学习用户的使用习惯，根据使用频率和强度划分应用程序的不同优先级，进而在不同的优先级之间科学分配后台资源，改进产品和服务体验。[①]

大数据让经营者能够“聪明地”给消费者画像、预测消费者喜好、预测商机、预测市场变化、改进商品和服务，大数据强大的市场预测、反馈优势是大数据权利主体最首要的竞争优势。

2. 数据资源的跨界融通运用产生的优势

数据资源的融通运用，不但能够提升经营者本身的价值，还能提高效率，影响用户的使用行为，进而影响经营者的竞争力。以当前受到投资者普遍青睐的“共享经济”为例，利用网络信息技术以互联网平台为依托，将分散资源进行整合并优化配置，实现“供需匹配和对接”，其实质就是利用互联网技术和平台实现资源的优化配置，提高资源的利用效率，降低用户的对接成本。[②] 数据规模越大，经营者在相关市场中的竞争力就越强。数据资源的融通运用还能让经营者通过不同跨界数据之间的关联性找到更多的商业机会和开发更新的商业模式。大数据资源完全可以形成自我强化的良性循环：收集更多的用户数据—改善产品和服务—提供更加个性化、有针对性的产品和服务—吸引更多的用户—得到更加全面丰富的数据资源—开发更多更好的商业模式—吸引更多的用户，如此良性循环。

2016 年 6 月，微软宣布和领英（Linkedin）公司达成最终协议，全现金收购领英公司的全部股权和净现金，被认为是典型的“数据驱动型并购交易”。领英是全球最大的职业社交网站，是一家面向商业客户的社交网络平台；[③] 微软公司是一家以研发、制造、授权和提供广泛的电脑软件服务业务为主的跨国科技公司[④]，从并购动机来看，微软公司当然是为了通

① 宁宣凤、吴涵:《浅析大数据时代下数据对竞争的影响》，载《汕头大学学报（人文社会科学版）》2017 年第 5 期。

② 参见国家发展和改革委员会:《分享经济发展指南》2017 年 2 月 28 日公开征求意见稿。

③ 载 http://mr.baidu.com/wbfqvnh?f=cp，2018 年 7 月 21 日访问。

④ 载 http://mr.baidu.com/04dwyrr?f=cp，2018 年 7 月 21 日访问。

过并购获得竞争优势、获得规模效益，微软总裁 Satya Nadella 称，微软并购领英是对“人际关系”的收购，并购领英的重要目的也正在于此，分析、使用大数据，优化产品内容和服务，将领英所占有的大数据跨界运用到计算机软、硬件产品和服务中去，实现超级平台对大数据的联合运用。类似的大数据融通的案例还有阿里巴巴收购饿了么、美团收购摩拜。阿里巴巴收购饿了么之后，阿里巴巴所持有的零售领域的大数据将与饿了么原有的本地生活服务的数据深度融合，将给阿里巴巴自身的销售体系和本地生活服务市场带来巨大变化。在这一收购案例的背景下，继续观察美团收购摩拜的案例：同样是互联网超级平台进军新零售业，各大互联网巨头之间依托平台、围绕各类本地生活服务类大数据资源与技术展开了激烈的混合竞争，资源将进一步向优势经营者集中，大数据优势滥用的风险不断提高。

微软和领英的合并、阿里巴巴与饿了么的合并，都是处于不同的相关市场的经营者合并，和传统意义上的竞争市场合并不同。在传统竞争法视野下，由于竞争必须与一定的市场相联系，只有放到具体的市场条件下才能认定行为是否有利于竞争，因此，通常评价的焦点都会聚集在“相关市场”上，以相关市场的界定为前提和基础。通常如何理解相关市场？结合我国《反垄断法》第12条第2款[①]规定，相关市场是具体案件中的竞争或限制竞争“所影响”的市场，其范围或大小是可以通过考虑一定的因素来进行界定的。其中，竞争所发生的一定的时期、存在竞争关系的商品或服务、存在竞争关系的商品或服务所处的地域范围都是需要考虑的因素。当大数据权利广泛运用之时，这些因素都受到了挑战。

3. 大数据权利主体的“用户黏性”形成的优势

大数据时代最显著的商业特征是“个性化”，也就是说，经营者竭尽全力为每一个消费者提供“量身定制”的产品和服务。[②] 大数据和技术为经营者更好地分析用户需求提供了素材和能力，根据不同的用户需求制定

---

①《反垄断法》第12条第2款规定，“本法所称的相关市场，是指经营者在一定时期内就特定商品或者服务进行竞争的商品范围和地域范围”。

② ［美］詹姆斯·麦奎维:《颠覆：数字经济的创新思维和商业模式》，陈志伟、李融译，电子工业出版社2016年版，第78页。

个性化的产品和服务，深度迎合用户需求，增加竞争力，提高“用户黏性”。最粗浅直白的案例就是互联网的定向推荐功能，根据用户的浏览行为、浏览习惯、此前的交易习惯，判断用户需求，有针对性地推荐特定的产品和服务，实现精准营销。与此同时，经营者往往还会通过提高用户的迁移成本来增强用户黏性。

仍以微软收购领英为例，领英是全球最大的职业社交网站，是一家面向商业客户的社交网络平台。领英的核心资产、竞争优势在于大数据，吸引微软以 50% 溢价收购的重要原因，就是大数据平台的“用户黏性”。一方面，用户的行为惯性导致了用户黏性，即大多数人一旦习惯于使用某平台，会产生使用惯性，使用该平台的用户通常会越来越多。另一方面，平台的转换成本较高或并没有实质意义上的选择权等因素导致了用户难以在短时间内转向使用其他社交平台。对领英而言，拥有优质且广泛的用户就是巨大的资源，如果微软能够据此持续稳定且不断增长地获得多领域的海量用户数据，无疑在大数据设施基础方面能够巩固微软在计算机软件市场的市场优势地位，同时，如此高的用户黏性一旦和 Office 软件“完美对接”，完全可以创造出全新的商业模式从而激发新的增长点。

（二）成因分析

从前文的分析可知，大数据已经实际为权利主体带来了竞争优势，并且赋予经营者足够动力和能力对竞争对手采取限制、阻止数据获取等手段保持自身的竞争优势。大数据权利主体的竞争优势包含了自身经济模式特点和法律上的成因。

1. 网络效应与规模收益的进阶

大数据经济以互联网平台经济为最典型，大数据经济中数据的积累具有明显的网络效应。网络效应在经济学中称为“网络外部性”，指某种产品对单一用户的价值取决于使用该产品的其他用户的数量。如果网络中只有少量用户，不但参与沟通互动分享的用户有限，还将需要分担高昂的运营成本；而随着用户数量的增加，所有用户都将从规模的扩大中受益，参与分享的用户增加，体验改善，且成本降低。

在网络效应之下，经营者进入到规模效益的良性循环之中：一方面，经营者拥有大量用户—获得更多的用户数据—更好地分析用户需求—不断提高产品和服务吸引更多用户。另一方面，经营者拥有更多的用户和用户数据—具备精准投放广告的能力—获得更多的广告收入甚至风险投资—能够加大投入提高产品和服务—吸引更多的用户。用户越多，经营者的估值越高。

2. 大数据权利运用的民事规则缺失

在新浪微博与脉脉不正当竞争案[①]中，法院认为，即便是用户选择对公众公开的个人信息，也不意味着二被告可以未经用户的同意直接抓取，并展示在被告运营软件的人脉详情中。为何对于用户选择公开的个人信息其他经营者不能获取？法院还认为，Open API[②]是一种新型的“互联网应用开发模式”，优势在于开放了资源的外部访问、调用和共享，同时又控制在一定的数量和额度限制之内。Open API 是否应当成为第三方经营者从新浪微博获取数据的唯一合法途径？目前依然缺乏相应的民事规则。大数据的获取路径一旦受到限制，就会造成大数据的稀缺性，进而呈现为经营者明显的竞争优势。[③]

第二节 大数据权利运用对竞争产生的不利影响

随着数据多元化的开发和利用，大数据权利主体争夺和利用数据资源的矛盾日益突出，从 HiQ 诉 Linkedin 案、Facebook 诉 Power 案到大众点评与百度、新浪微博与脉脉案，以及菜鸟裹裹与顺丰快递、新浪与今日头条、微信与华为的数据之争，都反映出互联网领域大数据的利益争夺。当所持有数据的规模、范围、类型达到竞争对手无法复制或超越的程度，该

① 一审参见（2015）年海民（知）初字第 12602 号民事判决书，二审参见（2016）京 73 民终 588 号民事判决书。

② Open API，即开放应用编程接口，是服务型网站常见的一种应用。网站的服务商将自己的网站服务封装成一系列 API 开放出去，供第三方开发者使用。

③ 贾晓燕、封延会：《网络平台行为的垄断性研究——基于大数据的使用展开》，载《科技与法律》2018 年第 4 期。

经营者就有可能形成并且加强其市场支配地位，并可能滥用这种支配地位对上下游市场造成进入壁垒，并进一步降低行业的创新能力和实质减少消费者选择权，甚至引发隐私和信息安全方面的威胁，而涉及大数据的经营者合并造成的后果往往重大且具有不可逆性，依靠对传统行业的传统审查方式不足以防范风险。首先，大数据权利主体一旦形成垄断地位，将导致经营者提供给消费者的隐私安全保护上的非价格竞争减少，损害用户数据安全的风险增大。其次，大数据经营者集中挑战了传统的竞争法规制模式，仅以规模为唯一申报审核标准存在明显漏洞，事后处罚也由于违法成本过低而导致对于未依法申报的行为处罚失去了实际价值，更加无法解决大数据经营者合并结果不可逆的问题；大数据权利运用还可能导致经营者利用大数据精准预测并扼杀竞争威胁，使得垄断协议更加隐蔽化和技术化；大数据权利主体滥用市场支配地位，主要表现为拒绝交易和价格歧视。

大数据权利运用在反不正当竞争法的规制领域中既包含了典型行为如数据抓取行为，又包含了非典型行为如大数据的恶意不兼容、聚合盗链等。典型行为频繁出现，如百度诉360违反Robots协议案、新浪微博诉脉脉非法抓取微博用户数据信息案、大众点评诉百度地图抓取用户点评信息案、运满满诉货车帮盗取用户信息案，以及未成案的一些纠纷：淘宝屏蔽百度搜索事件、顺丰宣布关停菜鸟数据引发数据控制权之争、新浪与今日头条有关微博内容爬取的争议、华为和腾讯之间因荣耀Magic手机而引发的用户数据之争。

一、侵害消费者隐私的危险增大

一般认为，竞争法关注的重点是自由公平的竞争秩序，隐私保护并不直接出现在竞争法的视野之中，个人隐私和个人信息的主要保护路径是民事法律乃至刑事法律，受竞争法的影响较小或者较为间接。然而，随着互联网发展向大数据阶段的深度推进，大数据权利运用极有可能引发隐私安全与竞争法适用的关联问题，在这一阶段，经营者有条件对消费者的行为轨迹进行不间断的记录，在此基础上，使用大数据技术对消费者行为偏好进行不间断的分析、预测，一方面，一旦大数据经营者形成垄断地位，消费者隐私保护等方面的非价格竞争将实质减少，消费者失去了同等条件下选择隐私安全更好的商品或服务的机会。另一方面，即便有新的经营者提供包含更加优质隐私安全服务的商品或服务，由于新的经营者市场能力弱小，面对具有垄断地位的经营者，数据获取的能力、改进商品或服务的能力也将大大受限甚至由于这些原因而遭到彻底扼杀。[①] 综合发展的结果是经营者提供给消费者的隐私安全保护上的非价格竞争减少，损害用户数据安全的风险增大。

与此同时，竞争行为对消费者隐私保护的损益，关乎消费者福利增进与否，是反不正当竞争法关注的内容，而经营者在大数据权利运用中不可避免地需要使用含有消费者隐私的数据信息，一旦竞争行为单纯为了追求利益、降低成本，采取的手段、方式置消费者隐私保护于不顾，消费者福利乃至社会公共利益都可能受到影响。

二、产生反竞争行为的可能性增大

大数据权利运用导致产生反竞争行为的可能性增大，具体原因包括：

第一，零边际成本。根据摩尔定律所指出的趋势，价格不变时，集成电路上可容纳的元器件数量平均每隔 18 个月就增加一倍，随之性能也增加一倍。换言之，每隔 18 个月，相同性能的计算机处理器的价格就降低一倍，而网络带宽、存储器的价格下降速度更快，按照这个速度，计算机处理器、存储器乃至带宽都会长期、快速地降价，直到其成本和价格趋近于免费为止。[②] Google 为客户提供服务的成本每天都在下降的原理就在于此。其次，包括大数据在内的互联网产品具有零边际成本的特征，复制、新增互联网产品的成本接近于零，经营者提供免费产品成本极低。也正是由于互联网产品是典型的零边际成本产品，其遭遇模仿、复制是必然的，而经营者并无力绝对控制模仿和复制，这就造成了相关竞争行为和争议的

---

① Maurice E. Stucke & Allen P. Grunes, Debunking the Myths Over Big Data and Antitrust.Competition Policy International Antitrust Chronicle, (2), 2015, p.5—7.

② ［美］克里斯·安德森:《免费：商业的未来》，蒋旭峰等译，中信出版社 2015 年版，第 9 页。

频繁发生。

第二，竞争优势聚集和传导效应。聚集效应是一种常见的经济现象，产业和经济活动在空间概念上的集中将不断带来经济效果和向心力，并通过传导效应逐渐向其他方面传导，竞争力聚集和竞争力传导效应在大数据权利运用上表现得尤为明显。由于大数据的收集过程十分依赖于平台优势，反过来在其成功运行后必然会支撑和巩固平台大数据的优势地位，尤其是在以平台大数据为核心竞争力的经济领域更是如此，客观上较之传统领域的经营者集中更加容易提高市场进入壁垒。

传统理论认为，经营者集中的效果是取得对其他经营者的控制权，或者能够施加决定性影响的情形，方式通常是通过合并取得股份、资产或合同。对经营者集中进行规制一般从两个方面切入，一是对特定行业出于国家安全的考虑禁止自由并购；二是从产业发展的角度禁止或限制集中。① 由于竞争法关注经营者集中对于市场竞争的影响，并非所有的经营者集中都需要申报，而重点关注“可能影响市场竞争的情形”。2008 年我国公布的《国务院关于经营者集中申报标准的规定》规定的应事先向国务院商务主管部门申报，未申报不得实施集中的以营业额为具体标准，以具有或者可能具有排除、限制竞争效果为兜底情形。② 目前，大多数国家和地区确实以当事人本身的资产规模和交易规模来确定申报标准③，似乎资产和交

① 刘继峰：《竞争法学》，北京大学出版社 2016 年版，第 190—195 页。

② 《国务院关于经营者集中申报标准的规定》第 3 条规定，“经营者集中达到下列标准之一的，经营者应当事先向国务院商务主管部门申报，未申报的不得实施集中：（一）参与集中的所有经营者上一会计年度在全球范围内的营业额合计超过 100 亿元人民币，并且其中至少两个经营者上一会计年度在中国境内的营业额均超过 4 亿元人民币；（二）参与集中的所有经营者上一会计年度在中国境内的营业额合计超过 20 亿元人民币，并且其中至少两个经营者上一会计年度在中国境内的营业额均超过 4 亿元人民币。营业额的计算，应当考虑银行、保险、证券、期货等特殊行业、领域的实际情况，具体办法由国务院商务主管部门会同国务院有关部门制定”。第 4 条规定，“经营者集中未达到本规定第三条规定的申报标准，但按照规定程序收集的事实和证据表明该经营者集中具有或者可能具有排除、限制竞争效果的，国务院商务主管部门应当依法进行调查”。

③ 美国 1976 年《克莱顿法》第 7A 条确定了资产规模和交易规模的双重标准，欧共体控制企业合并的第 139/2004 号条例确定了当事人年销售额标准，日本《禁止垄断法》第 15 条第 2 款确定了资产总额标准。

易规模就是判断影响竞争的标准。

在资产规模和交易规模都不足够大的新兴产业中，如某些刚起步的互联网产业就非常明显，仅以规模为唯一申报审核标准存在明显漏洞。以滴滴并购快滴、优步中国为例，虽然滴滴以参与集中的所有经营者上一会计年度在全球范围内的营业额少于100亿元为由，宣称未达到反垄断审查门槛而不予申报收购案。事后来看，很明显滴滴在中国网约车市场已然是行业巨头，收购之后拥有了网约车市场超过80%的市场份额以及绝对的市场定价权，收购之后价格不断走高，以及频繁暴露的安全问题、价格歧视问题都是滥用市场支配地位的表现，而到了既成事实的阶段，不但关于经营者合并的问题由于违法成本过低而导致反垄断法对于未依法申报的行为处罚失去了实际价值，而且仅有的事后处罚也无法解决大数据经营者合并结果不可逆的问题，也反映出传统模式仅考虑将营业额标准作为大数据平台并购交易审查的起点漏洞明显。①

对于大数据市场的并购审查缺乏实质性的竞争评估审查标准也使得审查失去意义，在Facebook以约合114亿欧元的价格收购WhatsApp时，欧盟委员会对这一并购进行了审查，最终未能得到任何关于该交易损害竞争的结论，而事后来回看审视欧盟委员会的这一审查行为，从高额溢价收购到此后WhatsApp更改服务条款和隐私政策，都显示出审查行为的漏洞。②

第三，以技术手段扼杀潜在竞争者。形成市场支配地位的经营者，基于大数据权利运用中的预测功能，通常会比监管机构更早、更精准地发现影响其市场地位的未来挑战和潜在竞争者，并且扼杀他们。③ 比如，大数据分析可以帮助经营者识别相关市场和邻近市场的发展趋势，从而比传统市场更早地发现潜在竞争者，当前频繁出现的大型互联网公司收购小微企

① 2018年11月16日，国家市场监督管理总局表示依据反垄断法及有关规定对滴滴收购优步的案件进行调查，分析评估该交易对市场竞争、行业发展和消费者权利的影响。

② 詹馥静、王先林:《反垄断视角的大数据问题初探》，载《价格理论与实践》2018年第9期。

③ Maurice E. Stucke & Allen P. Grunes, Debunking the Myths Over Big Data and Antitrust.Competition Policy International Antitrust Chronicle, (2), 2015, p.8.

业的案例，除为了掌握其用户信息和数据技术等核心资源的需求外，更重要的是试图以收购方式消除这些小微初创企业可能构成的潜在竞争威胁，这就是数据市场常见的防御性合并（Preemptive Merger）战略[①]的由来，关注市场中的中小企业和初创企业，关注市场中的新业态、新模式、新产品，一旦评估他们达到竞争实力的某一临界程度时，开始收购或扼杀他们，将初创的小微企业并购和遏制在萌芽初始阶段，屏蔽竞争，巩固其市场地位。

三、反竞争行为更加隐蔽化和技术化

大数据技术增强了市场透明度和经营者之间经营行为的相互依赖性，经营者将可以对竞争对手的降价行为迅速反应，通过算法和人工智能技术及时跟进调整价格，迅速实现价格卡特尔，在价格卡特尔实现之后，经营者还能通过实时数据监控价格卡特尔的实施。与大数据和定价算法有关的案例已经引起了相关部门的关注，比如亚马逊公司利用自己编写的价格算法程序协调广告海报的价格变动和 Aston 与 Topkins 利用定价算法协调价格变化都被美国司法部提起了反垄断调查。

大数据权利主体滥用市场支配地位，主要表现为拒绝交易和价格歧视，也在大数据技术之下变得更加隐蔽和便捷。[②]拒绝交易是指没有合理的理由，拒绝向购买者提供产品或服务的行为。一般来说，市场交易尊重意思自治、契约自由，市场主体有权选择与另一市场主体进行交易或不进行交易，法律不进行特别干预。但是，对于具有市场支配地位的经营者则不同，拒绝交易可能会对其他经营者的生存发展产生重大影响。滥用市场支配地位的特殊类型滥用知识产权行为中还包括一方当事人对另一方当事人生产经营所必需的技术信息拒绝交易，拒绝交易的对象主要表现为核心设施。在大数据领域，拥有市场支配地位的大数据权利主体，拒绝向其他经营者开放其持有的特定数据资源，可能构成市场支配地位的滥用。

---

① 詹馥静、王先林:《反垄断视角的大数据问题初探》，载《价格理论与实践》2018 年第 9 期。

② 詹馥静、王先林:《反垄断视角的大数据问题初探》，载《价格理论与实践》2018 年第 9 期。

从数据收集者和数据使用者来看，理想状况下，众多数据使用者应当通过竞价的方式获取相应的数据，交易机会是平等的。一旦数据收集者与数据使用者合并，大数据领域的“基础设施使用问题”就有可能出现，其他经营者将不易获取相应的大数据资源，相关市场的进入被设置了更高的壁垒，有可能陷入反竞争的数据源的“闭锁效应”。[①]

以 HiQ 诉 Linkedin 案为例，HiQ 是一家雇员数据分析公司，通过数据科学和机器学习方法为商业企业的 HR 部门提供员工行为评测服务，提供员工技能情况和离职风险的评估报告；Linkedin 是全球最大的职业社交网站，是一家面向商业客户的社交网络平台，在职场社交网络平台市场中具有主导地位。HiQ 的商业模式一直是依赖 Linkedin 网站上的用户公开数据资料，过去五年 Linkedin 并未反对。后 Linkedin 突然向 HiQ 发函要求其立即停止抓取用户数据，同时采取技术手段屏蔽了 HiQ 的数据访问。HiQ 认为 Linkedin 滥用了其在职业社交平台市场中的支配地位，向美国加州北部地区法院提起诉讼，指控 Linkedin 违法，法院作出临时禁令，要求 Linkedin24 小时内解除妨碍 HiQ 获取其公开数据的技术手段。从这一案例来看，HiQ 以下两个方面的指控被美国地方法院初步认可，一是 Linkedin 不正当地将其在“职业社交网络服务市场”的市场力量，“传导”到“数据分析市场”，滥用支配地位，获得在其他市场上不正当的竞争优势。二是 Linkedin 的行为违反了“必需设施原则”，作为在职业社交平台上具有垄断地位的经营者拒绝将其控制的必要设施向竞争对手开放。[②]

价格歧视，又称“价格差别待遇”，指占市场支配地位的经营者没有正当理由对条件相同的相对交易人实施不同的价格或不同的交易条件，使某些交易相对人处于不利的竞争地位。[③] 经济学意义上的价格歧视和法律上的价格歧视内涵并不相同。在大数据领域，大数据权利主体可以掌握用户个体的行为轨迹、购买习惯，并且预测其消费倾向，在相关市场拥有支

---

① 陈兵:《大数据的竞争法属性及规制意义》，载《法学》2018 年第 8 期。

② 曾雄:《以 HiQ 诉 Linkedin 案谈数据竞争法律问题》，载《互联网天地》2017 年第 8 期。

③ 刘继峰:《竞争法学》，北京大学出版社 2018 年版，第 169 页。

配地位的经营者完全可以利用这种大数据优势实施歧视性定价，最典型如我们通俗说的“大数据杀熟”。不少消费者发现，在互联网平台上预订机票、酒店、电影票、网约车，平台提供的价格或高于实体店铺，或 VIP 会员账号定价高于普通账号定价，或习惯性需求定价高于非习惯性需求定价，或价格不敏感的用户定价高于价格敏感的用户定价，借助大数据分析，权利主体能够“看透”每一个用户的实际需求，实施“近乎完美的价格歧视”，损害消费者的公平交易权。

第三节　竞争法视角下大数据权利运用的初步分析

一、与大数据权利运用相关的反竞争行为产生的原因

（一）基本原因：大数据竞争格局的平台化和经营模式的趋同化

一般来说，大数据的收集需要借助一个平台，大数据与平台紧密相连，而平台经营者更容易发挥自身的平台优势进行不正当竞争。以传统的互联网巨头“BAT”为例——百度，依靠传统的中文搜索引擎服务优势，并购去哪儿网；并购 PPS、爱奇艺，进军视频行业；依靠云计算，搭建百度开发者平台。[①] 阿里巴巴，已经打造了中国最大的电商平台淘宝网，以此为基础扩展到包含电子商务服务、蚂蚁金融服务、菜鸟物流服务、大数据云计算服务、广告服务、跨境贸易服务、其他互联网服务的六大业务板块，平台的核心是数据和流量共享，基础是营销服务和云服务，有效的数据整合抓手是支付宝，形成了庞大的“阿里系”。[②] 腾讯，依靠社交和即时通信工具和游戏聚集的流量，将业务扩展到新闻、视频、其他互娱产品等互联网服务的多个方面，是中国最大的互联网综合服务提供商之一，也是中国服务用户最多的互联网企业之一。[③]

---

① 载 http://m.baidu.com/sf_bk/item/百度/6699?fr=aladdin&ms=1&rid=7901035466218254729，2018 年 12 月 25 日访问。

② 载 http://www.alibabagroup.com/cn/ir/home，2018 年 12 月 25 日访问。

③ 载 http://m.baidu.com/sf_bk/item/腾讯/112204?fr=aladdin&ms=1&rid=7820394753051466094，2018 年 12 月 25 日访问。

平台经营者很容易利用特定优势资源（庞大和良好的商业生态圈）实现自身的数据共享，同时可以利用自身的技术优势来制约竞争对手的同类技术运用。

现代互联网营销理念和目标的变化导致了经营者经营模式的趋同化。传统或者说早期的互联网营销目标非常简单，就是把互联网当作“发布信息和广告的工具”，把实体经济转移到互联网上，互联网“只是传统经济的信息发布载体”而已。现代互联网经济营销目标更新成为“以流量为核心的取得客户认同”，不仅仅是发布信息，更重要的是提供服务获得客户、获得流量，“流量”成为互联网经营者共同追求的目标。从事不同业务的经营者之间基础业务千差万别，但是归纳其经营模式都是高度相似的三大板块：免费向所有用户提供基础网络服务 + 收费向部分有需求的用户提供增值网络服务 + 收费向广告主提供广告服务。广告服务向所有用户投放，往往是经营者的重要盈利板块。经营模式的趋同化导致了互联网经营者竞争关系的认定发生了重大变化，导致了经营者之间竞争的加剧，所有经营者都要面临广告市场和资本市场这两大终极的盈利和融资渠道。[①]

（二）内在原因：大数据竞争手段技术化和不正当竞争行为违法成本低廉

1. 大数据竞争手段技术化

通常，我们谈及大数据就会联想到收集大数据依托的互联网技术、对大数据进行分析利用的算法、人工智能技术，除此之外，与大数据权利运用相关的不正当竞争行为更是依托于技术，并且由此具有行为隐蔽性强、成本低、行为迅速的特点。

2. 不正当竞争行为违法成本低廉

与大数据权利运用相关的反竞争行为频繁出现，违法成本低是重要原因，往往出现“输了官司，赢了市场”的现象。以新浪微博诉脉脉不正当竞争案为例，长时间、大量的数据抓取行为，赔偿金额仅为 200 万元，以 200 万元获取相应的流量、用户对淘友公司来说未必是满盘皆输的结果；

① 刘继峰：《竞争法学》，北京大学出版社 2018 年版，第 367—373 页。

以及按照2011年工业和信息化部颁布的《规范互联网信息服务市场秩序若干规定》第15条规定，信息管理机构对于“造成或可能造成重大影响”的情形，在紧急情况下可以采取“叫停”的措施，但是实践中叫停实行的概率极低。

（三）外在原因：大数据权属及交易规则尚未建立

无论是大众点评诉百度不正当竞争案，还是新浪微博诉脉脉不正当竞争案，双方当事人之间对于大数据的权属都是存在争议的，百度公司的第2条抗辩理由就是汉涛公司“对于大众点评网中用户点评不享有任何权利”，这就回到了本书第一章分析的大数据权利归属不明导致数据竞争边界不清的问题，由此围绕大数据产生的一系列探索都必将混乱。此外，对于广大的互联网用户来说，即便发生了消费者权益受损害的情形，多数也并不清楚如何维权或者受限于维权成本太高、缺乏维权动力而放弃维权，客观上更加导致了经营者反竞争行为的不受拘束。

二、反垄断规制的挑战

（一）大数据技术创新给反垄断分析方法带来不确定性

1. 垄断协议认定的隐蔽化

如前文所述，大数据技术使得垄断协议更加隐蔽化和技术化，结合大数据技术进行类型分析，两类行为应当被重点区分和关注：一类是基于算法而达成的价格协调，另一类是基于动态数据而采取的价格平行行为。

当算法被设计用于经营者之间的价格协调或相关的信息交换，应当视为经营者之间意思联络的延伸，与经营者对员工的反竞争行为承担责任同理，经营者应当对其算法协调价格的反竞争行为承担责任。欧盟委员会竞争事务专员维斯塔格认为，如果经营者怠于采取有效措施，保证其算法中不存在可能与竞争对手的系统达成一致并从事价格协调等非法活动的设计，就有可能引发反垄断法的关注。[①]

在基于算法而达成的价格协调中有一类特殊情形需要单独分析，即当

① 詹馥静、王先林：《反垄断视角的大数据问题初探》，载《价格理论与实践》2018年第9期。

算法在设计之初并非用于执行价格协调的命令，但在优化算法追求利润的过程中，程序通过学习和改进，发现最优策略是协调价格，从而采取了价格协调行为。这种情况是否构成大数据价格卡特尔存在争议，首先难以从证据上进行分析和判断，其次对技术的要求极高，监管机构能否查证难度较大，从反垄断执法审慎谦抑的角度出发，谨慎认定为宜。

大数据背景下，众多经营者发布的实时价格易于获得，市场透明度很高，经营者追踪竞争对手的价格变化并及时作出调整变得易于实现。追踪、监测竞争对手的价格变化并进行相应调整，属于基于动态数据而采取的价格平行行为，这种情况的认定需要判断是否只是经营者的单独行为，有无经营者之间的意思联络。反垄断法中垄断协议要求经营者之间有控制价格的共同意思表示，而如果没有价格协调的意思联络，只是自行监测追逐其他经营者价格，不应当受到反垄断法的规制。

2. 大数据优势和市场支配地位不具有对应性

毫无疑问，大数据必然带来竞争优势，但是竞争优势不等同于市场支配地位，两者的关系需要展开详细分析。关于市场支配地位的本质[①]，英美法国家的主流观点直接认为是“市场力量”，是“经济学意义上的提高价格而不失去顾客的能力”。市场支配地位的来源可以是市场力量、市场份额和供求关系的失衡，也可以是资本的悬殊差距，还可以是品牌或法律授予的特权。市场支配地位的确认有“推定和认定”两种方法。所谓“推定”，是按照法律规定由已知的基础性事实推断出主体法律状态的过程[②]；所谓“认定”，则是在不具备推定情形时结合各种因素综合分析认定的方法[③]。

虽然大数据可以为权利主体带来竞争优势，大数据权利运用也会对竞争产生不利影响，但是大数据优势和市场支配地位的推定、认定因素并不

---

① 我国《反垄断法》第 22 条界定市场支配地位为“能够控制商品价格、数量或者其他交易条件，或者能够阻碍、影响其他经营者进入相关市场能力”。

② 我国《反垄断法》第 19 条规定了根据市场份额推定经营者市场支配地位的情形，基本以市场份额为推定的考虑因素；第 18 条规定了认定市场支配地位的因素，包括在相关市场的市场份额和竞争状况，控制销售市场或原材料采购市场的能力，财力和技术条件，其他经营者对该经营者在交易上的依赖程度，其他经营者进入相关市场的难易程度，其他因素等。

③ 刘继峰:《竞争法学》，北京大学出版社 2016 年版，第 135—154 页。

具有对应性。通过第一章对大数据自然属性和法律属性的分析可知，大数据具有非消耗性、非排他性，一个经营者获取数据不会排除其他经营者获取数据，同时经营者对数据的使用不会妨碍其他经营者的使用，大数据不会像其他消耗产品一样随着使用而损耗。数据可以按照不同的思路、方法被再利用、再重组，大数据可以反复使用，而不会造成价值的减损。那么，拥有大数据权利不会必然设置市场进入障碍，不意味着必然的市场份额，只是拥有大数据能够预测和提前应对潜在的竞争者，以及由于更换平台的成本和路径依赖等因素，平台经营者拥有更强的用户黏性而已，无法从大数据竞争优势推论出必然的市场支配地位结论，即两者可能有相关性却不具备因果性，依然需要根据具体情况分析市场份额等决定市场力量的因素。

在大数据优势与滥用市场支配地位的关系中，较为典型的表现形式是经营者拒绝提供数据的问题。从立法和执法促进数据共享、数据开放的背景来看，判断经营者拒绝提供数据是否属于竞争法规制的拒绝交易行为，关键在于该数据本身是否具有替代性以及替代性的大小，该数据是否属于“关键必要设施”，对其他经营者生产经营所必需的关键必要数据，不得拒绝交易，否则构成滥用市场支配地位。

关于价格歧视行为，大数据领域较之传统领域表现得更为典型，大数据权利主体比传统经营者更全面、深入地掌握用户个体的行为轨迹、购买习惯，预测其消费倾向，进而实施歧视性定价，这是传统领域难以普遍实现的，而不同的消费者之间信息沟通并不畅通和透明，大数据价格歧视侵犯了消费者的公平交易权。

总的来说，大数据可以为权利主体带来竞争优势，大数据权利运用也会对竞争产生不利影响，但不必然使权利主体处于市场支配地位，依然需要结合具体情况分析市场份额等决定市场力量的因素；经营者拥有的关键必要数据不得拒绝交易；基于大数据占有和分析而产生的价格歧视行为，侵犯了消费者的公平交易权。

3. 涉及大数据的经营者集中认定标准复杂

经营者集中的本质在于控制权的产生或转移，控制权的集中意味着市场力量的增强，市场力量增强则可能改变市场的竞争状况，对竞争环境的不利影响会增大，在大数据相关产业领域这些不利影响会表现得更为突出。通常超级平台和新兴企业差距较大，超级平台凭借大数据的精准预测可以先于监管机构敏锐地发现竞争对手或者潜在的竞争对手，精准预测市场和邻近市场的发展趋势，并在相当短的时间并购新兴企业，新的市场结构立即形成，不会给剩余的竞争者任何准备和适应变化的时间。

从申报标准来看，如前文所分析的滴滴并购快滴、优步中国的案例，单一申报标准存在明显的漏洞，应当考虑增加营业额之外的申报标准，如交易价值，以防止数据驱动型新兴企业被吞并产生的减少竞争的效果，否则许多存在排除、限制竞争效果的经营者集中行为从申报阶段就无法纳入监管机构的视野。

从竞争审查标准来看，我国采用的是“排除、限制竞争效果标准”，但是“排除、限制竞争效果”与其说是一种标准，不如说是“一项原则”，其实只是提供了一个最基础的模糊性的判定指标，在具体使用该标准的过程中依然需要综合审查。除了传统理论考虑的相关市场中经营者的市场份额、市场控制力以及相关市场的市场集中度，对市场进入和技术进步、对消费者和其他经营者的影响等因素，还应具体区分交易中所涉及的大数据在行业中处于何种位置（角色和地位）：如果经营者集中涉及的数据只是行业功能中的辅助性因素，不会对市场竞争造成直接影响的，集中无须受到限制，如 2001 年谷歌收购航班比价软件的开发者；如果控制权转移涉及的数据是市场中的基础性、资源性数据，经营者集中后其他经营者获取该数据可能存在障碍或难度增加的，应当通过适当措施保障其他经营者能够继续获得相关数据；如果经营者集中可能导致数据市场的切断或封闭，比如合并所涉及的数据将是其他经营者难以复制或超越的，或者合并后的数据规模直接形成市场进入壁垒的，监管部门应当否决这样的合并。①

4. 大数据权利运用中的竞争优势不宜被高估

第一，关于大数据权利运用在竞争中的非排他性和可替代性问题。虽然超级平台之间的大数据存在一定程度的同质化问题，但是这并不能绝对否定大数据带来的竞争优势。典型的反例如在大数据的相关市场上构成经

---

① 詹馥静、王先林：《反垄断视角的大数据问题初探》，载《价格理论与实践》2018 年第 9 期。

营所需的“关键必要设施”的数据，其权利人有很大的可能被认为具有竞争优势。总体来看，即便理论上存在经营者能够取得大数据的可能性，但并不意味着大部分经营者甚至所有经营者都能取得该大数据，从 HiQ 诉 Linkedin 案可知，Linkedin 一旦对 HiQ 关闭数据源，HiQ 无法获取具有可替代性的数据，Linkedin 既是依靠自己在相关市场的优势地位获取了大量数据，同时其掌握的大量数据又为其竞争优势不断加持。

第二，数据渠道和数据类型的限制。每一个行业都会有具体的第一手的数据收集者，他们首先建设或投资平台、建立特定规模的用户群，进而从该特定的用户群中收集数据，数据收集者完全有理由和动机保留其所收集的数据以溢价出售或自行挖掘数据价值，其他经营者如果希望获得相同规模和质量的数据，在建设平台和建立用户群方面则需要相当多的投入。即便数据收集者愿意出售数据，依照用户协议，大数据已经被进行了去身份化处理，或者被脱敏、分析、挖掘过，远非第一手完整的原始数据，如第一章所分析的，大数据是混杂数据而非结构化数据，大数据预测的原理在于相关性分析而非因果分析，被处理和使用过的数据会得到什么样的结论不得而知，是否会影响基于数据的分析决策判断同样不得而知。从 Google 比美国疾病控制中心更早、更准确地预测流感传播趋势就可以看出同类产品数据的差异性。因此，不能因为大数据的非排他性和可替代性就否认大数据权利运用在竞争中的优势。

第三，关于大数据市场的动态竞争问题。大数据等新兴领域市场确实较之传统市场表现出更为明显的动态竞争，但 Google 取代 Yahoo、Facebook 取代 Myspace 有非常深刻和复杂的原因，不能全部简单地归因于大数据市场的动态竞争。市场动态竞争的存在不是否认竞争优势的前提和基础，动态竞争的市场依然可以有具备竞争优势的经营者，这些观点中唯一能够肯定的是高度动态竞争的市场中经营者试图长期占据市场支配地位难度很高。此外，大数据相关市场的进入门槛低也是一个反复争论尚无定论的问题。①

---

① Maurice E. Stucke & Allen P. Grunes, Big Data and Competition Policy, Oxford University Press, 2016, pp.5—21. 第五个、第六个和第七个错误的看法。

可以新浪微博诉脉脉不正当竞争纠纷案的判决作为回答大数据权利运用在竞争中的优势是否被高估这一问题的答案。首先，用户信息对互联网经营者具有显著的积极作用，是互联网经营者重要的“经营资源”，也能够反映平台的活跃度和吸引力；其次，互联网中用户信息已经成为提升效率、支持创新的重要元素。①

第一章在分析大数据的法律属性中分析了大数据的非消耗性、非排他性。似乎大数据并不是稀缺的资源，A 平台能够收集到的数据，B 平台也能收集到完全同质化的数据，例如用户在淘宝上购物留下相关数据，同样可以在京东上购物留下类似的数据，淘宝和京东都能获取该类数据；甲经营者使用该数据后，乙经营者可以采用相同或不同的方法继续使用该数据，互不干扰，得到的衍生结论也大不相同。数据的非排他性主要源于互联网平台经济模式下“用户的多归属性”，用户可以参与多个平台，或者在多个平台之间自由切换，用户数据自然具有一定的普遍性，此类数据内容相同或相近，价值必然大大减损，大数据权利主体无法获得较之其他经营者更多的竞争优势。

不仅如此，大数据的自然属性还表明大数据是混杂数据，非结构化数据，不同渠道的数据通过有针对性的计算、分析可以实现同样的功能，比如从用户的搜索引擎搜索记录、购物网站浏览记录、信用卡消费记录、社交网络交流记录等多路径都可以分析出该用户的爱好，由此，大数据具有一定程度的可替代性。

此外，在大数据领域，市场的动态变化和创新性使得数据市场的进入门槛相对较低，比如 Google 似乎短短几年就轻易取代了 Yahoo、Lycos 等公司取得搜索引擎市场的领先地位，Facebook 迅速取代 MySpace，甚至欧盟委员会也曾在 Facebook 收购 WhatsApp 的审查中认为，通信应用行业中用户转换平台的成本和市场进入的门槛很低，市场中一直有一定数量的新的进入者，存在有效的竞争，即便考虑网络效应，经营者也很难始终保持领先的市场地位。我国最高人民法院也持有类似的观点，在 2013 年奇

① 参见北京市知识产权法院（2016）京 73 民终 588 号民事判决书。

虎360与腾讯公司滥用市场支配地位案的判决中，法院认为即便在市场份额达到一定程度的情况下，“高度动态的互联网环境的市场竞争”也要得到充分考虑，“市场份额的指示作用不能过分高估”。综合这些观点来看，在互联网市场中，“动态竞争”才是市场支配地位的重要考虑因素。

那么，大数据权利运用在竞争中的优势是否被高估了呢？答案是大数据权利运用必然给经营者带来竞争优势，但也要对竞争优势理性看待，不宜高估。

（二）传统反垄断分析方法有效性的重新审视

1. 大数据和平台经济的关系的重新审视

从本章之前分析不难看出，大数据权利运用和平台经济存在高度融合，许多时候大数据权利主体和平台经营者的概念被交替使用。通常我们所谓的“平台经济”，是指架构于数字化平台之上的生产方式、商业模式和产业组织等要素的综合体。“平台”的抽象化意义在互联网领域得到了前所未有的大规模应用，成就了“互联网平台经济”。广义来讲，互联网本身就是一种平台，由此甚至可以认为，某种意义上互联网平台经济等同于互联网经济。[①] 平台本身是获取大数据的来源和基础，互联网平台正是最典型的大数据权利主体，即数据驱动型公司中基于数据本身的公司，它们收集或拥有大数据，与用户个体直接发生联系，有的超级平台还兼具数据技能和数据创新思维，如谷歌。尽管大数据产业包括数据资源与技术，但是核心和基础依然在大数据本身。

大数据权利运用和平台经济的高度融合，让反垄断法的实施变得更为复杂。在现有的反垄断法律框架下，必须结合大数据的经济特征来探讨大数据垄断，分析市场竞争的现实情况做出具体判断。互联网经济之下，大数据权利运用广泛存在于市场竞争中，传统反垄断法注重事中、事后规制相结合的理念受到挑战。基于平台和先发优势，大数据被具备市场优势地位的经营者集中掌握和使用，而新进入市场的经营者不得不选择依附于现有的经营者，导致互联网市场更加缺乏新鲜血液与竞争，例如2018年

---

① 魏小雨：《互联网平台经济与合作治理模式》，载《黑龙江社会科学》2017年第1期。

4月，阿里巴巴集团联合蚂蚁金服集团完成对饿了么的全资收购，在阿里系向互联网本地生活服务的纵深拓展上取得了重大突破。随后，美团全资收购摩拜，再次体现了超级平台进军新零售业。这些并购的发生会对相关市场的大数据资源占有、使用产生何种影响，进一步说对于相关市场的竞争产生何种影响，实在不容乐观。这些案例的共同特点都是超级平台不断跨界，数据资源进一步向已有的优势企业集中，优势企业之间对数据争夺不断加剧，大数据权利滥用的风险不断加大；同时，超级平台的不断跨界，将导致不仅是生活服务市场，更可能涉及零售业市场的市场竞争变化。[①] 传统竞争法的规制模式，只能在危害发生之后进行救济，无法及时回应问题和潜在风险，而事后救济已经无法改变既已完成的市场结构和商业模式。

2. 大数据权利运用中传统的市场支配地位认定理论受到挑战

在互联网平台的两边，存在两类参与市场的群体，平台同时向两类群体提供服务，且一边用户的交易会影响另一边的交易，这类市场通常称为“双边市场”。互联网领域中有非常多的双边市场。双边市场中实际存在两个市场，作为平台的经营者分别与左右两类群体构成两个市场，网络平台的双边市场具有“交叉网络外部性”“需求互补性”“价格非对称性”等特征。通常，组建基础平台的方式有两种，即投资策略和定价策略。“投资策略”主要针对市场一边的经营者，以对其投资来降低另一边参与的成本，比如微软对应用软件开发者进行投资，促使他们开发出更适用于微软操作系统的应用软件，以扩大微软的用户群。“定价策略”主要针对市场一边的消费者，通过收费或免费服务对消费者接受服务给予回报来得到这一群体的临界数量。比如一些支付方式新推出时，对使用这一支付方式的经营者进行投资，促使经营者使用该支付方式，对消费者则实行免费政策，吸引消费者。双边市场两边的每一类群体都通过平台经营者与另一类群体相互作用而获得价值，通常，平台经营者既是“基础网络服务提供者”又是“网络发布者”。[②]

双边市场的普遍存在对于互联网领域认定市场支配地位带来了巨大难

① 陈兵:《大数据的竞争法属性及规制意义》，载《法学》2018年第3期。
② 刘继峰:《竞争法学》，北京大学出版社2018年版，第367—373页。

题：一方面，平台经济模式存在显著的自身特点，从不同的角度来界定相关市场会得到完全不同的结论，以百度搜索引擎和竞价排名服务为例，着眼于用户利用百度进行检索，则相关市场是搜索引擎服务市场；着眼于百度提供竞价排名服务，则相关市场是广告市场。在不同的相关市场中，平台市场地位差距极为明显。另一方面，在平台的免费商业模式下，即使用户数量巨大，即使用户黏性高，也很难认为平台有超越其他经营者的定价权。互联网领域产品和服务种类繁多，技术的跟进很快会打破创新产品带来的短暂垄断，用户对于同类产品的选择的空间相对较大，经营者控制产品价格、数量或其他交易条件的能力弱。

平台经济网络效应明显，使用某种产品的用户越多、时间越长，越能吸引其他用户使用该产品，转换其他产品的成本越高、难度越大。即便在用户黏性明显的情况下，也很难认为某一个经营者的经济实力和技术条件能够实质性地排除新的经营者进入市场或扩大市场份额。比如腾讯，即便最早进入即时通信领域，此后不乏财力雄厚、技术能力强大的经营者进入该领域，先后有中国移动推出了飞信，阿里巴巴推出了阿里旺旺，网易推出了云信，很难说没有对腾讯在该领域的优势地位产生了巨大冲击。

反垄断法的传统理论，无法完美地解释互联网平台中市场支配地位认定的问题。

3.“必需设施”在数据领域难以证明

《通用数据保护条例》（以下简称 GDPR，欧洲联盟 2018 年制定）规定了数据的“可携带权”，数据主体有权要求其提供的数据能够从一个控制方转移到另一个控制方，这种转移应当是无障碍的、直接的，并且支持结构性的、惯常的和机器可读取的方式。至于美国，基于鼓励和保护创新的理念，对“必需设施”理论下的经营者交易义务一直存疑[①]，他们认为，

---

① 美国司法部副助理部长 Nigro Jr. 曾公开表示，除了并购审查，美国的反垄断法基本上是不会给一方主体单方施加与竞争对手分享资产的义务的。Outside of merger reviews, U.S. Untitrust law generally does not impose a unilateral duty to share one's assets with competitors, Bernard (Barry) A. Nigro Jr., Big Data and Competition for the Market, Department of Justice, at3 (Dec.13, 2017). Available at: http://www.justice.gov/opa/speech/file/1017701/download，2018 年 9 月 21 日访问。

强迫交易不利于鼓励创新，会降低对创新的投资，这一问题应当交给市场和反垄断执法：当经营者看到了与竞争对手交易可能获得的收益，会在自由和竞争的市场中进行谈判，这是促成交易最好的方式，而不是机械教条地管制。关于数据的分享义务，如何评价欧盟和美国对这一问题完全不同的态度？欧盟重点希望推动“统一数字市场”战略，保护消费者利益，经营者负担大幅度加重，相对忽视了创新和投资的动力，一旦经营者评估认为其构建和维护收集大数据的平台并不能带来竞争收益，将失去从事这项投入的动力和积极性；美国则极为强调保护劳动和创新的积极性。

从执法层面来探讨，如果将数据分享作为一种交易来对待，那么问题的本质就是数据经营者什么情况下必须与竞争对手进行交易和什么情况下可以予以拒绝。原国家工商行政管理总局2010年公布的《工商行政管理机关禁止滥用市场支配地位行为的规定》第4条规定了“拒绝交易型滥用市场支配地位行为”的构成要件。拒绝相对人“以合理条件使用其必需设施”是一种表现形式，认定是否构成“必需设施”应当综合考虑：第一，考虑自行建造的可行性，交易相对人有多大可能另行建设建造；第二，考虑依赖程度，交易相对人正常生产经营对拒绝交易对象的依赖程度；第三，考虑交易的可行性，以及可能对提供者所造成的影响。英美法系理论将“关键设施”界定为：由于事实或法律上的原因，为竞争所必需却无法重复构建的设施；欧洲法院在数据“关键设施”这类案件中依然坚持四个条件：数据对下游产品是不可或缺的，上、下游产品之间没有任何有效的竞争，拒绝或阻止新产品的出现，该拒绝没有客观理由。我国的前述规定参考了欧盟的相关理念，但对“必需设施”的构成要件设置了较高的门槛。①

回到涉及大数据的拒绝交易行为认定上：首先，在大数据领域，要证明“不可或缺”这一要件，难度非常大。一方面，数据无处不在，数量庞大，价格低廉，易于收集；另一方面，着手收集数据工作量极大，费时费力，进展缓慢，且并不是所有数据都公开出售，平台经营者一旦具备一定

---

① 黄晓锦:《大数据时代数据分享与抓取的竞争法边界》，载《财经问题研究》2018年第2期。

规模，规模本身就意味着其他经营者的进入壁垒，新的经营者想要进入和发展壮大难上加难，更谈不上必需了。因此，参与竞争“必需性”这一点首先就很难认定。其次，由于大数据本身兼而代表的人格和财产利益，大数据领域的拒绝交易可能存在更多、更复杂的正当理由，这些理由主要来自隐私和安全方面。比如，在当前普遍存在的个人信息数据集合中，拒绝交易方完全可以未获原始数据主体授权、对方没有完善的隐私保护政策和手段、对方没有合理的使用用途以及对方既往已经存在隐私与安全方面的不良记录，或者提供数据接口的技术手段会给经营者自身安全带来隐患等为拒绝理由。最后，是否造成了排除、限制竞争的影响，将数据市场的垄断地位传导至下游市场需要反垄断法介入。①

4. 传统规制方式力不从心

近年来，我国互联网平台高速发展，随着用户数量的疯狂增长，各类数据的海量抓取，一定程度上造就了中国互联网产业迅猛发展的势态，中国的大数据资源和技术甚至超越许多发达国家和地区，超越许多互联网更早兴起的国家和地区，日趋成为参与世界竞争的极为重要的核心竞争力之一，行业的迅猛高速发展与竞争法规制的相对滞后不无关系。传统商业模式的颠覆、新型商业模式的演变，带来了新型反竞争行为的巨大的商业风险。“大数据 + 互联网平台”的经济活动，具有明显的动态竞争（dynamic competition）特点，竞争优势的形成依靠不断地创新，以不断创新而形成的竞争优势并不是静态不变的，风险和成本都较高②；经营者的行为跨度很大，从行为类型到市场跨度也很大，从相关市场到超越相关市场；经营者基于数据而拥有的强大的分析预测能力和链接用户的能力同样增加了监管者认定行为性质的难度；对市场支配地位的认定也不能单纯考虑产品因素和市场份额，大数据带来的市场进入壁垒、时间因素、经营者实力悬殊都是应当考虑的因素，现有的结构规制和行为规制的方式明显力不从心。既有数据资源与技术优势，又具有平台优势，还具有跨界优势的互联网经

① 黄晓锦:《大数据时代数据分享与抓取的竞争法边界》，载《财经问题研究》2018 年第 2 期。

② Christian Ahlborn, Competition Policy in the New Economy: Is European Competition Law up to the Challenge? European Competition Law Review, 22 (5), 2001, p.156—157.

营者，和传统高科技产业中的高通公司有越来越多类似的地方，高通公司在专利许可市场和基带芯片市场具有支配地位，通过对竞争对手的限制或拒绝必要专利的授权，与手机制造商签订了各类不平等协议，更加巩固其支配地位，这样的商业模式与互联网经营者的类似之处在于，互联网经营者以平台获取大数据资源，以大数据资源和技术预测、创新、锁定用户、超越相关市场，成为超级平台，构筑类似于高通公司的自带循环功能的商业帝国，而免费模式之下价格及其弹性已经无法描述竞争的实际状况了，对这类经营者的规制，要跳出传统规制方式的限制，综合考虑诸多市场要素，尤其是大数据权利运用之下的新的商业模式、市场地位等，以及考虑消费者隐私保护等问题是否日趋成为重要的非价格竞争因素，而消费者隐私保护和消费者对平台的选择权，很大程度上依赖于自由公平的竞争秩序，实现良好的消费者隐私保护——否则有便于行使的迁移选择权（含迁移成本的承担）的良性循环，需要系统规制的方法，建立预防性、整体性的规制体系。

（三）规制视角的适度移转

大数据权利运用为反垄断法的适用提出了新的挑战。为适应数据竞争带来的挑战，反垄断领域存在一个重新检视和调整法理分析框架的问题。传统的“结构—行为—绩效”的法理分析框架在大数据产业兴起以来受到了挑战，因为从不同的角度来界定相关市场，会得到完全不同的结论。在新兴产业中，市场力量实际上更容易由于网络效应、锁定效应等因素而形成，市场份额的衡量由于被相关市场挡在门外，无法进入实质性角色，市场份额不足以反映市场力量，两者之间的对应关系变得不那么强烈。以互联网为依托的大数据企业即便取得了较高的市场份额，从相当大的程度上说，也不敢和无法通过抑制竞争来获得高额的利润。一方面，技术不断创新、更迭带来了巨大的竞争压力，哪怕是已经取得了较高的市场份额，停止创新也会被迅速赶超，而技术领域又具有较大的不确定性，一时的技术领先所带来的技术优势和资金优势未必能够保证持续的技术领先；另一方面，互联网经济是注意力经济，所有的互联网经营者都面临对用户、流量的无休止地争夺，经营者基于培育用户的心理而提供的“免费午餐”，以及由于互联网产品的零边际成本特性、网络效应这三方面因素综合作用下，尽管经营者并非那么自愿却又客观上导致了消费者福利的确实增进。[①] 大数据产业的兴起之时，数据资产和技术在生产经营活动中乃至于决定市场力量时发挥了关键的作用，市场结构的作用被进一步稀释，市场结构分析方法的重要性也不断降低，与此同时，相关产品市场、地域市场、时间市场的分析难度大大增加了。对数据竞争行为的分析，应当考虑类型化的思路，在充分总结经验的基础上重新审视纵向垄断协议、滥用市场支配地位和经营者集中这三种“以市场结构为前提基础”的现有的反垄断分析方法与标准，以适应数据竞争的新特点。[②]

与垄断行为认定时所要求的前提、后果、合理性等因素的综合评价比较，不正当竞争的认定会相对简单；而且，不正当竞争行为发生得会更为普遍、容易、低成本甚至零成本。

三、反不正当竞争法规制数据运用行为的合理期待

互联网领域具有网络技术创新、支配力不稳定等技术特征，对反垄断法的适用提出了挑战。与垄断行为认定时所要求的前提、后果、合理性等综合评价相比，不正当竞争行为的认定反而可以相对简单而深入，由于技术和成本的原因，互联网领域的不正当竞争行为发生的频率也更高，普遍性更明显，反垄断法的适用应当适度谦抑，反不正当竞争法的适用应当予以显扬。[③]

（一）对一般条款适用的合理容忍

当既有的成熟的类型化规则以及新的类型化规则不敷适用时，应当容忍少量不宜类型化的行为在一般条款下进行评价。市场竞争总有失序与失衡之处，市场的活跃加上制定法固有的滞后性，导致市场经济中总是存在诸多权益尚未类型化，尚未固定化以及尚未上升为法定权利。从反不正当

---

① 焦海涛：《论互联网行业反垄断执法的谦抑性——以市场支配地位滥用行为规制为中心》，载《交大法学》2013 年第 2 期。

② 丁文联：《数字经济时代数据性质、产权和竞争》，载《财经问题研究》2018 年第 2 期。

③ 刘继峰：《竞争法学》，北京大学出版社 2018 年版，第 371—376 页。

竞争法的角度看，不能任由这些权益在法律的保护边界之外，那么这种情况下，如前所述，各国一般通过反不正当竞争法的“行为禁止功能”“对特定权益进行反向保护”，也就是说，通过禁止具有不正当性的竞争行为来实现对特定法益的保护，特定法益的保护是行为禁止的间接结果。但是，“互联网 + 大数据”造就了一个高速发展、技术爆炸的领域，不断创新的技术造成了商业模式的迅速更迭，甚至可以在某种意义上说，互联网是“创新”和“自由”的代名词，自由来源于创新，却有着独立的价值意义。创新和自由在某种意义上会直接表现为混乱、无序和破坏，尽管其中有好的竞争也有坏的竞争，但是反不正当竞争法所否定的“坏的”竞争手段就假借技术的名义层出不穷[①]，大数据竞争更是如此，以海量的数据、复杂的技术、精细的算法生成各种方式复杂的不正当竞争行为。

互联网专条出现之前，数量庞大、类型多样的不正当竞争案件缺乏直接的规定，司法实践中法院往往选择对《反不正当竞争法》第 2 条[②]的一般性条款[③]进行扩张适用，以至于该条款甚至在整部法律乃至整个竞争法

---

① 王艳芳:《〈反不正当竞争法〉在互联网不正当竞争案件中的适用》，载《法律适用》2014 年第 7 期。

② 1993 年《反不正当竞争法》第 2 条第 1 款规定:“经营者在市场交易中，应当遵循自愿、平等、公平、诚实信用的原则，遵守公认的商业道德。本法所称的不正当竞争，是指经营者违反本法规定，损害其他经营者的合法权益，扰乱社会经济秩序的行为。”2007 年修法后，对应的条款为:“经营者在生产经营活动中，应当遵循自愿、平等、公平、诚信的原则，遵守法律和商业道德。本法所称的不正当竞争行为，是指经营者在生产经营活动中，违反本法规定，扰乱市场竞争秩序，损害其他经营者或者消费者的合法权益的行为。”2019 年反不正当竞争法的修订保留了该条款。

③ 关于第 2 条是否属于一般条款，也是存在争议的。孔祥俊教授认为，“从形式上说，我国《反不正当竞争法》第 2 条第 1 款对基本原则的规定以及第 2 款对不正当竞争定义的规定，具有一般条款的性质”。孔祥俊:《商标与不正当竞争法》，法律出版社 2009 年版，第 678 页。刘继峰教授认为，我国《反不正当竞争法》第 2 条第 2 款“使用了定义的基本结构”，“从形式上看，这是一个法律概念，但事实上，它也不是一般的法律概念，而是有限制的法律概念”，“性质既不是一般条款或有限制的一般条款，因为作为一般条款的性质是法律规范，即包含有权利义务的内容的法律条文”，而这一款“不包含权利、义务及责任的内容，不是法律规范”。刘继峰:《竞争法学》，北京大学出版社 2016 年版，第 271—272 页。两位学者论述的侧重点不同，孔祥俊教授侧重从内容和结果上分析，刘继峰教授侧重从严格的法律形式逻辑上分析，这样的分歧也恰好说明了第 2 条本身存在的问题，很遗憾 2017 年修法时这一问题并没有得到根本解决。

领域中被称为帝王条款[①]，但是适用的标准、情形并不清晰统一。从北京市高级人民法院知识产权庭法官所做的一份调研报告来看，2010 年度[②]至 2015 年 4 月 20 日北京市高级人民法院所判决的一审案件中，一般性条款在规制具体不正当行为时占有较大比例，居于首位（37%）。对 2013 年度、2014 年度判决所涉及具体条款的统计，一般条款在具体案件中的适用情形，2014 年度较 2013 年度数量明显上升，占到整体的 47.8%，比例也较 2013 年的 33.3% 有所上升。[③]调研报告同时认为，正是由于互联网经营规则的缺失与发展的迅猛，导致基于互联网所产生的许多不正当竞争行为并不能依据确定的行为规则来进行认定，而需要从诚实信用、公认的商业道德进行规制与判断，显然 1993 年制定的法律是无法预见到如今互联网发展的规模与速度的。这一调研报告的数据分析，与谢晓尧教授在 2010 年之前对 904 个不正当竞争案件进行统计得出的结果是高度一致的，904 个案件中，援引《反不正当竞争法》第 2 条的案件为 323 个，所占比例为 35.7%。[④]一般性条款如此大规模地使用，恐怕已经属于异常泛化适用。

在法的适用逻辑中，基本调整应当表现为列举条款优于一般条款，因为列举条款的规范结构比一般条款更为丰富、严格、针对性强，一般条款并没有完整的规范结构，条款的“假定”部分只是相对模糊的概念，既难以像列举条款那样具体使用，又难以像法律原则那样高度抽象；同时，一般条款的补充性决定了其适用上的劣后性。[⑤]所谓补充性，是弥补法律列举的不足，法律列举的不足是由制定法的相对稳定性和社会经济生活的活跃性决定的，法律与现实社会经济生活之间必然存在这样一个差距。可以

---

① 邵建东：《德国反不正当竞争法研究》，中国人民大学出版社 2001 年版，第 24—27 页。

② 法院的统计年度为前一年的 12 月 21 日至当年的 12 月 20 日，如 2010 年度的办案数据是从 2009 年 12 月 21 日至 2010 年 12 月 20 日。

③ 陶钧：《涉网络不正当竞争纠纷的回顾与展望（一）——近五年北京法院审判的总体概况》，载“知产力”微信公众号，2015 年 5 月 15 日发布，http://mp.weixin.qq.com/s/5U_z_m3GgjAhTjKAAY1B5g，2018 年 11 月 24 日访问。

④ 谢晓尧：《在经验与制度之间：不正当竞争司法案例类型化研究》，法律出版社 2010 年版，第 89 页。

⑤ 刘继峰：《竞争法学》，北京大学出版社 2016 年版，第 266—267 页。

说，一般条款之所以成为各国的普遍选择[①]，还是要归结于经济社会生活中不正当竞争行为的纷繁复杂、层出不穷，只能寄希望于提取尽可能具有普适性的规定，“在具体规则不敷适用之时，发挥填补空白的作用”。[②]竞争行为的复杂多变以及人类理性的有限性，导致几乎不可能对竞争行为彻底归纳，抽象出一以贯之的要素或者将所有具有典型意义的构成事实类型化，即便是在德国反不正当竞争法中居于通说地位的“五分法”也无法做到逻辑上的严格互斥。[③]

但是在实践中，也恰恰是因为一般条款较之于列举规范和法律原则的特殊性，导致了一般条款实际的扩张、泛化适用。一般条款与法律概念、法律原则相比，具有规范性；与列举规范相比，在内容上具有模糊性；在法律适用上具有授权裁量性。正是这些特性直接扩大了反不正当竞争法的适用空间，使一般条款具有支配整部法律的作用，这一现象也并不仅存于我国反不正当竞争法。

对一般条款的理解与适用，应当辩证地看待：一方面，应予严格适用，避免向一般条款逃逸。法官对反不正当竞争法一般条款的泛化适用同样进行了反思，并且指出在商业模式更加新兴、技术模式更加复杂的互联网行业中更应当秉持谦抑的司法态度适用一般条款。[④]毫无疑问，一般条款作为一种授权规范，较之类型化规则而言“缺乏明确的构成要件和责任承担”，给予法官的自由裁量权过大，对法官的后续造法要求极高，裁判结果、裁判理由的大相径庭影响了法律适用的统一性和可预见性，无

① 一般条款是各国反不正当竞争法普遍采用的立法例：德国1909年《反不正当竞争法》第1条、《法国民法典》第1382条和1383条、《意大利民法典》第2598条、瑞士1986年《联邦反不正当竞争法》第1条和第2条、澳大利亚1974年《商业行为法》第52条、美国《联邦贸易委员会法》第5条、欧盟2005年《公平交易行为指令》第5（2）条均是适例。许可:《数据保护的三重进路——评新浪微博诉脉脉不正当竞争案》，载《上海大学学报（社会科学版）》2017年第6期。

② 许可:《数据保护的三重进路——评新浪微博诉脉脉不正当竞争案》，载《上海大学学报（社会科学版）》2017年第6期。

③ 邵建东:《德国反不正当竞争法研究》，中国人民大学出版社2001年版，第59—63页。

④ 陶钧:《竞争法视角下对新型不正当竞争行为的规制与界定》，载《中国工商报》2017年12月28日，第6版。

助于法律的统一正确实施，也正是由此导致了一般条款泛化适用的饱受质疑。[①] 另一方面，必须承认，基于现实生活的极度复杂化和有限理性，并非所有的新类型竞争行为都可以被归入特定的类别，某些行为，比如大数据竞争行为可能就要保留在一般条款之下解决。

可见，较之反垄断法侧重保护自由竞争，反对排除、限制竞争，解决市场中有没有竞争的问题，反不正当竞争法侧重保护竞争公平，反对不正当竞争，解决市场中竞争是否公平有序的问题，通过反对经营者以不正当手段获取他人的竞争优势，以保护受到不正当竞争行为损害的经营者利益。[②] 大数据权利运用为经营者带来竞争优势，成为经营者市场竞争中的重要资源，与大数据有关的竞争行为直接关乎公平的竞争秩序，因而在权属明确之前，在反垄断法之外，更能在反不正当竞争法中找到被调整的空间。

在反不正当竞争领域尤其是对传统商业行为，如反不正当竞争法所禁止的商业标志混淆、商业贿赂、引人误解或虚假宣传、侵犯商业秘密、不正当有奖销售、商业诋毁等传统领域的不正当竞争行为的分析判断，基本遵循了“违背商业道德—损害竞争秩序”这样一个法理框架或者说基本思路，针对数据竞争更为复杂的特点，应当建立新的分析框架：第一步，行为是否损害公平竞争（具体包括扰乱竞争秩序、损害其他经营者或消费者合法权益或社会公共利益）；第二步，以具体的法律依据判断情形因素（大数据权利运用型不正当竞争行为是否为反不正当竞争法规定的有名行为，或无名行为，或非互联网专条所规制的行为，符合特定条件时需援引一般条款）；第三步，有无法定或其他的对抗事由；第四步，民事责任。

（二）“互联网专条”的补白性期待与不足

从20世纪90年代互联网正式进入中国以来，其对经济社会产生了深刻影响，到如今互联网行业的竞争形态已经由初级阶段的“产品和内容竞

---

① 许可：《数据保护的三重进路——评新浪微博诉脉脉不正当竞争案》，载《上海大学学报（社会科学版）》2017年第6期。

② 王晓晔：《再论反不正当竞争法与其相邻法的关系》，载《竞争政策研究》2017年第4期。

争”进阶为现在的“平台和生态竞争甚至于数据竞争”[①]，而对新兴互联网不正当竞争包括对大数据权利运用的调整，依据1993年《反不正当竞争法》，只能依赖一般条款，在瞬息万变的互联网时代显得非常力不从心，直到2017年《反不正当竞争法》修订才有了“互联网专条”。[②]互联网专条出现的直接动力是各方面对旧法实施期间的审判实践积累的不满[③]，根本原因在于新类型案件立法、司法和研究中积压的多重不完善。

互联网专条意图在立法的层面固定司法判例对某些新类型互联网竞争行为的否定性评价，是“案例群类型化思路”的典型体现。互联网专条的立法模式可以概括为：第1款概括式规定+第2款第1—3项列举式规定+第2款第4项兜底性条款。第1款是宣示性条款，作出了概括式的规定；第2款第1—3项对实践中可能普遍存在的互联网领域特有的不正当竞争行为类型进行了描述，但是，严格分析这些类型，“流量劫持”“干扰”“恶意不兼容”既不互斥也不周延，“不互斥”意味着因分类方法缺乏理性基础而导致经营者的单一行为可能被条款中的多个类型所覆盖，发生法条竞合；“不周延”意味着条款的预见性低，存在类型化条款并不能覆盖的互联网竞争行为，远不能满足立法技术对类型化条款中各类型的“互斥并周延”的要求[④]，在数据竞争日益激烈的情况下，互联网专条依然未对数据竞争类不正当行为进行专门回应，大数据竞争行为规制的方向何在？

---

① 田小军、朱萸:《新修订〈反不正当竞争法〉“互联网专条”评述》，载《电子知识产权》2018年第1期。

② 《反不正当竞争法》第12条规定:“经营者利用网络从事生产经营活动，应当遵守本法的各项规定。经营者不得利用技术手段，通过影响用户选择或者其他方式，实施下列妨碍、破坏其他经营者合法提供的网络产品或者服务正常运行的行为:(一)未经其他经营者同意，在其合法提供的网络产品或者服务中，插入链接、强制进行目标跳转;(二)误导、欺骗、强迫用户修改、关闭、卸载其他经营者合法提供的网络产品或者服务;(三)恶意对其他经营者合法提供的网络产品或者服务实施不兼容;(四)其他妨碍、破坏其他经营者合法提供的网络产品或者服务正常运行的行为。”

③ 2011年，34名人大代表联名向全国人大提交了《关于修改〈反不正当竞争法〉规范网络竞争行为》的议案。参见许浩:《〈反不正当竞争法〉修订剑指网络乱象》，载《中国经营报》2011年3月14日，第B16版。

④ 蒋舸:《〈反不正当竞争法〉网络条款的反思与解释——以类型化原理为中心》，载《中外法学》2019年第1期。

不同位阶的法律制度共同构成了一国的法律体系，各部门法需要相互协调适用，即便在同一部法律之中，特别条款与一般条款也要协调适用。涉及互联网的不正当竞争案件，其中一部分案件可以视作传统不正当竞争案件在互联网领域的延伸，例如侵犯知名商品特有装潢的、虚假宣传的案件，都是反不正当竞争法传统条款规定的“有名行为”，可以直接适用反不正当竞争法相应条款；有一部分案件是经营者利用网络从事生产经营特有而传统领域未予以规制的行为，这类案件则直接适用互联网专条。

从大数据权利运用来看，互联网专条并没有对数据竞争类不正当竞争行为进行专门回应，从数据抓取的典型行为来看，只能试图归入到第4项“其他妨碍、破坏其他经营者合法提供的网络产品或者服务正常运行的行为”中去；从其他非典型行为来看，大数据的恶意不兼容可以适用第3项，聚合盗链行为同样只能适用“其他”，具体案件的司法实践依然有待观察。

操作层面的困境引发对方法论层面原因的思考，究其原因，至少包含两个层面：一是分类标准的不理性；二是类型化方法本身的缺陷。分类标准的不理性，是因为对现有类型的区分缺乏理性标准作为支撑，分类本身的逻辑没有经过严格的分析论证。更深层次的是对案例群类型化方法的路径依赖，凸显了类型化方法本身的缺陷：案例群本身要求“成群”的案例之间有足够的“相似性”，在适用于新类型案件时，还要求新类型案件本身有足够的“重复性和延续性”，此时才具有普遍适用性。反不正当竞争法一般条款一直是研究的重点和核心，不乏学者认识到“一般条款的文本规范构建及其具体化”将是修法的核心。[①] 然而，学术研究中对一般条款具体化的研究，即通过类型化提高一般条款可预见性的研究，总是被直接等同于“立法层面的案例群类型化”。这种研究思路，应当是源于我国学术研究中对德国反不正当竞争法一般条款发展、适用的理解。[②] 案例群类

---

① 吴峻：《反不正当竞争法一般条款的司法适用模式》，载《法学研究》2016年第2期。

② 例如曾琦、方小敏认为德国一般条款类型化的经验显示了“将抽象的反不正当竞争法一般条款在适用上予以充分具体化，是世界竞争立法的典范”，参见《德国反不正当竞争法一般条款具体化研究》，载《孝感学院学报》2011年第3期。

型化在德国反不正当竞争法研究中占有重要地位，但是，需要正视的是，案例群类型化方式本身的局限性。即便在德国，案例群归纳方式也并不统一，学术界与实务界对案例群的类型化方式与立法上对一般条款的发展也并不等同，2004年和2008年德国反不正当竞争法的修改也并没有完全遵循之前对案例群的归纳。[①]

如何尽可能地接近类型化方法的本质？首先，类型化的目的是降低涵摄难度，提高涵摄的正确率，不是为了类型化而类型化。类型化力求在法律的大前提和事实的小前提之间“建立更短、更直接的联系”，以提高涵摄的正确率。其次，关键是以足够的理性对类型进行设置，“建立认知模型”，以接近终极目标。“流量劫持”“干扰”“恶意不兼容”加上“其他妨碍、破坏合法网络产品和服务正常运行行为”的分类是否足够理性？比如百度超级搜霸阻止一搜工具条安装[②]，既可以是“恶意不兼容”，又可以是“干扰”；比如数据抓取，既不是“流量劫持”“干扰”“恶意不兼容”，又不必然“妨碍、破坏”其他经营者的网络产品和服务正常运行；比如，广告过滤行为，被告如果抗辩其仅仅过滤了原告所插入的消费者并不希望获得的广告，而并未过滤原告合法网络产品，适用互联网专条似乎依然找不到答案。

互联网专条存在自身缺陷，但并不意味着可以径直撇开互联网专条，在之外寻找答案，合理的路径依然是在尊重其内涵与外延的前提下，发挥互联网专条作为认知模型所能有的价值，在其内涵与外延的有限范围内起到降低认知成本的作用。

小结

竞争优势是竞争法适用中的重要概念，但又是一个相对抽象的概念，通常难以直接准确地界定其内涵与外延，本文尝试借助一般竞争利益和商

① 蒋舸：《〈反不正当竞争法〉网络条款的反思与解释——以类型化原理为中心》，载《中外法学》2019年第1期。

② 参见北京市海淀区人民法院2005海民初字第4223号民事判决书。

业机会等相关概念来理解竞争优势。竞争优势是市场竞争中最为一般的和常见的竞争利益，通常而言，不具有单独的可诉性。反不正当竞争法对竞争优势的保护并非从利益自身出发，而是从行为的不正当性或违法性出发作出否定性评价进而保护竞争优势。

大数据除了作为数据化新型资产本身的价值与优势之外，还为权利主体带来了特殊的竞争优势。大数据具备强大的预测功能，给消费者画像、预测消费者喜好、预测商机、预测市场变化，并且以预测优势为基础，还具备迅速改进产品和服务的优势；大数据的提取往往依托于互联网平台，又能反过来在平台的各项不同具体业务之间融通运用，通过互联网平台将分散资源进行优化配置，实现供需匹配和对接；经营者依托大数据为消费者提供“量身定做”的商品和服务能够深度迎合用户需求，以及基于路径依赖、迁移成本高等因素，大数据都会提高用户对经营者的黏性。大数据权利主体的竞争优势包含了自身经济模式特点和法律上的成因。

随着数据的多元化开发和利用，大数据权利主体争夺和利用数据资源的矛盾日益突出，有可能对竞争产生多方面不利的影响：经营者所掌握的大数据本身，无论是收集存储还是利用，随时都意味着消费者隐私安全保护的安全风险，同时，关于消费者隐私保护的非价格竞争减少，导致消费者选择权丧失；传统理论对并购交易的审查起点和审查标准适用于大数据并购交易漏洞明显；形成市场支配地位的经营者，基于大数据权利运用中的预测功能，通常会比监管机构更早、更精准地发现影响其市场地位的未来挑战者和潜在竞争者，并且扼杀他们；大数据技术使反竞争行为更加隐蔽化和技术化，增加了监管难度；经营者很难通过技术手段实现绝对保证数据不被其他经营者不当抓取，数据不当抓取行为直接侵害经营者利益和消费者利益；数据标准不统一让数据分享面临极大障碍，成为产业发展瓶颈，恶意的数据不兼容行为应当受到规制。

消除大数据权利运用给竞争带来的不利影响，首先应当将大数据权利运用行为纳入竞争法视野，反垄断法和反不正当竞争法两者在保护竞争和维护市场竞争秩序方面应当发挥相互补充的作用，在对大数据权利运用进行调整的领域亦是如此。我国当前大数据市场更需要的是对不正当行为的规制，这一方面是由互联网市场的技术特点决定的，如产业经营模式趋同、垄断基础的技术性和垄断结构的脆弱性；另一方面也是反垄断法适用本身的特点决定的，如大数据依托的平台往往处于一个双边市场的结构之中，从不同的角度界定相关市场会有完全不同的结论，以及大数据领域市场份额的认定囿于相关市场的界定而无法发挥作用，相关市场的分析受到了多方面挑战等。

围绕大数据权利运用的不正当行为中，典型如经营者往往采用各种不正当手段来争取流量或者争夺客户，表现为数据抓取、数据的恶意不兼容、聚合盗链等；以及当前数据标准严重不统一，导致数据共享面临极大障碍，制约产业发展，建立数据标准是大数据立法中亟待解决的问题，在这样的背景下，大数据的恶意不兼容行为同样应当受到规制，反不正当竞争法在大数据领域的作用应当得到显扬。

2017 年《反不正当竞争法》引入了被称为“互联网专条”的第 12 条，然而从实际操作层面看，该条的宣示意义大于实际价值，内部逻辑结构上也存在着“既不互斥又不周延”的问题，究其原因，还在于分类标准缺乏足够的理性支撑，适用时应当尊重其内涵与外延，尽量发挥互联网专条作为认知模型应有的价值，在其内涵与外延的有限范围内起到降低认知成本的作用。对一般条款的理解与适用，也需要辩证地看待：一方面严格适用，避免泛化适用，避免向一般条款逃逸。另一方面必须承认，并非所有的新类型竞争行为都可以被归入特定的类别，某些行为，比如大数据竞争行为，可能既要充分考虑行为的特性，又继续保留在一般条款之下解决。

第三章

大数据不正当竞争案件的启示及认定理论的再认识

第一节 大数据法律纠纷裁判的启示

一、典型案例分析及问题

（一）大众点评诉百度不正当竞争案分析

1. 案情简述：数据抓取

2015年，原告汉涛公司以百度公司和杰图公司为被告，向上海浦东新区法院提起不正当竞争纠纷之诉。[①] 汉涛公司称，该公司是“大众点评网”的经营者，百度公司是“百度地图”和“百度知道”的经营者，杰图公司是“城市吧街景地图”的经营者。汉涛公司自2003年以来，通过加大各方面投入收集了海量的商家信息，并获得了消费者点评信息，消费者点评信息具有重要的商业价值。汉涛公司主张，2012年以来百度公司发生了大量抄袭、复制“大众点评网”消费者点评信息的行为，并由此获得了用户、流量和市场份额，削减了汉涛公司竞争优势和交易机会。

百度公司抗辩认为，汉涛公司的主营业务是以餐饮为主的消费点评、预订和外卖等服务，百度公司的主营业务是搜索服务，两者不是同业竞争关系；汉涛公司对于大众点评网中消费者点评信息不享有任何权利；百度公司的数据抓取行为完全符合大众点评网的Robots协议。

2. 裁判焦点分析：不正当性

在一审法院归纳的争议焦点中，与本书研究主题密切相关的是第一个

---

① 本案的案情来源于一审、二审法院裁判文书，一审：(2015）浦民三（知）初字第528号民事判决书，二审：(2016）沪73民终242号民事判决书。

争议焦点，即百度公司使用大众点评网点评信息“是否构成不正当竞争”。一审法院认为:（1）关于竞争关系。互联网背景下经营者多领域经营很常见，不宜局限于“同行业、同领域或相同业态模式”等固化的思维，应当从“实际具体经营行为”出发判断竞争关系，对竞争关系的理解也不限于“同业竞争”。结合本案来看，百度地图也提供商家信息、点评以及团购服务，与大众点评网提供的服务高度一致，当然存在直接的竞争关系。（2）关于损害。一审法院直接认为百度公司的行为“当然会”使大众点评网用户、流量减少，“势必”攫取交易机会造成损害。（3）关于行为正当性。一审法院认为应当考虑如下因素并分析为：大众点评网的消费者点评信息可以“解决市场信息不对称的问题”，是汉涛公司的“核心竞争资源”，具有商业价值，能够带来竞争优势；消费者点评信息需要长期积累，对投入的时间和总量要求较高，信息获取不易，成本较高；汉涛公司获取和持有消费者点评信息并不违法且创新业务模式改善消费者体验，百度公司并未对点评信息的形成作出贡献，反而有明显的“搭便车”“不劳而获”的特点，实质损害了汉涛公司的用户流量和交易机会，违反商业道德和诚信原则，行为具有不正当性。[①]

二审法院继续将争议焦点聚集在行为的正当性上，分析认为:（1）关于反不正当竞争法一般条款的适用，应满足三个要件，即无针对特定竞争行为的规定、损害、可追责性。（2）关于损害经营资源和商业机会是否必然意味着救济。二审法院认为，对两者的保护与对权利的保护不同，通常来说发生竞争性损害应予容忍，除非行为具有不正当性。（3）关于本案中的诚实信用原则和公认的商业道德。法院认为两者之间的关系应当表达为，诚实信用原则“更多地体现为”公认的商业道德。一方面，百度公司的行为本质上属于“未经许可使用他人劳动成果”，但并不能当然地认定为构成“搭便车”和“不劳而获”；以及考虑到自由使用不受权利保护的信息既是“基本的公共政策”，也是“商业模式创新的基础”，否则将在事实上将“劳动成果”权利化。另一方面，“大数据”背景下，如果不将

① 参见上海市浦东区人民法院（2015）浦民三（知）初字第528号民事判决书之“本院认为”部分。

其他经营者对信息的使用行为限定在合理范围内，将不利于鼓励商业投入和保护产业创新。(4) 关于是否违反商业道德，要考虑四个方面。百度地图实现了商户位置和评价的融合，有助于提升消费者体验，具有积极效果；百度公司的行为导致大众点评网的相关服务被实质替代，所产生的积极效果与给汉涛公司造成的损失不相称，明显可以采取损害更小的方式而未采取，超过必要限度；可能打击其他市场主体的投入和创新意愿，破坏产业生态，对竞争秩序产生负面影响；即便“垂直搜索技术”具有价值上的中立性，也不意味着可以作为当事人法律责任的豁免依据。①

（二）新浪微博诉脉脉不正当竞争案

1. 案情简述：多重数据抓取

2015 年，微梦公司以淘友技术公司、淘友科技公司（以下并称淘友公司）为被告向北京市海淀区法院提起不正当竞争纠纷案。② 微梦公司诉称，该公司独立运营新浪微博，淘友公司共同运营脉脉软件。新浪微博与脉脉同属于社交类软件，双方存在竞争关系。淘友公司通过脉脉软件实施了如下不正当竞争行为：一是非法抓取并使用微博平台用户信息；二是非法获得和使用脉脉用户手机通讯录中联系人与微博用户的对应关系。淘友公司共同辩称：第一，我公司一直遵守开发者协议，由于微梦公司向淘友公司提出非法要求未获同意，微梦公司将淘友公司的微博接口关停。第二，淘友公司与微梦公司非同业竞争者，不存在竞争关系。第三，微梦公司的开放平台授权淘友公司获取用户的相关信息，淘友公司未绕开开放接口抓取用户数据，未获取被授权用户联系方式中的邮箱等联系方式，且联系方式中的手机号不是从新浪微博获取的。第四，微梦公司提出淘友公司取得的非授权用户信息，并非全部从新浪微博获得，淘友公司从新浪微博网页获取的未授权用户信息系基于与微梦公司的合作关系，也已经取得用户的同意，且仅针对授权用户显示，不向不特定的第三方用户显示，并非针对微梦公司的不正当竞争行为。

---

① 参见上海知识产权法院（2016）沪 73 民终 242 号民事判决书之“本院认为”部分。

② 本案相关情况来源于一二审法院裁判文书，一审：（2015）年海民（知）初字第 12602 号民事判决书，二审：（2016）京 73 民终 588 号民事判决书。

一审法院查明，微梦公司是新浪微博的经营者，微博用户信息的开放情况如下：头像、名称（昵称）、性别和个人简介向所有人公开，职业和教育信息默认向所有人公开（互为好友的新浪微博用户也能看到），用户可以设置其他个人信息公开的范围（包括手机号码）。淘友公司共同经营脉脉软件及脉脉网站，脉脉软件是一款社交应用软件，通过分析用户的新浪微博和通讯录数据，帮助用户发现新的朋友，并且可以使他们建立联系，以及提供职场动态分享、人脉管理、人脉招聘和匿名职场八卦等功能。新浪微博开放平台的开发者协议，证明双方曾通过微博平台的 Open API 进行合作，协议明确微梦公司依据该协议提供服务，约定了开发者应用或服务需要收集用户数据的条件。①

2. 裁判焦点分析：竞争关系和不正当性

关于是否存在竞争关系，一审认为，双方用户群体、业务模式和经营范围都存在交叉重叠，在经营活动中都要尽可能吸引用户注册、登录、留存用户信息，高效安全地使用用户信息。因此在“对相关用户社交类信息的使用”等方面，双方存在竞争利益，具有竞争关系。

关于是否构成不正当竞争，一审认为，在双方合作期间，淘友公司实施了非法“抓取和使用”微博用户职业和教育信息的行为；在双方合作结束后，淘友公司非法“使用”微博用户信息。淘友公司针对对应关系的获取及使用行为没有合同依据，也缺乏正当理由。双方曾存在合作关系，在淘友公司明确了解需要通过申请获得微博用户相关信息的接口权限，且合作终止后应当及时删除从微博获取的用户信息的情况下，依然在合作期间超出许可范围抓取并使用微博用户职业信息、教育信息，并在合作终止后较长一段时间内仍然使用来自微博的用户信息作为脉脉软件中非脉脉用户的相关信息；同时，非法获取并展示对应关系，便于脉脉软件拓展自身用户群，主观故意明显。对这些用户信息规范有序并安全地使用，是微梦公司正常经营、维持并提升用户活跃度及保持竞争优势的必要条件。淘友公司的行为违反了诚实信用的原则，违背了公认的商业道德，危害微博平台

---

① 参见北京市海淀区人民法院（2015）年海民（知）初字第 12602 号民事判决书之“经审理查明”部分。

用户信息安全，损害微梦公司的合法竞争利益，构成不正当竞争。一审法院还提出：第一，互联网时代，“保护用户信息”是衡量经营者行为正当性的重要依据，也是消费者权益保护的重要内容，互联网经营者不仅要合法获取用户信息，也应妥善保护并正当使用用户信息。第二，处于相对优势地位的互联网经营者应诚信经营。

二审法院纠正一审的部分认定，推定淘友公司是通过 Open API 方式获取新浪微博用户的职业信息、教育信息，但认为本案暴露出 Open API 合作开发模式存在的不足，经营者至少应当采取相应的技术措施反爬虫抓取用户数据信息并在后台就所有爬虫记录留存。经营者在运用 Open API 开展合作开发时，不仅应将用户数据信息作为竞争优势加以保护，还应将保护用户数据信息作为企业的社会责任。

针对一审法院直接援引《反不正当竞争法》第 2 条规定，二审法院认为适用该条款更应秉持谦抑的司法态度，除满足最高人民法院在“海带配额案”中提出的无特别规定、实际损害和不正当性三个适用条件外，还需满足以下条件：该竞争行为所采用的技术手段确实损害了消费者的利益；该竞争行为破坏了互联网环境中的公开、公平和公正的市场竞争秩序，引发或可能引发恶性竞争；对于互联网中利用新技术手段或新商业模式的竞争行为，应首先推定具有正当性，不正当性需要证据加以证明。

关于获取用户信息，第三方通过 Open API 获得用户信息时必须取得用户的同意，用户的同意必须是具体的、清晰的，是用户在充分知情的前提下自由作出的决定；获取的用户信息应坚持“最少够用原则”，收集信息限于为了实现应用程序“运行和功能实现之目的而必要”的用户数据。从反不正当竞争法的立法目的观察，判断一种行为是否构成不正当竞争需要进行利益平衡，要综合考虑经营者、消费者和社会公众的不同利益，并在其间进行平衡，侵犯消费者利益或者公众利益的行为同样有可能被认定为行为不正当。在 Open API 开发合作模式中，第三方通过 Open API 获取用户信息时应坚持“用户授权 + 平台授权 + 用户授权”的三重授权原则。

关于微梦公司是否可以就第三方应用软件使用其用户数据的不正当行为主张自身权益的问题，随着互联网科技高速发展，数据信息的重要性和价值在信息社会中尤其凸显。经营者合法占有的数据，不仅是竞争优势的来源，更能创造巨大的经济效益，是经营者重要的竞争优势与商业资源。淘友公司未经微博用户的同意，获取并使用非脉脉微博用户的信息，节省了大量的经济投入，变相降低了对手的竞争优势，侵害了微梦公司的商业资源，微梦公司基于其 Open API 合作开发提供数据方的市场主体地位，可以就开发方未按照开发者协议约定内容、未取得用户同意、无正当理由使用其平台相关数据资源的行为主张自己的合法权益。

关于淘友公司获取并利用微博用户信息的行为是否构成不正当竞争行为，淘友公司违背了在 Open API 开发合作模式中第三方获取用户信息时应坚持“用户授权 + 平台授权 + 用户授权”的三重授权原则，存在主观过错，违反了诚实信用原则和互联网中的商业道德，故行为不具有正当性。

关于淘友公司展示对应关系的行为是否构成不正当竞争行为，考虑到目前协同过滤算法的发展水平、淘友公司所拥有的基础数据情况及最终展现的对应关系的高度准确性、极具个性化特点的信息的对应关系等因素，淘友公司应就其如何实现本案中展示的高精准以及极具个性化的对应关系进行说明。综上，淘友公司未经微博用户同意及未获新浪授权，获取并使用对应关系的行为，违反了诚实信用原则及公认的商业道德，破坏了 Open API 的运行规则，损害了互联网行业的市场竞争秩序，损害了微梦公司的竞争优势及商业资源，构成不正当竞争。①

二、法律适用述评与启示

（一）大众点评诉百度不正当竞争案的法律适用述评与启示

本案属于典型的“数据抓取”行为，百度公司在未经汉涛公司授权的情况下，直接抓取汉涛公司收集和掌握的数据信息并使用，事实认定部分争议不大，法律适用才是关键。

第一，不正当行为的起点：法益还是行为？一审法院认为百度公司的“行为具有明显的‘搭便车’‘不劳而获’的特点”；二审法院认为百度公司是否违反反不正当竞争法一般条款的规定，需要满足其“具有应获法律

① 参见北京知识产权法院（2016）京 73 民终 588 号民事判决书。

保护的权益”要件，反映了两审法院对于数据抓取不正当竞争行为判定的起点所持的两种不同的观点。一审法院着眼于行为本身，二审法院认为不正当竞争法保护的就是利益，侵害法律意欲保护的利益的行为就构成了不正当竞争。行为和法益是认定不正当竞争行为两种不同的起点：以行为本身来判断不正当竞争，基础在于反不正当竞争法的客观规范，认为反不正当竞争法规范的是行为，或以一般条款和特别规范对不正当竞争行为进行有名式的列举，或以一般条款对具体行为进行综合判断。以法益为起点，则认为不正当竞争法保护的就是利益[①]，权利和利益本身就存在区别，保护的顺位、程度、要求均不同，知识产权法对稳定、成熟、受到法律认可的利益进行保护，这种利益已经被法律认可成为权利；反不正当竞争法对不够稳定、成熟、尚未上升为权利的利益进行保护。如何评价两种思路？以利益为起点，似乎正当性基础明确，即法律保护的利益被侵害，则行为不正当。但是，以利益为基础，从法理学上也存在障碍，意味着我们判断一个行为的正当性时，不以行为本身为标准，而以行为指向的对象为标准，这种标准难以具备内部性和合法性。[②] 一、二审判决提出的问题，本书将在第三章中进一步探讨。

第二，经营者对大数据的利益。二审法院认可经营者收集大数据需要付出人力、物力，经收集的大数据是一种劳动成果，但是，经营者对劳动成果并不当然地享有权利，大数据目前依然只是“不受法定权利保护的信息”，虽然利用这些信息是“基本的公共政策”，但是，基于鼓励商业投入和保护产业创新，应当保护经营者对这些信息的利益。这一观点反映了大数据基本民事规则缺乏带来的问题，清晰的权利归属和权利内容是交易的前提和基础，判决生效后实施的民法总则[③]肯定了数据和网络虚拟财产一样，同为民事权利客体，应受法律保护。

第三，大数据权利运用对竞争关系认定的特殊性。收集整理大数据的

---

① 孔祥俊：《反不正当竞争法的创新性适用》，中国法制出版社2014年版，第146页。

② 李雨峰：《互联网领域不正当竞争行为的判定》，载《重庆邮电大学学报（社会科学版）》2016年第1期。

③ 现行有关规定参考民法典总则编。

经营者多需要依靠平台进行，网络服务商、运营商主要是平台竞争，例如本案的大众点评网和百度，平台经营者有特殊性；经营者的业务领域并不单一，随着平台的不断扩张，经营者大多从事多领域经营，平台涉及的服务往往不止一种，并且商业模式更新较快，各种业务存在深度融合和转化的关系；大数据行业，经营模式的共同目标是用户流量，将用户吸引到自己的平台上浏览是获取交易机会的第一步，是经营者共同的目标，双方争夺相同的网络用户群体，就应当认定为存在竞争关系。百度公司主张从狭义的直接竞争关系角度理解反不正当竞争法中的“竞争关系”，即商品之间具有替代关系（相同或者近似商品）的经营者之间相互争夺交易机会的关系。这种解释适用于传统行业没有明显不当，但在互联网背景下、大数据产业中，如果仍作狭义理解，会大大限缩反不正当竞争法的适用范围，对竞争关系的理解应当回归竞争行为本身。其实早在“优酷诉金山猎豹浏览器反不正当竞争一案”中，法院就提出了互联网经济行业分工细化，业务交叉重合的情况普遍存在，对于竞争关系的界定不应限定于某个特定细分领域的同业竞争关系，而应从是否存在竞争利益的角度进行考察的观点，并进一步阐述竞争利益主要体现为对客户群体、交易机会等市场资源的争夺中所体现的利益。从竞争利益角度出发考虑，有利于解决互联网市场竞争的乱象。

第四，经营者损害的认定。大量的用户信息是经营者提升企业竞争力的基础和核心，具有重要的商业价值；其他经营者抓取并使用经营者数据信息的行为，导致经营者平台的用户流量减少、交易机会减少，可以认定为对经营者造成损害。最高人民法院曾在“海带配额案”中提出了反不正当竞争法应用的损害标准，即其他经营者的合法权益确因该竞争行为而受到了实际损害。反不正当竞争法强调的是竞争的正当性要求，这种正当性所关注的是竞争的手段和方式，而不仅仅是竞争是否产生了损害的后果，事实上法律本身无法消除竞争给竞争者所带来的全部损害，竞争方式和手段的不正当性应该是问题的关键，本案裁判对损害后果直接采取了推定的方式，案件事实查明和说理均留有遗憾。

第五，大数据抓取行为不正当性认定。行为正当性是此类案件的关键，反不正当竞争法并未将数据抓取行为进行类型化规定，只能适用第 2

条第2款进行调整，即“本法所称的不正当竞争，是指经营者违反本法规定，损害其他经营者的合法权益，扰乱社会经济秩序的行为”。其中，“违反本法规定”理应包含该条第1款的规定，即自愿、平等、公平、诚实信用原则和公认的商业道德。损害其他经营者合法利益已经在前一项中进行了论述，于是，二审判决在法益的起点上，认为是否构成不正当竞争，“还需考虑其行为是否违反诚实信用原则和公认的商业道德”，在本法意义上，诚实信用原则“更多地体现为公认”的商业道德，回到了反不正当竞争法的法律条文上。

商业道德是一个抽象的概念，在适用过程中具有不确定性。按照一般逻辑，适用商业道德标准时，应当“查明和论证”在具体行业内是否存在某种公认的、共同遵守的商业道德，这些商业道德是否违反法律的禁止性规定等。但是，不仅本案，大多数司法裁判几乎都忽略了这个过程，通常的做法是将商业道德和诚实信用并列使用，将诚实信用原则落脚于商业道德，以遵守了商业道德反推遵守了诚实信用原则，如本案；或者以诚实信用原则来考察经营者的主观状态及行为对其他经营者利益造成的损害。商业道德因为大数据领域特殊的生态模式而具有不同的含义，是司法裁判中的难点。

本案中，法院并没有完全禁止百度公司抓取数据信息，而是要求其在使用他人所获取的信息时，要遵循公认的商业道德，并在相对合理的范围内适用：“在考虑产业发展和互联网环境所具有的信息共享和互联互通的特点上，兼顾信息获取者、信息使用者、社会公众三方的利益，既要考虑信息获取者的财产投入，还要考虑信息使用者的自由竞争的权利以及公众自由获取信息的权利；在利益平衡的基础上划定行为的边界。”这段论述可以总结如下：第一，应当从有利于产业发展和信息共享方面对行为进行评估；第二，应当从兼顾、平衡各方利益的考虑出发评估经营者行为；第三，对数据收集者和使用者的权利义务进行合理分配。法院进一步抽象出的分析框架包括：第一，数据使用者的行为是否具有（增进社会福利总量的）积极的效果；第二，数据使用者的行为是否超出了必要的限度（蕴含比例原则的思想）；第三，如果行为超出必要限度，对市场秩序会产生什么影响。这一分析框架则更加具体实用。最后应当得到这样一个基本的判断路径：第一步，在有利于竞争、有利于产业发展的大前提下，综合考虑数据收集者、使用者和社会各方的利益平衡。第二，数据使用者抓取和使用他人数据信息的行为、方式和范围是否遵循了最少及必要原则，数据使用者是否优先使用了合理的替代方案。

（二）新浪微博诉脉脉不正当竞争案的法律适用述评与启示

第一，关于适用反不正当竞争法一般条款的探讨。首先，大致梳理《反不正当竞争法》第 2 条的一些典型的司法实践，正是这些司法实践构成了本案审理的背景和基础。最高人民法院曾在“海带配额案”中提出了适用《反不正当竞争法》第 2 条，认定构成不正当竞争应当同时具备的条件，包括:（1）法律对该种竞争行为未作特别规定;（2）其他经营者的合法权益确因该竞争行为而受到了实际损害;（3）该种竞争行为确因违反诚实信用原则和公认的商业道德而具有不正当性。“海带配额案”为此后的审判提供了一定的操作性指引，具有里程碑式的意义。在互联网行业的特殊语境之下，法院在后续的案件中又分别增加了“正当商业模式”条件[①]和“非公益必要不干涉原则”的限制[②]，一个是指互联网经营者对营业模式的创新构成“合法权益”，另一个是指除非为了公共利益，互联网产品或服务之间不得相互干扰。

本案审理中法院进一步提出，在互联网行业适用《反不正当竞争法》第 2 条更应秉持“谦抑的司法态度”，在满足“海带配额案”的三个条件的基础上，还要满足以下条件:（1）该竞争行为所采用的技术手段确实损害了消费者的利益;（2）该竞争行为破坏了互联网环境中的公开、公平和公正的市场竞争秩序，从而引发恶性竞争或者具备这样的可能性;（3）对于互联网中利用新技术手段或新商业模式的竞争行为，应首先推定具有正当性，不正当性需要证据加以证明。要件（1）暗合了此后修订的 2017 年《反不正当竞争法》第 2 条将损害“消费者的合法权益”纳入不正当竞争行为要件的立法趋势；要件（2）的损害市场竞争秩序，引发或可能引发

① 参见北京奇虎科技有限公司等与腾讯科技（深圳）有限公司等不正当竞争纠纷上诉案。
② 参见奇虎公司与百度网讯公司、百度在线公司不正当竞争纠纷案。

恶性竞争要件与“非公益必要不干涉原则”相关，要件（3）的推定正当性则与“正当商业模式”相关。说明裁判者认识到了一般条款的保护方式是法律适用上的次优选择，一般条款应当谨慎谦抑适用。

第二，关于损害消费者利益认定问题。互联网用户即消费者，保护用户合法利益是每一个互联网经营者的责任。法院认为，淘友公司在未取得用户同意的情况下读取非脉脉用户的新浪微博信息，未能尊重用户的知情权及自由选择权，违反了《消费者权益保护法》第29条对消费者个人信息保护的规定。从现有相关法律规定考量，《消费者权益保护法》第29条规定：“经营者收集、使用消费者个人信息，应当遵循合法、正当、必要的原则，明示收集、使用信息的目的、方式和范围，并经消费者同意。经营者收集、使用消费者个人信息，应当公开其收集、使用规则，不得违反法律、法规的规定和双方的约定收集、使用信息。”《关于加强网络信息保护的决定》第2条规定：“网络服务提供者和其他企业事业单位在业务活动中收集、使用公民个人电子信息，应当遵循合法、正当、必要的原则，明示收集、使用信息的目的、方式和范围，并经被收集者同意，不得违反法律、法规的规定和双方的约定收集、使用信息。”从上述规定可以看出，经营者收集、利用用户信息应当遵循“合法、正当、必要”的原则并经被收集者同意。

第三，关于违反商业道德的认定。法院认为，“商业上的诚信是最大的商业道德”。本案中的商业道德包含两个方面的内容：一是Open API开发合作模式中开发者协议所要求的平等互利和诚实信用的基本原则；二是在采集和利用用户个人信息数据时，互联网经营者必须以取得用户同意为基本要求，同时，第三方平台在抓取使用用户信息时还应当明确告知用户其使用的目的、方式和范围，再次取得用户的同意，也就是符合“用户授权＋平台授权＋用户授权”的三重授权要求。淘友公司的数据获取行为同时违反了这两种商业道德要求。

第四，关于竞争关系的认定。本案中，新浪微博和淘友公司之间一直呈现的是一种合作关系，但以大数据获取的角度观察，两者依然存在竞争关系。进一步分析，双方在用户群体、业务模式乃至经营范围等方面都存在一定程度的交叉重叠，在经营活动中都要尽可能吸引用户注册、登录、留存用户信息，高效地使用用户信息。因此，在对社交用户大数据的抓取和使用等方面双方存在竞争利益，具有竞争关系。

第二节 大数据不正当竞争行为认定理论的挑战与矫正

一、对竞争行为认定理论的挑战

大数据领域由于依托于互联网平台、大数据算法、人工智能技术，与传统的实体经济相比，可以说，本身就是在非常充分的竞争的基础上形成和发展的，同时市场也是相对开放和透明的，但也正是因为这些原因，不正当竞争行为更加频繁和复杂。

大数据技术的挑战，随着中国互联网产业的快速发展，经营者之间对用户和流量的相同追求，跨领域经营的普及，经营者之间的竞争越来越激烈，往往表现为“技术层面”上的攻防和应对措施，往往涉及复杂、尖端和前沿的技术手段与全新的商业模式的结合，呈现“又新又专”的特点，因此，当竞争中的一方提出不正当竞争的指控并诉至法院之时，法官极可能感到难以把握。不仅如此，大量涌现的新类型竞争行为并不被《反不正当竞争法》第二章所列举的典型不正当竞争行为所涵盖。为此，法院不得不运用该法第 2 条的规定来作出判决。由于《反不正当竞争法》第 2 条在性质上属于一般条款，内涵本身就具有高度的不确定性，比如如何把握“自愿、平等、公平、诚实信用的原则，遵守公认的商业道德”的具体内涵，在互联网的技术环境之下，这越加成为一个难题。由于对相关行为难以定性，但又面临不得拒绝裁判的现实压力，在此情况下，从事司法实务的法官不得不尝试着努力探索出一个关于不正当竞争行为认定更具可操作性的标准。

（一）双边市场和产业经营模式趋同对竞争关系认定的挑战

大数据从收集开始，往往就依赖于一个或多个互联网平台，以平台为基础面向海量用户提供基础服务，平台之所以能够收集数据，正是基于它的“平台角色”。平台同时向两方参与者提供服务，平台一方是海量的基础服务用户，另一方是市场的另一组参与者，一方的收益取决于另一方参与者的数量，一方的交易会影响另一方的交易（网络外部性）。平台经济中实际存在两个市场，平台经营者和两类参与者分别构成一个市场，从不同的角度观察，平台经营者涉及两个相关市场。从平台经营者与海量基础用户的角度观察，平台经营者提供的基础网络服务是一个相关市场；从平台与另一组市场参与者的角度观察，则是另一个相关市场。

在不同的相关市场，平台经营者的市场地位是不同的，更重要的是，在反不正当竞争法视野内，竞争关系也应当再认识。以“腾讯公司诉奇虎360 不正当竞争案”为例，腾讯与奇虎是否构成竞争关系？腾讯公司的主营业务在即时通信软件和服务市场，奇虎 360 公司的主营业务在安全软件和服务市场。从两个经营者和用户关系的角度观察，双方免费服务的主营市场有明显区别，两者似乎不存在竞争关系。但是，如果我们尝试进一步分析两者的经营模式，发现经营模式高度相似，都形成了“免费的基础网络服务 + 收费的增值服务 + 收费的广告服务”的经营模式。在免费基础网络服务模块，经营者向广大用户提供基础网络服务，以锁定用户，提高用户黏性，基础网络服务的用户数量和黏性越大，公司资产的价值就越大；在收费增值服务模块，经营者针对部分用户愿意付费获得更高更好服务的需求，向部分用户提供增值服务获取利润；在收费广告服务模块，经营者以基础网络服务的用户为广告投放对象，发布广告获取利润。在广告市场之外，腾讯与奇虎还同样面对资本市场，获取融资。如果将腾讯与奇虎都看作“基础网络服务提供商、增值服务提供商、广告发布者，那么，两者的竞争关系就显现出来了”。[①]

数据驱动产生了全新的商业模式，最重要的就是免费模式：一方面向基础用户免费，另一方面向广告主或以营销为目的的经营者收费。如前所述，接受服务的基础用户越多，平台的价值就越大，所以，对用户和流量的争夺，一直是数据驱动型经营者的首要目标。可以看出，由于现代互联网营销目标的变化，现代互联网营销目标已经从原来的发布消息、提供商

---

① 刘继峰:《竞争法学》，北京大学出版社 2018 年版，第 368 页。

业信息、发挥广告功能而转变为提供相关服务以取得用户认同。正是营销目标的变化，导致了从事不同具体业务的互联网经营者的经营模式不断趋同，经营模式的不断趋同导致了需要对网络经营者竞争关系的再认识。

（二）经营者竞争利益与消费者利益复杂交织对利益衡量的挑战

大数据领域，用户即消费者，较之于传统领域，消费者数据信息既是经营者竞争利益又是消费者利益，利益交织使问题变得更加复杂，不仅涉及不同利益的平衡考量，还涉及同一客体的两面性，既涉及合理开发利用，又涉及严守保护底线。大数据权利运用对消费者利益和消费者利益在行为正当性认定中的作用提出了严峻挑战。消费者数据信息不仅包含了大数据经营者重大的竞争利益，更是消费者群体和个人合法权益的重要组成部分。

对经营者而言，大数据权利运用中，各类互联网产品或服务之所以能够迅速产生广泛影响力、形成巨大的经营规模并吸引到大量的广告投放和投资，其中重要的原因就是大数据经营者能高效集聚大量用户，使“眼球经济”“注意力经济”最大限度地发挥成效，简言之，消费者数据信息能为大数据经营者带来巨大的经济利益。消费者数据信息的规模和质量不但反映了经营者网络平台中用户的活跃度、吸引力，掌握更多用户信息还意味着更大的用户规模，维持已有用户并不断吸引新用户，是大数据经营者经营发展的关键所在；同时，消费者数据信息又是经营者分析整理消费者需求，改进商品和服务，推出个性化定制产品，提升用户体验的重要来源。

对消费者而言，经营者对大数据权利的运用以消费者数据信息为基础，消费者数据信息大多可能涉及消费者隐私和非隐私个人信息，对消费者具有重要意义，数据信息收集、使用、转移的每一个过程都与消费者密切相关；而且，大数据权利运用涉及海量数据，对应海量消费者信息，牵涉面广，影响重大。由此，消费者利益因素受到挑战且变得更加重要。消费者有权在充分表达自由意志的情况下选择向此经营者而非彼经营者提供或不提供自己的数据信息，有权要求和了解经营者在授权范围内合理使用其数据信息，也有权充分了解经营者处分、使用自己数据信息的方式、范围，并对不合理的使用行为予以拒绝。

大数据领域，数据信息具有多重含义价值，由于用户即消费者，保护消费者数据信息是反不正当竞争法意义上尊重消费者权益的重要内容，具体包括是否损害消费者的隐私权，是否限制消费者的自主选择权，是否保障消费者的知情权等；对数据信息的保护和使用（限度、范围、方式）又是衡量经营者行为正当性的重要依据。

《反不正当竞争法》第1条明确了该法的立法目的，强调该法既要“鼓励和保护公平竞争，制止不正当竞争行为”，又要“保护经营者和消费者的合法权益”。反不正当竞争法对消费者利益的保护有两条路径：一是以“维护市场的良性有序竞争”来保护消费者利益。通过有效规制不正当竞争行为，规范市场秩序，使经营者只能通过积极改善自身商品或服务的价格与质量，赢得市场交易机会，而消费者也可以在此种“良性的竞争环境”中，实质感受“公平竞争”所带来的市场效果与消费者福利。二是“保障消费者自主选择权”，以确保消费者满意作为衡量商品或服务的终极标准，进而引导资源的有效配置。市场经营过程中所有产品流通的终端都最终指向消费者，消费者的满意度既是产品在市场运行过程中不可忽视的因素，更是经营者获取交易机会、赢得市场的基础，资源的有效配置就是为了在资源有限的情况下，实现“效率与分配”最优的组合。反不正当竞争法作为调整市场竞争行为的法律规范，不仅承担着维护健康有序的市场秩序和竞争环境的责任，同时也应坚持以消费者为本，考虑如何将竞争的效率转化为现实的消费者福利，而不是将竞争失败的后果转嫁于消费者。①

实践中情形很复杂，仍以“新浪微博诉脉脉不正当竞争案”为例，微梦公司虽然认为淘友公司抓取和使用数据的行为属于不正当竞争行为，但自身却不能掌握和说明淘友公司的获取方式，同样反映微梦公司对微博平台上超5亿注册用户数据信息的管理控制失当，缺乏完善的规范要求、有效的安全使用措施和成熟的技术保障能力。至于淘友公司，消费者一旦在注册为脉脉用户时向脉脉软件上传了个人手机通讯录，则与该通讯录联系

---

① 孔祥俊：《论新修订〈反不正当竞争法〉的时代精神》，载《东方法学》2018年第1期。

人相关的微博用户都会有一系列对应关系的展现，这些展现明显没有充分考虑消费者利益：淘友公司在服务协议中没有充分告知用户上传通讯录的要求及后果，且用户无权选择关闭相关对应关系或展示方式；未考虑和尊重微博用户对个人微博信息是否公开、如何公开的自主意愿，将使不愿通过手机号等方式查找到自己的微博用户在不明知的情况下因为在其他用户通讯录联系人中而间接暴露自己的新浪微博用户身份及信息；未提供共同好友展示状态的选择，使那些不愿出现在相关人脉圈的用户在不知情的情况下又间接地被关联。

此外，《反不正当竞争法》第 2 条在竞争秩序之后，接着强调了“其他经营者或消费者的合法权益”，较之于商业道德的“善变”和竞争秩序的“价值高度”，判断不正当行为正当性的可操作层面的标准是围绕“其他经营者或消费者”建立起来的，其他经营者利益和消费者利益哪一个更处于相对稳定的关系结构呢？“其他经营者”可能是特定对象，也可能是不特定对象；而反不正当竞争法语境下，侵害消费者利益中所指向的消费者不是特定消费者，而是消费者群体，即行为危害整个消费者群体的利益，因此，消费者利益处于相对稳定便于考察的结构之中，在评价时更应当发挥重要作用成为核心标准。[①]

（三）技术与创新带来的商业道德内涵的扩张与不确定

最高人民法院认为，要按照“经济人的伦理标准”来评判商业道德，因为商业道德“既不同于个人品德”，也不同于“一般的社会公德”。[②] 商业道德一直有很强的局限性：表现为道德标准的滞后性和限定性。一项具体的道德标准的确立，其过程是以“交易的实践”为前提，最终表达的是“长期互动而形成的一种均衡（状态或结果）”，往往在相当长时间的实践中受到认可才能凝练成为商业道德。道德标准又具有强烈的限定性，即时间的限定性和地域的限定性。道德标准随着时间的变化而变化，在大数据领域尤其如此，以及不同地域认可的道德标准并不相同。

---

① 刘继峰：《竞争法学》，北京大学出版社 2018 年版，第 386—387 页。

② 参见最高人民法院（2009）民审字第 1065 号民事裁定。

传统实体经济下的商业道德相对稳定，与大数据领域的商业道德存在较为明显的内涵差异性，且后者的内涵变动性较快。大数据产业依托互联网平台，以技术为中心，以创新为特征，这使得大数据领域商业道德的基础有别于传统领域中对商业习惯的认同与沉淀，有别于传统商业道德的人文精神倾向，而以“技术的更替”为基础，以创新为特征，导致商业道德更多的以“商业模式”的形式体现，并且很快随着技术的发展而不断被打破。[①]

商业道德具有天然的“开放性、抽象性、概括性与伸缩性”特征，最高人民法院虽然肯定了商业道德在认定不正当竞争行为中的关键作用，但依然未能明确具体路径，既往司法实践认定商业道德的路径大致可以总结为：

既有路径一，借助诚实信用原则阐释。以诚实信用原则和商业道德是“一般条款的核心要素”为理论依据，将两者共同作为不正当竞争认定的基础，认为商业道德是以诚实信用原则为核心建构起来的一系列商业惯例、交易习俗等行为规范的总称，从诚实信用原则入手解读商业道德，或者从诚实信用原则角度理解商业道德，将两者等同起来。比如新浪微博诉脉脉不正当竞争案中，法院将“商业上的诚信”解读为“最大的商业道德”；大众点评诉百度不正当竞争案中，法院认为公认的商业道德是诚实信用原则的集中“体现”，代表了司法实践中的一些普遍做法——将商业道德和诚实信用实质混同——将诚实信用原则落脚于商业道德，以遵守商业道德反推遵守诚实信用原则，以及以诚实信用原则考察经营者的主观状态与行为对其他经营者利益造成的损害。究竟如何理解商业道德与诚实信用原则两者之间的关系？这是认定商业道德时需要首先解决的问题。究其本质，商业道德代表的是特定时期、特定地域、特定行业交易中的商业惯例、善良风俗，与诚实信用原则有着本质区别。

既有路径二，以行业自律惯例作为商业道德的来源。典型的案例见于最高人民法院关于“3Q 大战”的终审判决：行业自律公约的制定主体一

---

① 刘继峰：《竞争法学》，北京大学出版社 2018 年版，第 386 页。

般是相关行业协会或自律组织；制定的目的是为规范该领域的市场竞争行为、保障市场竞争秩序，在市场竞争活动中向行业内的经营者行为提供指引或约束；制定的基础是归纳、总结该行业的竞争现象，结合该领域的竞争需求与行业特点。基于这样的背景，可以认为行业自律规范“常常体现该领域公认的商业道德及行为标准”，故可作为司法裁判中“认定行业公认商业道德与行为标准”的“重要渊源”。[①] 能否直接以行业自律惯例作为认定商业道德从而判断竞争行为的正当性的标准，应当从以下两个角度考察：其一，也是最关键的问题在于“将普遍上升为规范，对竞争而言意味着危险的限制”。[②] 这样将导致分析过程实质成为：违反行业自律惯例——构成违反商业道德——构成不正当竞争行为，实质将行业惯例上升为了法律，而行业惯例总结的过程与法律制定的过程完全不具有可比性。其二，关于制度内涵的一致性。即便该行为自律惯例确实贴近行业通行的实践，来源于对行业竞争现象的归纳总结，但是也未必等同于该行为契合竞争秩序，需要查证两者存在一致的制度内涵。由此，仅仅依据该行为满足行业普遍遵守的行业惯例的事实——何况是否普遍遵守还存在争议，得出该行为遵守商业道德的论断，进而推出行为具有正当性的结果，未免显得草率。行业自律惯例是可行的内容来源因素之一，但是应当附前提地适用。

既有路径三，司法创设具体细则进行认定。典型代表如前文提及的“非公益必要不干扰原则”，“百度与奇虎 robots 协议案”中法院提出的“协商通知原则”，“新浪微博诉脉脉不正当竞争案”中法院归纳的抓取数据“三重授权原则”等，司法实践创设细化规则是法院作出的积极有益尝试，增加了理论与实践探讨的空间。[③] 但是，个体思维、个案思维的有限性完全无法承载市场活动的复杂性、多样性，这些规则以个案为基础，以法官或合议庭的个体思维为基础，其提炼同样存在路径二中存在的问题，且既往的经验表明，司法创设的具体细则中依然引用了各种难以严格界定

---

① 参见最高人民法院（2013）民三终字第 5 号民事判决书。

② 蒋舸：《〈反不正当竞争法〉一般条款在互联网领域的适用》，载《电子知识产权》2014 年第 10 期。

③ 叶明、陈耿华：《反不正当竞争法视野下商业道德认定的困局及破解》，载《西南政法大学学报》2017 年第 10 期。

内涵和外延的概念，比如“公益”“必要”等，并缺乏对各种概念的合理界定。[①] 总之，法官在个案中直接提炼商业道德的认定规则有损法律适用的稳定性与可预测性，不但会导致裁判结果难以预测，而且我国没有遵循先例的传统，法官完全有可能各行其是，放纵自由裁量权。[②]

如前文所述，大数据背景下的商业道德，以技术的创新、更替为基础，内涵更加扩张和不确定。综观大数据的采集、存储、加工、分析、交易和迁移等各个阶段，都离不开技术的支持与规则的统一。大数据强烈的技术性一方面意味着与技术的发展密不可分，另一方面也意味着以标准化协议为代表的技术规范在某种意义上应当成为法律规范的技术基础，商业道德必然无法回避技术规范，但技术规范本身的提炼又具有不确定性。

就技术先进性竞争而言，众所周知，“摩尔定律”揭示了信息技术更新换代的速度：一则在价格保持不变的情况下，集成电路上可容纳的晶体管数目，约每隔 18 个月增加一倍，性能也将提升一倍；二则从另一个角度观察，每一美元所能购买到的计算机性能每隔 18 个月也将翻两倍以上，相同性能的计算机价格也将下降一倍以上。摩尔定律不仅在硬件领域得到了验证，在软件领域亦同样如此。[③] 在网络外部性条件下，技术需求方的新技术采用、技术供给方的技术创新激励都可能表现出过强的动力。[④] 尤其是当一种技术上升为“标准”的时候，更能够锁定绝对的技术优势，锁定大量的用户群，造成“赢家通吃”的竞争状态。而依靠技术进行的不正当竞争又往往具有两个特点：一是不正当竞争行为便于开展，成本低廉且迅速便捷，尤其是通过网络，轻易能够实现一键完成；二是从证据上更加难以查实和认定。

---

① 吴太轩、史欣媛:《互联网新型不正当竞争案件审理中商业道德的认定规则研究》，载《现代财经》2016 年第 1 期。

② 叶明、陈耿华:《反不正当竞争法视野下商业道德认定的困局及破解》，载《西南政法大学学报》2017 年第 10 期。

③ 王永强:《网络商业环境中竞争关系的司法界定——基于网络不正当竞争案件的考察》，载《法学》2013 年第 11 期。

④ 史晋川、刘晓东:《网络外部性、商业模式与 PC 市场结构》，载《经济研究》2005 年第 3 期。

大数据以技术（算法）为基础，又以技术为运行的保障。我们必须承认和无法回避技术与大数据之间相伴相生、密不可分的关系，特定的技术规范（协议）能够有效保障互联网行业的健康运行与发展；但运用技术必须认识到其特殊性，特别是将技术规范作为商业道德的内容来源，用于评价竞争行为正当性时，应当格外审慎。技术规范具有“天然的自律性、中立性、松散性和变动性”，会因为科学技术的迅猛发展乃至迅速更迭而不断地改变，技术规范会不断受到冲击。如果把特定技术规范上升为反不正当竞争法层面商业道德的内核，该技术规范被赋予了法律上的强制性，将对该行业的竞争者造成普遍影响，故更应当对其“可行性与现实性”予以考量。在判断“技术规范”能否成为商业道德的内容来源时，至少应当从以下四个方面进行评估：一是特定技术规范产生的背景、原因，可能影响的经营者群体范围、持续时间；二是特定技术规范的实际应用对行业可能产生的实际效果和对行业发展潜在的影响；三是特定技术规范对竞争秩序产生和可能产生的影响；四是特定技术规范与商业道德、竞争秩序的内涵是否具有一致性。①

保护经营者及诚实商人的标准是反不正当竞争的逻辑起点，反不正当竞争法最初是作为“保护诚实商人的特别法”而出现的，诚实商人是该法的传统保护对象，而所有诚实商人均认为不正当的行为是很难具有正当性的。在现代法的背景下，仅考虑诚实商人利益是不够的，消费者利益的保护与否更加成为认定竞争行为正当性的重要考量因素，引入消费者保护是反不正当竞争现代化的重要标志。也并不是不存在一些行为，虽然在特定经营领域被经营者普遍认可，但依然被其他市场主体认为具有不正当性，这乃是源于群体利益的局限性。这种情况下，必须对实际的行为标准进行“伦理矫正”，伦理标准的矫正意味着消费者利益不能受到无谓的损害，消费者群体利益早已是不正当竞争行为的重要判断依据。②

---

① 孔祥俊:《论反不正当竞争法的现代化》，载《比较法研究》2017 年第 3 期。
② 孔祥俊:《论反不正当竞争法的现代化》，载《比较法研究》2017 年第 3 期。

（四）对不正当竞争行为分析结构的挑战

理想状态下，不正当竞争行为的分析结构分为两种情形：一是反不正当竞争法类型化了的“有名行为”；二是反不正当竞争法没有类型化的“无名行为”。在法的适用逻辑中，类型化条款优于一般条款，新法修改后增加了“互联网专条”，依然没有能够将数据竞争行为彻底的类型化，只能采用具体的利益衡量的方法进行分析，而大数据背景下的商业道德具有易变性，竞争秩序更是一种立法价值。

对于类型化了的“有名行为”，直接采取行为规制的分析结构。类型化是对不同事物去除个别特征提取共同性的过程，共同性既可以包括内部因素也可以包括外部因素，可以是该类事物具有的某些共同属性，也可以是该类事物应当被一致对待。类型化是进行概括的思维逻辑，但远不及概念体系那么高度抽象，类型化的最大优点在于把握同类事物的共同属性，并以此与不同类事物行为进行区分，类型化是人类认识和把握世界的基本途径。反不正当竞争法对“有名行为”的类型化列举规范是将在实践中多次反复出现的行为上升为行为规范而建立起来的，结构内容比一般条款丰富且针对性强，属于典型的法律规范，包含假定、处理和制裁完整的三部分。反不正当竞争法的具体条款大致构建了一个“违背商业道德—损害竞争秩序”的认定不正当竞争行为的基本框架，如商业标志混淆、商业贿赂、虚假宣传、侵犯商业秘密、不正当有奖销售、商业诋毁这样的行为在商业道德与损害竞争秩序、效率上具有较为明显的一致性。但是，类型化的缺点在于认识的不完全性和滞后性。

对于没有类型化的“无名行为”，包括大数据权利运用的各种行为，由于大数据信息、数据技术比以往任何实体资源都具有更强的不确定性，使得现有制度规则在解决数据竞争纠纷上略显乏力。在法的适用上，从商业道德上评价大数据权利运用行为，因商业道德的内涵急剧扩张且具有不确定性，数据使用行为的效果也很不确定，需要考虑经济意义上的市场竞争和规范意义上的法律规制所涉及的多种复杂因素和多重利益关系，很难简单沿用类型行为的分析框架作出判断。对消费者利益的保护路径，也要将重心从前端转向后端，即从消费者的同意转向数据使用者的使用行为，从规范数据使用行为入手保护消费者利益。[①]

进一步分析评价结构，基本结构是前述的“原则 + 商业道德 + 竞争秩序”，《反不正当竞争法》第 2 条规定了四个同序位的原则，但是，在具体案件中，原则是可能发生冲突的，比如符合自愿原则的未必符合公平原则；同样，商业道德和竞争秩序也是需要落实到具体的竞争关系中来判断，如前所述，大数据背景下的商业道德具有易变性，竞争秩序更是一种立法价值。那么，有没有“形而下”的标准？根据《反不正当竞争法》第 2 条“损害其他经营者或者消费者的合法权益的行为”，以及第 12 条“经营者不得利用技术手段，通过影响用户选择或者其他方式，实施下列妨碍、破坏其他经营者合法提供的网络产品或者服务正常运行的行为”的规定，形而下的标准应当是是否损害“经营者或者消费者的合法利益”。进一步说，在经营者和消费者之间，大数据背景下的消费者群体较之其他经营者又会是一个更为稳定的对象，某种竞争行为危害的消费者利益只能是群体利益，而不会是特定消费者个体的利益，经营者则不然，可能是特定对象，也可能是不特定的对象，因此，“消费者利益标准”会成为更具有优势地位的标准。[②] 无论是法院在“海带配额案”中归纳的适用《反不正当竞争法》第 2 条应当具备的条件，还是法院在此基础上又在“新浪微博诉脉脉不正当竞争案”中归纳的新增条件，均指向一个核心，那就是消费者合法权益，尤其是消费者的长期利益。

二、竞争行为正当性评价理论的矫正

在法院对数据抓取行为的正当性评价中，对商业模式的“权利式保护”，“非公益必要不干扰原则”对竞争行为性质的不当推定，以及一系列在裁判中固守的观念，都反映了裁判者对不正当行为认定基本原理的不充分、不恰当的认识，有必要予以反思。不正当竞争行为的认定理论，应当包括反不正当竞争法的基本理念、价值判断、认定方式和利益衡量四个部分。

---

① 丁文联:《数字经济时代数据性质、产权和竞争》，载《财经问题研究》2018 年第 2 期。

② 刘继峰:《竞争法学》，北京大学出版社 2018 年版，第 387 页。

（一）背离市场机制之静态竞争观

2013年，在“百度与360插标不正当竞争案”中，北京市高级人民法院提出并强调，互联网竞争中，以优先保护公共利益为目的对干扰手段的必要性与合理性进行审查的思路，并将其概括为非公益必要不干扰原则。一方面，将干扰他人互联网产品或服务的运行限定在以下框架中：“出于保护网络用户等社会公众的利益的需要”，并“应当确保干扰手段的必要性和合理性”；另一方面，法院认为一旦超出了前述框架，则应当认定行为违反了自愿、平等、公平、诚实信用和公共利益优先原则，违反了基本商业道德。[①] 在随后的“猎豹浏览器屏蔽优酷网视频广告案”[②] 和“极路由视频广告屏蔽不正当竞争案”[③] 中，“非公益必要不干扰原则”被重申。此后，北京市高级人民法院发布“2015年度北京市法院知识产权司法保护十大创新性案例”时，针对“极路由视频广告屏蔽不正当竞争案”表示“技术革新应当鼓励，但对技术的使用不能突破法律限制。非因公益必要，经营者一般不得直接干预他人的经营行为。使用‘屏蔽视频广告’插件看似符合消费者眼前利益，但长此以往必将导致视频网站经营者‘免费广告’的商业模式难以为继，从而向收费模式转变，最终也将损害消费者的长远利益”。北京市海淀区人民法院也在《关于网络不正当竞争纠纷的调研报告》中论述关于法院是否可以主动界定特定商业领域的竞争规则时，作为论据陈述了“非公益必要不干扰原则”已成为“审判中得到遵循普遍认同的一项原则”。[④]

这一原则在提出之后迅速引起了激烈的争论，最具代表性的观点可以归纳为：第一，以“干扰”这样的“非中性词汇”来描述新型网络现象本身就属于“有罪推定”，预设了相关行为的不正当性。[⑤] 第二，在这一原

---

① 参见北京市高级人民法院（2013）高民终字第2352号民事判决书。

② 参见北京市第一中级人民法院（2014）一中民终字第3283号民事判决书。

③ 参见北京知识产权法院（2014）京知民终字第79号民事判决书。

④ 海淀法院课题组:《北京市海淀区人民法院关于网络不正当竞争纠纷案件的调研报告（三）》，载微信“知产力”公众号，2016年8月12日发布，https://mp.weixin.qq.com/s/DGPbk2GAvh7FUNJCuuiHig，2018年12月8日访问。

⑤ 薛军:《质疑“非公益必要不干扰原则”》，载《电子知识产权》2015年第Z1期。

则中，“干扰”和“公益”两个核心概念本身也存在逻辑矛盾——一个行为如果是干扰行为，何来公益性；而如果确实是出于公益目的所实施的行为，又怎么会是干扰行为。[①] 第三，这一原则的适用还将导致“举证责任转换”的问题。基于保护有效竞争的需要，竞争法的逻辑前提是推定竞争行为合法并予以保护，主张对方竞争行为属于不正当竞争的，应承担举证责任，但“非公益必要不干扰原则”却把经营者之间正常的竞争行为都预设为“一种干扰行为”，经营者需要举证证明自身行为乃是出于维护公共利益的目的而进行的干扰，完全背离了原有的举证责任分配规则[②]，竞争法保护竞争的宗旨将无从实现。第四，经营者参与市场经营活动的终极目的在于追逐利益。经营者向消费者提供免费产品和服务，乃是为了培育市场和消费习惯；经营者遵守商业道德，乃是服从于“商业道德好用”的实践需求。经营者的任何行为出发点都不会只是为了公益目的，将经营者竞争行为的目的拔高为“公益目的”，本身就是脱离实际的，这也是不同于后文所将论述的在良好运行的市场之中，经营者对私益的追求行为客观上能够实现公益的结果。第五，“禁止干扰”赋予了所有网络产品和服务极强的排他性——比赋予著作权等权利有过之而无不及，而绝对权的类型和内容必须法定，实际上这种赋权从现行法上找不到这样的排他性支撑。[③] 第六，更有观点经过深入剖析认为，它涉及反不正当竞争法“基本的竞争观和方法论，触及市场竞争的深层理念和运行机制，涉及不正当竞争判断的根本标准”。[④]

法院提出“非公益必要不干扰原则”，实际默示了一个前提，那就是经营者产品或服务的运行不应当受到不必要、不合理的“干扰”，经营者的商业模式应当得到尊重。可以认为这反映了一种“静态”的竞争观，要求“经营者之间一般不得直接干预他人的经营行为”。

---

① 黄勇：《论互联网不正当竞争的“新边界”》，载《电子知识产权》2015 年第 Z1 期。

② 薛军：《质疑“非公益必要不干扰原则”》，载《电子知识产权》2015 年第 Z1 期。

③ 宋亚辉：《网络干扰行为的竞争法规制——“非公益必要不干扰原则”的检讨与修正》，载《法商研究》2017 年第 4 期。

④ 孔祥俊：《论反不正当竞争的基本范式》，载《法学家》2018 年第 1 期。

首先，从文义的角度出发，分析“竞争”和“干扰”这两个概念。在市场中，竞争应当是常态，是法律保护的状态，是持续的、动态的，当具体的某一竞争行为具有不正当性时，法律才予以规制，由此，法律对不正当竞争的规制是一种例外的、需要特别论证的情形，而对于竞争的保护是一种普遍的、常态的情形。“干扰”一词在现代汉语中有两层意思：一为“扰乱、打扰”；二为信号接收妨碍。不难看出，干扰一词具有负面评价属性。在“非公益必要不干扰原则”中，竞争行为被预设和默示为一种“干扰行为”，在这一语境下，竞争行为属于干扰行为是常态，只有为公共利益需要的干扰才具有正当性[①]，否则不应干扰其他经营者产品或服务的运行。将竞争预设为干扰，既扭曲了反不正当竞争法的立法宗旨，也违背了不正当竞争行为认定中论证责任的分配规则。

其次，竞争是动态的而不是静态的。经营者之间和平共处、自由竞争，除非特定事由经营者之间互不干扰，产品和服务由消费者自主选择——这种静态的竞争观是对市场竞争的“乌托邦”式的理想描述，市场竞争是不可能如此祥和的。[②] 按照“非公益必要不干扰原则”的设想，经营者之间的经营行为互不交叉，各自在自身的“小圈子”里安静活动，不干扰他人。实际上，市场竞争不但互相交织还具有强烈的对抗性。竞争不仅包括平行竞争、超越式竞争，还包括错综复杂的嵌入式竞争，前两者只是竞争的一个侧面，并非全貌，激烈的甚至“你死我活”的竞争才能维持市场的生命力。同时，竞争这个词意味着“努力在生产与自愿交易中胜过竞争者”，“一个好的竞争概念是建立在对抗的基础上的”。[③] 对竞争的属性认识应当秉持一种动态、效率的竞争观，反映动态竞争的实际——由“看不见的手”引导资源有效配置，呈现协调的内在秩序和动态过程。

用于判断竞争行为的正当性的、动态的竞争观对于不正当行为认定理论具有十分基础的意义：如果认为市场竞争是以“动态的过程”而非固守“静态的条件”来维护市场有序运行，就会认为市场行为虽然看似各异，

---

① 薛军：《质疑“非公益必要不干扰原则”》，载《电子知识产权》2015 年第 Z1 期。

② 孔祥俊：《论反不正当竞争的基本范式》，载《法学家》2018 年第 1 期。

③ ［美］布里安·P. 辛普森：《市场没有失败》，齐安儒译，中央编译出版社 2012 年版，第 59 页。

但其本质都是在市场的内生机制之下协调有序动态运转，干预只是例外，而非常态，竞争行为应当推定具有正当性；而如果认为市场竞争需要固守“静态的条件”，就会认为市场自发竞争行为是混乱无章的，竞争行为应推定具有不正当性，必须加强管制。仍以“新浪微博诉脉脉不正当竞争案”为例，在微梦公司缺乏证据证明淘友公司存在绕过 Open API 接口非法抓取相关信息的情况下，一审法院就淘友公司如何获取职业信息、教育信息的技术手段没有查明，就直接认定“不论二被告采取何种技术措施，都能认定二被告在双方合作期间存在抓取涉案新浪微博用户职业信息、教育信息的行为”，从而认定行为具有不正当性，就是例证。

由此，不正当竞争行为认定理论需要回应的首要问题就是竞争究竟是动态的还是静态的，市场竞争究竟是以“动态的过程”还是以“静态的条件”来维护市场有序运行，对市场竞争应当以干预为常态还是以让市场自行解决自身问题为常态，最后落实到对市场竞争行为的认定是推定正当还是推定不正当。

（二）承担竞争性损害责任的前提与基础

依然从法条文义出发，我国《反不正当竞争法》第 2 条第 2 款规定，“本法所称的不正当竞争行为，是指经营者在生产经营活动中，违反本法规定，扰乱市场竞争秩序，损害其他经营者或者消费者的合法权益的行为”。可见，在此语境下，竞争性损害本身并没有是与非的色彩，不是判断竞争行为不正当性的决定性因素，还需要符合特定的条件。

市场竞争中，经营者客观追求的是私益的实现，立法者希望通过保障竞争机制的有效运行，使得通过经营者追求私益的行为从结果上客观实现公益的目的。这样，一个运行良好的市场机制，犹如一部复杂而精良的机器，通过价格等市场内生机制来协调各种经济活动，以引导经营者通过对私益的追求最终增进公共福利。[①] 这就构成了市场的一个具有内在逻辑的体系——对私益的追求其实能够促进公益。允许经营者最大限度地追求私益，正是市场竞争的激励之所在。在追求私益的过程中竞争愈加激烈，而激烈

① ［美］保罗·萨缪尔森、威廉·诺德豪斯：《萨缪尔森谈效率、公平与混合经济》，萧琛主译，商务印书馆 2012 年版，第 68 页。

的竞争带来了技术、商业模式、管理方法的创新，提高了市场效率，增进了消费者福利，从而实现了公益。基于上述理由，立法者鼓励和保护竞争，鼓励和保护经营者最大限度地追求私益。

与竞争相伴的是损害，市场竞争中，竞争与损害相伴而生、如影随形，市场竞争奉行的优胜劣汰、适者生存的法则，本身就是默许损害，甚至可以说，市场经济越发达，则竞争越激烈、损害越大。

基于对竞争的保护和对损害与竞争相伴而生的客观规律的认识，一般认为，竞争性损害是中性的，也就是说，竞争行为给其他经营者造成损害是常态，竞争性损害本身通常不构成评价竞争行为正当性的倾向性要件，只有法律所关注的特定的损害才成为不正当竞争的考量因素。

美国《不正当竞争法重述》（第三版）第 1 条规定，由于反不正当竞争奉行“自由竞争原则”和“促进竞争的规则”，“竞争自由其实暗含了一种可以诱使潜在客户与自身交易而不与竞争对手交易的权利”，这种权利常被称为“竞争特权”。同时，“竞争自由必然意味着损害市场上其他参与者商业关系的可能性”，应当明确，除非符合特别规定，“凡从事商业或者贸易在商业关系中造成他人损害的，不需要对该损害承担责任”，“应承担责任的情形仅适用于因被认定为不正当的特定的竞争方式所造成的损害”。[①] 总之，这一规定对不正当竞争行为采取了“负面清单”的做法，竞

---

① CHAPTER 1. THE FREEDOM TO COMPETE § 1. General Principles One who causes harm to the ommercial relations of another by engaging in a business or trade is not subject to liability to the other for such harm unless: (a) the harm results from acts or practices of the actor actionable by the other under the rules of this Restatement relating to: (1) deceptive marketing, as specified in Chapter Two; (2) infringement of trademarks and other indicia of identification, as specified in Chapter Three; (3) appropriation of intangible trade values including trade secrets and the right of publicity, as specified in Chapter Four; or from other acts or practices of the actor determined to be actionable as an unfair method of competition, taking into account the nature of the conduct and its likely effect on both the person seeking relief and the public; or (b) the acts or practices of the actor are actionable by the other under federal or state statutes, international agreements, or general principles of common law apart from those considered in this Restatement. Restatement (Third) of Unfair Competition, Current through June 2009, American Law Institute, 1995. 美国法律协会（ALI）根据历史上的裁判要旨整理的法条式的陈述。

争者仅对明确列举的行为所造成的损害承担责任，即对竞争性损害以承担责任为例外，不承担责任为原则。

仍以“猎豹浏览器屏蔽优酷网视频广告案”为例，法院还提出这样的观点：维护合法有序的竞争秩序的基本要求在于确保竞争环境下“每个经营者合法的经营活动和经营利益不受损害”。经营者经营活动和商业模式的改变，可以来源于其他经营者“通过发展并改善自身”而从客观上造成的“影响”，但不应来源于其他经营者的“破坏行为”。[①] 实际上，每一个经营者的正常经营活动都正在且必将不断遭受竞争性损害，法律只有在例外的情形下才对竞争性损害作出负面评价，即不正当行为产生的损害。前述观点，既未能实际描述和反映竞争的真实面貌，也颠倒了竞争性损害不承担责任为原则、承担责任为例外的逻辑关系。该案中法院关于商业模式的论述亦值得探讨：商业模式的优劣理应由市场选择决定，而非由其他经营者以破坏性手段，采取“丛林法则”竞争方式进行评判。所谓丛林法则，一般理解为物竞天择、优胜劣汰、适者生存、弱肉强食。丛林法则就是动态竞争的真实常态，破坏也是一种损害的常态，破坏不必然地成为负面评价的理由。

如果不能准确把握“竞争性损害中性原则”，则可能使不正当竞争认定扩大化，出现过度干预竞争的倾向，过度干预则会以消费者利益为代价让不具备竞争优势的经营者免受竞争压力的鞭打，削弱市场竞争，进而实质性地损害消费者福利。

从另一角度看，不仅损害是中性的，法益同样是中性的，因为侵害法益并不必然导致行为具有不正当性，仅从法益损害本身不足以推定行为的不正当性。损害中性和法益中性是一个问题的两个方面，互为因果。理解法益中性同时又与理解反不正当竞争法立足于行为的正当性密切相关：反不正当竞争法立足于竞争行为的正当性，而不是立足于静态的法益。竞争是对交易机会的争夺，法益中性最典型的体现是对待商业机会的保护态度：商业机会本质上是中性的，无所谓保护与不保护，不具有专有性和排

① 参见北京市第一中级人民法院（2014）一中民终字第3283号民事判决书。

他性。“海带配额案”中，最高人民法院就商业机会论述如下：

在反不正当竞争法框架下，利益的“应受保护性”并不意味着该利益受损就必然获得民事救济，如商业机会，具有该法下的应受保护性，但并不受到等同于权利的保护，欲获得民事救济，还要关键性地证明被诉行为的“不正当性”。①

（三）行为不正当性之起点

竞争性损害中性原则揭示了损害本身并没有是与非的色彩，不是判断竞争行为不正当性的决定性因素；法益中性原则同样意味着法益损害本身不意味着行为的不正当性。不正当竞争行为的起点究竟是法益还是客观规范，是存在争论的：一种观点认为，界定不正当竞争行为的起点是利益，该利益如果是法律保护的利益，则侵害它的行为构成不正当竞争行为。知识产权法和反不正当竞争法的边界就是权利和利益的区别，权利是法律确定要保护的成熟的利益，具有稳定性，知识产权法保护权利；那些应当保护的但还没有上升为权利的利益，具有不稳定性，由反不正当竞争法予以保护。另一种观点认为，不正当竞争行为的起点是客观规范，在反不正当竞争法中法益通常无所谓保护和不保护，法益保护并不是立足点，这是与侵权法中权利保护的重要区别。反不正当竞争法正是以“一般条款+具体条款”的体系对不予认可的行为进行明确列举，当我们界定某种行为是否正当的时候，不应“脱离行为本身”而“指向行为的对象”。按照哈特的内部规则的概念，将正当性的判断标准界定在外部是一种政治哲学的视角，而不是法学的视角，这种视角并不能从法律上提供合法性。②

与一般侵权行为有本质区别，不正当竞争的构成不以损害特定法益为根本要件，损害是竞争的常态，不正当竞争行为的违法性在于“行为本身的违法性”，至于法益是否受到保护只是需要考量的因素之一。

---

① 孔祥俊：《论反不正当竞争的基本范式》，载《法学家》2018年第1期。

② 李雨峰：《互联网不正当竞争行为的判定》，载《重庆邮电大学学报（社会科学版）》2016年第1期。

（四）行为正当性判断的利益衡量

竞争的消极一面和积极一面是相伴相生的，只是历史上其消极的一面比积极的一面显露迟滞。竞争曾经一度被神化，竞争机制被认为可以解决市场中的一切问题。其实，竞争既可以创造财富，也可以摧毁财富，竞争具有两面性。其一，竞争有调节功能，建立在价格机制与供求机制共同作用的基础上，以供求和价格变化影响生产者和消费者行为，通过引导资源从生产效率低的用途流向生产效率高的用途，进而调整经营者的生产结构；但这种调节机制又不会永远有效，随着产品替代性增强和企业规模差距增大，决定价值规律的供求关系加入了干扰因素，改变了竞争机制自发调整过程和结果的单一线性关系，与此相伴，部分经营者的行为方式会发生转变，着眼于短期利润和规避风险。其二，竞争有鼓励创新功能，经营者通过研究开发并将创新成果投入生产可以获得竞争优势，一般认为，竞争促进创新，具体包括技术创新和组织创新；但是竞争在发挥创新功能的同时，又会附带反竞争的问题，创新者可能限制他人权利或剥夺他人利益等。①

竞争的两面性决定了必须通过利益衡量的方式对其边界进行判断。法律的类型化规则明确规范的行为都是我们通常说的“本身违法行为”，除此之外，需要依据一般条款进行认定的行为则应当通过利益衡量以决定其正当性，那么，具体应当衡量哪些利益？

仍以“猎豹浏览器屏蔽优酷网视频广告案”为例，作为互联网屏蔽广告案有较大的探讨空间，商业模式究竟能上升到何种程度来保护。法院认为金山公司主观上“有破坏合一公司正当经营活动的故意”，对“猎豹浏览器的开发及提供行为与该过滤后果具有直接关联关系”，行为“客观上造成了破坏合一公司正常经营活动的后果”，由此得出结论金山公司“开发并提供被诉猎豹浏览器的行为构成对合一公司经营活动的破坏”。这样的思路接近于一般侵权行为的判断思路：在论述合一公司“免费观看 + 广告”的商业模式的合法性的前提下，进一步论述金山公司的主观故意和因

---

① 刘继峰：《竞争法学》，北京大学出版社 2018 年版，第 7—9 页。

果关系、损害后果，最终得出结论。这样的分析结论在行为判断的利益考量上留白了以下问题：第一，经营者的行为是否改进了消费者体验，增加了消费者自主决定权或自主选择权；第二，经营者的行为是否有利于提高效率；第三，经营者的行为是否符合自由创新，是否有利于鼓励创新；第四，竞争行为是否威胁到了竞争者的根本利益或生存，规制该竞争行为是否会影响到竞争者的根本利益或生存。这些问题恰恰是行为正当性判断利益衡量的关键，不正当竞争行为的正当性判断必然是不同于一般侵权行为的判断思路的。

以一般条款认定法律未予类型化的竞争行为，需要考虑“经济意义上的市场竞争”与“规范意义上的法律规制”所涉及的多种复杂因素和多重利益关系，尤其是要尽可能列出全面和深层次的因素。市场竞争本身是复杂的，不宜把复杂的问题简单化处理，否则很可能失之武断、短视和偏颇。[①] 仍以“非公益必要不干扰原则”为例，简单而臆想地使用“公益”标准会导致不正当竞争案件“价值判断和利益衡量”的明显错误。激烈的市场竞争，往往都是为了追求经营者自身利益的最大化，至于不正当竞争行为的认定，本质上也是私主体之间的“利益划界和平衡问题”，至于竞争过程带来的技术推动、消费者福利增加都只是竞争的“间接结果”，不是经营者通过竞争直接追求的目的，也不是竞争的直接结果，市场竞争本身就是为了私益而争夺交易机会，公益只是在经营者追求私益时“间接”得到实现的。因此，在对竞争行为的正当性判断时，以“公益”为直接标准，实际上是对处理此类案件“价值判断基准的偏离”，把本来属于“私主体之间”的“利益划界和平衡”转化为一个“公共利益的确认与保护”问题，与此类案件民事诉讼的本质不相吻合，而恰恰这并不是不正当竞争行为认定时的主要考虑因素。[②] 对“公益”原则的正确理解，应当回到诚实信用原则的基本框架下，将公共利益放在一个合理的利益权衡框架内，在追求自身利益的同时，兼顾他人合法利益及公共利益。

---

① 孔祥俊：《论反不正当竞争的基本范式》，载《法学家》2018 年第 1 期。

② 薛军：《质疑“非公益必要不干扰原则”》，载《电子知识产权》2015 年第 Z1 期。

第三节 不正当竞争行为认定的前提：竞争关系的再认识

一、竞争关系的传统理论

（一）竞争关系的学说及发展

竞争法调整的是竞争关系，竞争关系是特殊的主体关系，其特殊性源于客体关系的限定条件。作为竞争的市场结构特征和行为特征是：在一个市场中必须存在众多独立的竞争参与者，竞争参与者的兴趣和目标是通过互相争夺实现交易。理解竞争关系的基本路径包括理解主体关系和客体要件：从主体构成上说，竞争关系至少需要两个或两个以上生产或销售的经营者或购买者；从客观条件上说，竞争必须发生在企业生产经营销售过程中。[①] 在对反不正当竞争法的理解与适用中，竞争关系有广义和狭义的不同学说。

1. 狭义竞争关系的理解：同业竞争说

“狭义的竞争关系说”认为，竞争关系存在于“商品或服务具有替代关系”的经营者之间，竞争关系是此类经营者之间争夺“市场交易机会”的关系。“替代性”是狭义的竞争关系说的核心要素，因此，所提供商品或服务“互不相同、不具有替代性”的经营者之间不存在竞争关系，其之间发生的侵权行为不属于不正当竞争行为。[②] 此种理解将竞争关系界定为“同业竞争关系”，主要依据在于——1993 年《反不正当竞争法》在对“市场混淆”“低价倾销”“商业诽谤”等具体不正当竞争行为的规定中将侵害对象明确为“竞争对手”[③]，那么，基于法律规定对“竞争对手”的要求，法学研究和司法实践中一度以存在同业竞争关系为认定不正当竞争行为的前提。

2. 广义竞争关系的理解：同业竞争 + 违背竞争原则

随着经济社会的迅猛发展，狭义的竞争关系说导致类型各异的新类型

① 刘继峰：《竞争法学》，北京大学出版社 2018 年版，第 3—5 页。
② 孔祥俊：《论反不正当竞争法中的竞争关系》，载《工商行政管理》1999 年第 19 期。
③ 参见 1993 年《反不正当竞争法》第 5、11、14 条等规定。

竞争行为完全无法纳入反不正当竞争法规制的范围，不得已对竞争关系进行更宽泛的理解。2004 年 11 月，在“全国法院知识产权审判工作座谈会”上，时任最高人民法院副院长曹建明提出：竞争关系是取得经营资格的平等市场主体之间在竞争过程中形成的社会关系。所谓竞争关系，一般是指经营者经营“同类商品或服务”，如果经营的业务虽不相同，但其经营行为违背了《反不正当竞争法》第 2 条规定的“竞争原则”，也可以认定经营者间存在竞争关系。[①] 这代表了司法机关全面突破对传统竞争关系的狭义理解，以《反不正当竞争法》第 2 条的竞争原则作为认定经营者是否存在竞争关系的依据。

广义的竞争关系说也逐步得到学界的认同：王先林教授认为，在反不正当竞争法领域，竞争关系往往指广义上的竞争关系。郑友德教授认为，应当改变将经营者之间存在竞争关系“作为认定不正当竞争行为构成要件的前提”的狭隘观念，对竞争关系作广泛理解。[②] 叶明教授认为，假如我们在规制互联网不正当竞争行为时，能与时俱进、本土化移植国际通行做法，对竞争关系作广义理解，不再要求限于同业竞争者，并不再以此为起诉和受理的先决条件，必将提高互联网市场竞争的有序性，也顺应趋势与国际接轨。[③]

1979 年修正的《保护知识产权巴黎公约》(Paris Convention for the Protection of Industrial Property)(以下简称《巴黎公约》)代表了界定不正当竞争行为的传统模式,《巴黎公约》第 10 条之二第 2 项“凡在工商业事务中违反诚实的习惯做法的竞争行为构成不正当竞争的行为”规定，意在制止不正当竞争、规范“同业竞争关系”。这种过于严格的解释必然限制了其适用范围，所以各方面需求一直在不断谋求柔化对这一严格的限制，认为不同领域的经营者之间也可以构成竞争关系，或者只需有间接的

---

① 参见曹建明在“全国法院知识产权审判工作座谈会”上的讲话:《加大知识产权司法保护力度依法规范市场竞争秩序》，2004 年 11 月 11 日。

② 郑友德、杨国云:《现代反不正当竞争法中“竞争关系”之界定》，载《法商研究》2002 年第 6 期。

③ 叶明、陈耿华:《互联网不正当竞争案件中竞争关系认定的困境与进路》，载《西南政法大学学报》2015 年第 1 期。

竞争关系即可，甚至发展为并不要求当事人之间存在竞争关系，而只是要求不正当竞争行为应当与贸易有关，也就是属于竞争行为并因其扭曲自由竞争而应当承担责任，即使当事人相互之间不具有竞争关系，如实质违反了“工商业领域的诚实惯行”，也可以自由给予制止不公平贸易行为的保护。[①]1996 年，世界知识产权组织国际局出版了《反不正当竞争示范法》及其注释，在 1.06 中明确规定该示范法也适用于经营者之间“没有直接竞争关系”的情形，理由为即便行为不是直接针对竞争者时，也会间接影响到市场竞争。[②]

通过对比可以发现，《巴黎公约》第 10 条之二第 2 项限定了“任何竞争行为”，而《反不正当竞争示范法》并未要求所调整的行为必须是竞争行为，这意味着《反不正当竞争示范法》能够适用于行为人与利益受损害者之间不发生直接竞争的情形，可以适用于并不直接针对竞争对手但增强经营者市场竞争力的行为。放弃竞争关系的严格要求，可以清楚地表达反不正当竞争法已不限于关注经营者竞争利益，还关注消费者利益。

美国《联邦贸易委员会法》（*Federal Trade Commission Act*，1914）第 5 条最初规定：“对于商业活动中的各种不正当的竞争方法”，均就此宣布为非法。1938 年，该条表述被修订，调整范围扩大至“商业活动中的各种不公平的竞争方法和不公正或欺骗性的行为或做法”。1975 年，该条表述再次被修订，“对于商业中和影响商业的各种不公平的竞争方法和不公正或欺骗性的行为或做法”，均就此宣布为非法。[③] 两次修订，将许多并不直接损害竞争对手权益的行为纳入调整范围，“不公正或欺骗性的行为

① 转引自孔祥俊：《论反不正当竞争法的现代化》，载《比较法研究》2017 年第 3 期。

② 孔祥俊：《〈反不正当竞争示范法〉及其注释》，载《工商行政管理》1998 年第 10 期。

③ 1914: Section 5. That unfair methods of competition in commerce are hereby declared unlawful. 15 U.S.C. § 45 (1914).

1938: Section 5 (a) Unfair methods of competition in commerce, and unfair or deceptive acts or practices in commerce, are hereby declared unlawful.

1975: Section. 5 (a). (1) Unfair methods of competition in or affecting commerce, and unfair or deceptive acts or practices in or affecting commerce, are hereby declared unlawful.

或做法”（unfair or deceptive acts or practices）、“影响商业的”（affecting commerce）等用语均是竞争关系扩大化的体现，并非只有竞争对手才能从事不公正或欺骗性的行为，非竞争对手亦能对商业活动产生影响——可见美国司法实践对不正当竞争行为中的竞争关系亦持广义解释态度。[①]

当前，大多数国家已不再将竞争关系作为确定不正当竞争行为的要件，如德国、比利时、捷克、丹麦、荷兰等，放弃竞争关系的严格要求是反不正当竞争法的保护对象由单一竞争者到多元对象转变的直接结果。少数国家依然要求以竞争关系为认定条件，如奥地利、法国、希腊。还有一些国家要求视案件具体情况确定，如卢森堡和葡萄牙。[②]

（二）“竞争关系”前提在适用中的困惑与探索

1. 法律沿革与文义分析

从我国法律规定的沿革和立法本意观察，1993 年反不正当竞争法即实现了“立足于竞争行为而未设竞争关系的限制”[③]，2017 年反不正当竞争法更是强化了这一传统。1993 年 6 月 22 日，国务院《关于〈中华人民共和国反不正当竞争法（草案）〉的说明》指出：“草案规定本法限于调整在中华人民共和国境内从事商品交易活动，向市场提供商品或者服务的经营者（包括法人、其他组织和个人）在经营活动中，违背诚实信用的原则和公认的商业道德，损害或者可能损害其他经营者合法权益的行为。”[④] 立法意图表现为界定了一个相对广泛的市场交易行为，1993 年《反不正当竞争法》第 2 条第 2 款将不正当竞争行为规定为“损害其他经营者的合法权益，扰乱社会经济秩序的行为”，其实并没有将竞争限定于同业竞争，也并没有限定为损害其他“竞争者”的合法权益，而是将其纳入“社会经济

① 吴太轩：《互联网新型不正当竞争案件中的竞争关系认定研究》，载岳彩申、盛学军主编：《经济法论坛》（第 19 卷），法律出版社 2017 年版，第 102 页。

② 转引自孔祥俊：《论反不正当竞争法的现代化》，载《比较法研究》2017 年第 3 期。

③ 孔祥俊：《〈反不正当竞争法〉修改完善的若干思考》，载《经济法论丛》2017 年第 1 期。

④ 刘敏学：《关于〈中华人民共和国反不正当竞争法（草案）〉的说明》（1993 年 6 月 22 日）。

秩序”的大视野中进行界定，已经有效地避免了界定“竞争者”和“竞争关系”所存在的争论。但是，由于1993年反不正当竞争法在对市场混淆、低价倾销、商业诽谤等具体不正当竞争行为的规定中将行为的侵害对象明确为“竞争对手”，基于此，司法实践中认定不正当竞争行为时，一度以存在同业竞争关系为前提。

2017年修订的《反不正当竞争法》第2条将不正当竞争行为界定为“经营者在生产经营活动中，违反本法规定，扰乱市场竞争秩序，损害其他经营者或者消费者的合法权益的行为”，实质上扩大了竞争关系和竞争行为的含义，符合世界性的立法趋势，从文义来看，第一，损害其他经营者合法权益与损害消费者合法权益之间为“并列选择”或然的关系。也就是说，扰乱市场经济秩序的行为，对其他经营者合法权益和消费者合法权益只要损害了其中一个，仍然属于不正当竞争行为。第二，对经营者生产经营活动的要求，既没有要求同业竞争，也没有要求直接的竞争关系。第三，从市场行为法的角度考察，应当关注“行为本身”是否具有竞争属性和不正当性，是否扰乱了市场竞争秩序和损害其他经营者、消费者合法权益。反不正当竞争法作为“行为规制法”，理应关注竞争行为本身，将存在竞争关系置于前提实乃作茧自缚。

2. 司法实践中“竞争关系”的路径依赖

相当长时间以来，由于法院认为双方当事人之间不存在狭义的竞争关系，大量的不正当竞争纠纷案件被法院不予立案或者驳回起诉。① 有学者以“互联网不正当竞争案件对竞争关系的认定”为研究对象，对1999年至2015年我国法院审理的该类案件进行了梳理。② 在作为样本的162份涉及互联网新型不正当竞争行为的判决书中，有效研究样本133份。其中，43.6%的判决书并未对竞争关系进行认定，包括因竞争关系过于明显而未予论述的情形；其余56.4%的案件均对经营者之间“是否存在竞争关

① 王永强：《网络商业环境中竞争关系的司法界定——基于网络不正当竞争案件的考察》，载《法学》2013年第11期。

② 吴太轩：《互联网新型不正当竞争案件中的竞争关系认定研究》，载岳彩申、盛学军主编：《经济法论坛》（第19卷），法律出版社2017年版，第98页。

系”进行了不同程度的分析，反映了多数法官在审理互联网新型不正当竞争案件时“依然重视竞争关系的认定”问题，并将其作为不正当竞争行为的“认定前提”，且大部分判决书在判决书说理的部分就首先论述了经营者之间竞争关系的问题。在分析了竞争关系的56.4%的案件中，竞争关系认定标准多集中在经营范围、实际经营行为、竞争利益、产品用户群，与传统领域案件一样，也存在竞争关系认定标准不统一且没有一致考量因素的情况，认定标准仍以使用经营范围作为竞争关系认定标准的居多，且存在“多个认定标准的交叉使用”情况。个别案件，法院会从双方的经营范围、产品用户群及竞争行为等方面进行综合分析[①]，而更多的案件判决书多以双方“均系从事某产品生产的经营者”或“均经营某产品”“经营范围大体一致”“属于同业竞争者”“存在同业竞争关系”等相对模糊的表述进行简要说明。部分判决书在论证竞争关系时，对当事人竞争关系的存在范围进行了限定。该学者的研究认为，总体而言，在互联网新型不正当竞争案件的审理中，“不仅竞争关系的认定标准不确定，法官对于已有认定标准的理解也各有偏颇”。[②]

司法实践中，对竞争关系的理解与适用确实存在较大的分歧：

一些情况中，竞争关系首先和经常被作为一种“界定竞争和不正当竞争行为的视角”，即以存在竞争关系为认定构成竞争和不正当竞争的前提，判断经营者之间是否存在竞争首先判断经营者之间是否存在竞争关系。认定经营者的行为是否构成不正当竞争，首先判断经营者与其他经营者之间是否存在竞争关系。如“猎豹浏览器屏蔽优酷网视频广告案”中，法院就指出“竞争关系的存在是判断不正当竞争行为的前提条件”，同时又认为“竞争关系的构成不取决于经营者之间是否属于同业竞争，亦不取决于是否属于现实存在的竞争，而应取决于经营者的经营行为是否具有‘损人利己的可能性’”。具体而言，取决于以下两个条件：一是该经营者的行为

---

① “腾讯公司与奇虎公司等不正当竞争纠纷案”，参见北京市朝阳区人民法院（2010）朝民初字第37626号民事判决书。

② 吴太轩：《互联网新型不正当竞争案件中的竞争关系认定研究》，载岳彩申、盛学军主编：《经济法论坛》（第19卷），法律出版社2017年版，第98页。

是否具有损害其他经营者经营利益的可能性；二是该经营者是否会基于这一行为而获得现实或潜在的经营利益（是否具有利己的可能性）。也就是说，如果经营者的行为不仅具有对其他经营者利益造成损害的可能性，且该经营者同时会基于该行为获得现实或潜在的经济利益，则可以认定两者具有竞争关系。[①]“极路由屏蔽视频广告不正当竞争案”中，法院认为经营者之间具有竞争关系是适用反不正当竞争法的前提条件，否则不应由该法调整。[②] 还有一些情况中，从狭义的角度解释竞争关系，将其限于同业竞争者之间的关系，大大限制了反不正当竞争法的适用范围，无法将一些明显应当规范的情形纳入该法的适用范围。

于是，另一些情况出现了，就是想方设法以其他方式和理论从广义上解读竞争关系，扩张竞争关系的内涵，以摆脱竞争关系在认定不正当竞争中的传统束缚，用以直接回应现实需求，实质上已使竞争关系成为虚置。

还有一些情况，未能梳理清晰正确的逻辑关系。以北京高级人民法院发布的《关于涉及网络知识产权案件的审理指南》[③] 第 31 条 [④] 规定为例，根据这一规定，“可能损害原告合法权益”成为“认定竞争关系”的原因之一，实则颠倒了因果关系。究竟何谓因、何谓果？正确的因果关系应当是存在竞争关系——可能导致损害发生。逻辑关系混乱的原因，还是因为将竞争关系作为了认定是否构成不正当竞争的前提条件。在传统领域中，尤其是交通、物流不够发达的时期和地区，大多数不正当竞争确实发生于同业竞争者之间，但是即便如此，竞争关系的交织性、复杂性和普遍性也

---

① 参见北京市第一中级人民法院（2014）一中民终字第 3283 号民事判决书中两处论述：一方面认为，存在竞争关系是判断不正当竞争行为的前提条件；另一方面认为，如果经营者的经营行为具有损害其他经营者经营利益并由此获利的可能性，那么可以认定两者有竞争关系，实则采用了以是否属于竞争行为作为认定是否构成不正当竞争前提的标准。

② 参见北京知识产权法院（2014）京知民终字第 79 号民事判决书。

③ 《北京高院关于涉及网络知识产权案件的审理指南》（2016 年 4 月 13 日发布），载 http:www.chinacourt.org/app/appcontent/2016/04/id/1840843.shtml，2018 年 9 月 29 日访问。

④ 该指南第 31 条为“经营者之间具有下列关系之一，可能损害原告合法权益，造成交易机会和竞争优势变化的，可以认定具有竞争关系：1. 经营的商品或者服务具有直接或间接的替代关系；2. 经营活动存在相互交叉、依存或者其他关联的关系”。

决定了损害并不限于同业竞争。虽非同业竞争，但涉及关联的市场，能够形成市场竞争上的损害关系的，同样有滥用竞争自由和竞争失序的问题，这就是不能限定同业竞争和狭义竞争关系的根本原因。

至于扩张竞争关系内涵的改良做法，其依然没有逃离“以竞争关系作为适用反不正当竞争法的前提条件、作为判断不正当竞争行为的前提条件+扩张竞争关系以放宽反不正当竞争法适用条件”的路径依赖，依然被限制在预设的前提条件之中，而反不正当竞争法毕竟是行为规制法，立足于“竞争行为本身”来理解不正当行为的构成似乎更为恰当，也就是回归到对行为性质的认定，即以“是否违背竞争原则的属性”来认定是否构成不正当竞争行为，回归行为本身跳出同业竞争关系的窠臼。至于竞争关系，可以作为认定是否具有损害或者损害可能性的要素，或者说原告资格中的利害关系通常可以根据竞争关系来进行认定，但应该明确的是：竞争关系并不是是否构成竞争或者不正当竞争行为的要件，更不是适用反不正当竞争法的前提条件。

二、竞争关系的重新认识

（一）回归行为本身

有学者对2004年至2012年法院公开的102份发生在“网络商业环境中的不正当竞争案件”判决书进行分析，未发现一起明确否定原告与被告之间竞争关系的案例，即使对于那些驳回诉讼请求的案件，法院也没有从否定原告与被告之间的竞争关系入手。[①] 有学者更是通过深挖裁判文书，系统梳理了涉及竞争关系司法判断的不同做法[②]，认为从“竞争关系的判断”这一技术性问题而言，存在技术含量低的状况，大多数是法官在个案

---

① 王永强：《网络商业环境中竞争关系的司法界定——基于网络不正当竞争案件的考察》，载《法学》2013年第11期。

② 包括按经营范围、按注册商标的商品种类、按商品的功能、按行业性质和职业分工、按消费者是否混淆、按商品的形态、按潜在的市场竞争标准、按广义的竞争关系即实际经营行为、按特殊的竞争关系、按交叉价格弹性理论、按地域市场的考虑等。参见谢晓尧：《在经验与制度之间——不正当竞争司法案例类型化研究》，法律出版社2010年版，第47—49页。

中作出的具体解释，“标准的把握具有较大的随意性，一些做法也缺乏必要的技术含量”。整体上，我国司法实践中，对竞争关系的判断处于一个“初级”的阶段，许多案件简单地将经营范围、商标法中的商品分类、消费者混淆概念作为竞争关系的判断标准。① 有的观点则完全按照商品存续的形态来划分，“忽略了同样作为信息载体的数据库与纸质文件之间具有的直接替代关系”，而认定为双方之间不存在实际的竞争关系。② 该研究进一步认为，通过对相关市场的分析以判断经营者之间的“竞争关系”，是反垄断法中的一个非常重要的法律问题，原因在于“垄断首先意味着一定的市场结构，确立市场的边界和范围是认定垄断是否成立的逻辑起点”；但是，不正当竞争行为既可以直接针对竞争对手，也可以不直接针对竞争对手而依然对竞争秩序产生不良影响。在多数情形下，不正当竞争行为不要求行为者具有市场优势，也没有引入相关市场分析的必要，总之，不正当竞争行为是否构成还是“在于行为本身的正当性与否”，与针对的对象没有多大关系。③

司法实践中以各种理由和说法对竞争关系进行扩张性解释，恰恰说明了竞争关系确已成为“不必要的束缚和障碍”。在界定竞争行为时，对于竞争关系的依赖更多的是历史形成的路径依赖：早在行会和后行会时代，其时竞争都是同业竞争，传统的狭义竞争关系是后行会工业经济时代的产物。随着经济社会的高速发展与剧变，传统的狭义竞争关系不再能够适应现代社会经济生活的新需求，而又未能实时调整，于是成就了这样一种宽泛解释、实质弃置却又奉为前提的奇特状态。在互联网高度发达、行业分工惊人细化却又密切结合、高度交织的时代，在反不正当竞争法中，重新认识竞争关系的时候到了。④

---

① 谢晓尧：《在经验与制度之间——不正当竞争司法案例类型化研究》，法律出版社 2010 年版，第 47—53 页。

② 参见北京市第一中级人民法院（2000）一中知初字第 16 号民事判决书，北京市高级人民法院（2001）高知终字第 33 号民事判决书。

③ 谢晓尧：《在经验与制度之间——不正当竞争司法案例类型化研究》，法律出版社 2010 年版，第 51—53 页。

④ 孔祥俊：《论反不正当竞争法的新定位》，载《中外法学》2017 年第 3 期。

对竞争关系的适用应理解为：第一，将竞争关系作为适用反不正当竞争法和认定构成不正当竞争行为的前提条件，是没有理论与实证依据且不符合实际需要的做法。竞争行为的定性前提，不是当事人之间是否具有竞争关系，而应当考虑行为是否属于“市场竞争行为”，然后认定其是否正当。第二，在普通的不正当竞争纠纷民事诉讼中，原告当然应该证明因被告的行为而受到损害，此时可以将是否存在同业竞争关系作为认定是否可能造成损害的考量因素。在此逻辑基础上确定原被告之间是否有法律上的利害关系，即原告资格的适格性。

不正当竞争行为既可以损害特定竞争者利益，也可以损害消费者或者社会公众利益，但并不以损害特定竞争者利益且两者之间存在竞争关系为必要条件，损害消费者合法利益的扰乱市场竞争秩序行为同样是不正当竞争行为，竞争关系的前提将导致这类案件无法适用反不正当竞争法且无法正确定性。定位市场竞争法应当从“竞争性市场行为”的角度出发，经营者之间的竞争关系既不是不正当竞争行为的构成要件，更不是反不正当竞争法的适用条件。对于不正当竞争行为，反复强调的是“应当回归行为本身”，回归到根据其是否违反竞争原则或者其他具体法律标准而进行认定。①

反不正当竞争法的适用不以竞争关系的存在为前提，但绝不是说“竞争关系”对所有案件都毫无影响，例外肯定存在，但这和我们重新认识竞争关系是两个不同层面的问题。（1）竞争关系是一些特定类型的不正当竞争案件的构成要求。如违反竞业禁止协议从事不正当竞争的，新雇主与原雇主之间存在竞争关系就是重要的构成要件。（2）在一些案件中，竞争关系是判断被告的主观恶意、避让的必要性和行为的妥当性的重要依据，或者作为加重彼此之间权利避让和尊重的重要理由。（3）竞争关系也可能对案件的审理程序产生一定的影响，以诉讼主体资格为例，民事诉讼法要求原被告之间存在“利害关系”，如果原被告之间存在竞争关系，利害关系是很明显的；如果与原被告之间不存在竞争关系，则要进一步分析是否存在利害关系。（4）对民事责任承担

---

① 孔祥俊：《论新修订〈反不正当竞争法〉的时代精神》，载《东方法学》2018年第1期。

方式可能产生影响。[①]

总之，“竞争关系”并不是一个绝对的存在，而是一种适时的存在[②]，有必要性，但并不应成为适用反不正当竞争法和认定构成不正当竞争行为的前提条件，不正当竞争行为的认定应该回归到行为本身。

（二）大数据权利运用对竞争关系的再认识

1. 全网络竞争：一个统一的地域市场

反垄断法在传统的商业环境下，确定竞争关系时通常首先界定“相关市场”，相关市场的界定又包括“相关地域市场”。在反不正当竞争法中，要求不如反垄断法那么严格，但是也并不等于完全没有界限。在传统领域中，“竞争关系”首先就是一个地域概念，因为只有在同一地域上才会产生产品和服务之间的竞争，甚至可以说，只有在同一地域上才能够产生损害其他经营者和消费者利益、破坏竞争秩序的结果。[③]然而，在大数据所赖以生存的互联网商业环境中，由于互联网本身就是一个统一的地域市场，地域市场的概念被完全颠覆。在互联网上，交易、物流、资金、技术都变得畅通无阻，交易和物流彻底实现了便利化和低成本，竞争日益全球化。

2. 行业界限淡化：平台跨界竞争与经营模式趋同

随着互联网竞争进入一个明显的“全业务”时代和“跨行业”时代，互联网平台席卷了电子商务、搜索引擎、支付、物流、游戏、广告，甚至本地生活服务等各个领域，跨界竞争的本质是行业界限的淡化甚至于消失，行业界限作为原有的竞争边界被打破。对反不正当竞争法的适用而言，意味着竞争关系认定的宽松、淡化需求。国际上包括国内，立法与实践对竞争关系认定的“逐步宽松”的“实用主义”态度恰好是现实经济需求的反映——以适应从较早时期分工细化的市场竞争，到全行业市场竞争，再到跨行业的竞争这样一个竞争不断跨越行业界限的状态。

---

① 谢晓尧:《在经验与制度之间——不正当竞争司法案例类型化研究》，法律出版社 2010 年版，第 53—55 页。

② 姚瑶:《论网络环境下〈反不正当竞争法〉中的竞争关系》，载《法制与社会》2018 年第 22 期。

③ 王永强:《网络商业环境中竞争关系的司法界定——基于网络不正当竞争案件的考察》，载《法学》2013 年第 11 期。

现代互联网营销目标已经从原来的发布消息、提供商业信息、发挥广告功能转变为提供相关服务以取得用户认同。各大互联网平台之间不但跨界竞争，更由于互联网经济本质是对用户流量的争夺，而逐步呈现高度近似的商业模式，这样的商业模式又实际构成了一个个的双边市场。为了吸引用户和流量，一方面，平台经营者向用户免费提供基础服务，为了保持盈利；另一方面向广告主或以营销为目的的经营者收费，构建了“免费基础服务 + 收费广告和增值服务”这样一个商业模式，并且在不同的互联网平台之中大同小异。这样一来，平台一边是海量的基础服务用户，另一边是市场的另一组参与者。平台经济中实际存在两个市场，平台经营者和两类参与者分别构成一个市场，从不同的角度观察，平台经营者涉及两个不同的相关市场，从不同的相关市场分析竞争结果当然是不同的，值得注意的是，对互联网平台来说高度一致的是，他们都面对着一个大致相同的相关市场，那就是广告市场和资本市场，在这个市场上，很难说哪个平台经营者之间不存在竞争关系。

小 结

大数据权利运用给反不正当竞争法的实施带来了较大挑战。从大数据权利运用的不正当行为来看，典型行为如为了争取流量或者争夺客户的数据抓取、聚合盗链等，以及在今后统一大数据立法建立统一数据标准后，大数据的恶意不兼容行为同样需要反不正当竞争法的评价。较之于传统领域案件，“大众点评诉百度不正当竞争案”“新浪微博诉脉脉不正当竞争案”等大数据权利运用的不正当竞争行为典型案例中，一般条款的适用、损害消费者利益的认定、违反商业道德的认定、竞争关系的认定等方面的内容都值得探讨。

大数据竞争格局呈现明显的平台化趋势，大数据经营者经营模式的趋同化趋势，大数据竞争手段技术化趋势，违法成本低和民事规则不清晰等因素共同导致了与大数据权利运用相关的不正当竞争行为的产生。

大数据权利运用对不正当竞争行为认定理论带来了多方面挑战：第

一，双边市场和产业经营模式趋同给竞争关系认定带来挑战。从不同的角度观察，平台经营者涉及两个相关市场，在不同的相关市场，平台经营者的市场地位是不同的；更重要的是，平台经营者的经营模式趋同，即互联网企业“全业务化”和面对共同的广告市场、资本市场，导致竞争关系的普遍存在。第二，大数据领域，用户即消费者，较之于传统领域，消费者数据信息既是经营者竞争利益又是消费者利益，利益交织使问题变得更加复杂，不仅涉及不同利益的平衡考量，还涉及同一客体的两面性。第三，技术与创新带来了商业道德内涵的扩张与不确定。传统实体经济下的商业道德相对稳定，而大数据领域的商业道德则存在较为明显的内涵差异性，依托互联网平台，以技术为中心、以创新为特征、以“技术的更替”为基础，导致商业道德更多的以“商业模式”的形式体现，并且很快随着技术的发展而不断被打破，且内涵变动性较快。第四，对不正当竞争行为的分析结构带来挑战。

对不正当竞争行为的认定理论的错误认识应当予以纠正，包括反不正当竞争法的基本理念、价值判断、认定方式和利益衡量四个部分。第一，竞争是动态的还是静态的，市场竞争究竟是以“动态的过程”还是以“静态的条件”来维护市场有序运行，对市场竞争应当以干预为常态还是以让市场自行解决自身问题为常态，最后落实到对市场竞争行为的认定是推定正当还是推定不正当。第二，基于对竞争的保护和对损害与竞争相伴而生的客观规律的认识，一般认为，竞争性损害是中性的，也就是说，竞争行为造成的损害通常应当予以容忍，损害本身不构成评价竞争行为正当性的倾向性要件，只有为法律所关注的特定的损害才能成为不正当竞争的考量因素；从另一角度看，不仅损害是中性的，法益同样是中性的，侵害法益并不必然具有不正当性，法益保护不同于权利保护，仅从法益损害本身不足以推定行为的不正当性，损害中性和法益中性是一个问题的两个方面，互为因果。第三，与一般侵权行为有本质区别，不正当竞争的构成不以损害特定法益为根本要件，损害是竞争的常态，不正当竞争行为的违法性在于“行为本身的违法性”，至于法益是否受到保护只是需要考量的因素之一。第四，以一般条款认定法律没有类型化的不正当竞争行为，应当高度重视和考虑全面、深层次的因素，进行利益衡量。

对行为认定理论的挑战导致了对竞争关系的重新认识。竞争关系在反不正当竞争法的理解与适用中，有广义和狭义之说，并且在不断地发展与调整。最早，狭义的竞争关系说认为，竞争关系是指提供具有替代性的商品或服务的经营者之间存在的相互争夺市场交易机会的关系，可以概括为“同业竞争说”。随着经济社会的迅猛发展，狭义的竞争关系说导致类型各异的新类型竞争行为无法被完全纳入反不正当竞争法规制的范围，不得已对竞争关系进行更宽泛的理解，增加了“违背竞争原则”可以认定为存在竞争关系的解释。事实上，竞争关系在不断地淡化，而我国的司法实践却固守历史形成的路径依赖，坚持将分析“竞争关系”作为适用反不正当竞争法、认定行为不正当性的前提条件。大数据领域，互联网本身就是一个统一的地域市场，传统地域市场的概念被完全颠覆了。随着互联网竞争进入一个明显的“全业务”时代和“跨行业”时代，行业界限作为原有的竞争边界被打破，意味着竞争关系认定的宽松、淡化需求，更由于互联网经济本质是对用户流量的争夺，而逐步呈现高度近似的商业模式，平台经营者均面对一个大致相同的相关市场，那就是广告市场和资本市场，很难说他们之间不存在竞争关系。数据权利运用对竞争关系带来的挑战再次证明了“竞争关系”并不是一个绝对的存在，而是一种适时的存在，行为是否构成不正当竞争还是“在于行为本身的正当性与否”，与针对的对象没有多大关系，竞争关系不应成为前提条件，不正当竞争行为的认定应该回归到行为本身。

秩序和效率，是竞争法的价值。秩序是与混乱相对的概念，摆脱了单纯的偶然性和任意性，强调在自然的和社会的进程中都存在的某种程度的“一致性、连续性、确定性”，在反不正当竞争法上则是竞争关系的主体——经营者、其他经营者与消费者关系处于相对稳定的协调状态。在大数据领域，由于消费者数据信息既是经营者竞争利益又是消费者利益，利益交织使竞争秩序认定变得更加复杂；同时，大数据领域，用户即消费者，作为大数据权利基础的海量用户信息数据牵涉面之广、影响面之大，难以估量；而事实又反复证明，数据脱敏对于保护消费者隐私安全基本无效，脱敏后的数据依然能够刻画并还原用户信息。由此，竞争秩序中消费者利益、经营者利益和其他经营者利益的协调表达变得日趋复杂。

第四章

反不正当竞争法上的公共利益保护与检察公益诉讼职能行使和拓展的边界

第一节　检察公益诉讼的制度初衷：法律监督、国家治理与公共利益

党的十九届四中全会通过的《中共中央关于坚持和完善中国特色社会主义制度、推进国家治理体系和治理能力现代化若干重大问题的决定》（以下简称《决定》）对检察公益诉讼的直接表述有两处，一处是“完善生态环境公益诉讼制度”；另一处是“拓展公益诉讼案件范围”。2021年6月，《中共中央关于加强新时代检察机关法律监督工作的意见》提出“积极稳妥拓展公益诉讼案件范围”，“总结实践经验，完善相关立法”。随着相关法律的制定和修改，检察公益诉讼法定办案领域已经由4个增至9个，同时，检察机关遵循“积极、稳妥”的原则开展了一些新领域的探索，包括反不正当竞争、知识产权保护等。

2020年7月，海南省人民代表大会常务委员会通过《关于加强检察公益诉讼工作的决定》，授权检察机关可以围绕海南自由贸易港建设和经济社会发展，开展“反不正当竞争”领域的公益诉讼工作。2021年11月，最高人民检察院在《关于充分履行检察职能服务保障海南自由贸易港建设的意见》中首次提出探索办理“反垄断、反不正当竞争、信息数据安全、消费者权益保护”等领域公益诉讼案件。在海南，首次明确将对公益诉讼案件范围的探索、拓展直接指向反不正当竞争领域。

“公益诉讼”首先是一个学理概念，现代法律语境下的公益诉讼，应当是指“以公益保护为直接目的”的“非传统诉讼”。[①] 民事诉讼法、行政

① 巩固：《公益诉讼的属性及立法完善》，载《国家检察官学院学报》2021年第6期。

诉讼法使用“提起诉讼”的表述，人民检察院组织法使用了“提起公益诉讼”的表述，党的十八届四中全会决定使用“检察机关提起公益诉讼”的表述，本书为限定研究范围，使用“检察公益诉讼”的概念，可以理解为“检察机关提起公益诉讼制度”的简称，特指一种制度，参与主体不仅仅是检察机关，也包含审判机关、行政机关。

一、法律监督职能的新发展：检察公益诉讼的本质是履行法律监督职能

（一）“法律监督”不等同于“诉讼监督”

1. 法律监督不是泛化的“一般监督”

通常认为，新中国成立初期的“一般监督”理论借鉴自苏联。苏联的一般监督权旨在维护“国家的法律的统一”，检察官所肩负的使命是通过实施法律监督维护国家法治的统一和权威。实际上，苏联检察机关承担了更广泛的法律监督职能，突破了一般意义上侦查、诉讼活动或诉讼监督的职能，甚至在一定程度上有违宪审查的意蕴。新中国成立初期，我国曾借鉴苏联的“一般监督”理论，除了规定检察机关的公诉、侦查和诉讼监督职能外，还规定了对“行政决议、命令和措施的合法性和国家工作人员是否遵守法律”的监督。[①]“一般监督”的合理内核在于运用检察权监督公权力是否存在违法行为，而经历短暂的实践后被摒弃也正是由于没有牢牢把握好“公权力”和“违法性”两个关键因素，试图以检察权纠正一切，被泛化为监督一切。现在看来，“一般监督”给我们的借鉴是，检察监督应当准确把握对“公权力”（行政机关、审判机关）“法律实施行为”（排除立法行为）的“违法性”（排除违纪行为、不当行为、不合理行为）的监督。有观点强调，检察公益诉讼不能承担查处国家工作人员的任务[②]，检察公益诉讼不能变相地成为一种问责机制（除非有明显的主观故意），并且应当避免直接依靠司法程序实施法律可能出现的各种困境。例如，诉前

---

① 秦前红:《两种“法律监督”的概念分野与行政检察监督之归位》，载《东方法学》2018 年第 1 期。

② 张雪樵:《检察公益诉讼比较研究》，载《国家检察官学院学报》2019 年第 1 期。

程序强调保障行政执法优先，多主体参与沟通，有利于暴露行政管制没有发现或不愿意呈现出来的问题，并准确定位于对行政行为的适法性进行审查，引导法院对行政行为的实质合法性进行审查。[①]

2. 法律监督又不限定于“诉讼监督”

宪法和人民检察院组织法规定，人民检察院是“国家的法律监督机关”，依法独立行使检察权。检察权已经经历了从“一般监督”到“法律监督”的限缩、回归，与公诉、侦查并列的是“狭义的法律监督”，共同组成“广义的法律监督”的概念。具体来说，“狭义的法律监督”，应当是指专门法律监督机关对立法权之外的国家职权及其活动是否统一正确实施法律的监督，也就是对行政机关[②]和审判机关行使公权力的活动实施法律监督、督促纠正违法行为。[③]然而，较长时间以来，狭义的法律监督实则仅仅围绕“诉讼监督”进行构建，这并不符合我国宪法对检察机关的性质定位。党的十八届四中全会作出《关于全面推进依法治国若干重大问题的决定》，首次以执政党中央全会的方式专题研究部署全面依法治国，其中提出完善认罪认罚从宽制度，提出探索建立检察机关提起公益诉讼制度（检察机关在履行职责中发现行政机关违法行使职权或者不行使职权的行为，应该督促其纠正），是对新时代检察职能具有重塑性的重大制度构建，对于辨明检察机关的法律监督职能意义重大——认罪认罚从宽制度拓展了传统

---

① 刘艺：《论国家治理体系下的检察公益诉讼》，载《中国法学》2020年第2期。

② 对行政机关违法行使职权或不行使职权的行为进行的监督，不是“监督一切”，不监督“违法行为”之外的“违纪行为、不当行为等”，后者曾是检察系统内外广泛存在的错误理解，曾因为这样的错误理解导致不适当的履职和扩权。参见胡卫列：《从一般监督到公益诉讼——习近平法治思想指引新时代检察事业创新发展的历史见证》，载《人民检察》2021年第21期。

③ 狭义的法律监督，专指国家检察机关代表国家所进行的法律监督，是为了保障国家法律统一、正确地实施而对法律的适用和遵守进行的监督。广义的法律监督，包括在国家和社会生活中维护法制，督促宪法、法律和行政法规实施的一切活动，它包括宪法监督、检察机关的法律监督，也包括行政监督，以及社会团体、民主党派、人民群众对法律执行的监督。参见孙谦：《论检察机关法律监督的几个问题》，载《当代法学》1987年第4期。

的诉讼监督的内涵，检察公益诉讼制度“冲破了”诉讼监督的范围。①

“诉讼监督”能否代表“狭义的法律监督”？包含侦查与公诉的“法律监督职能”和“检察职能”本质上是否具有一致性？或者说，法律监督能否涵盖全部检察职能？能否认为一切检察职能都是法律监督职能的具体形式？全部检察职能可否统一于法律监督职能？诉讼监督职能之外的公益诉讼检察职能是否属于法律监督职能？

要全面理解检察权（检察职能），还是要放到我国的根本政治制度之下来观察：第一，在我国，各级人民代表大会是国家权力机关，全国人民代表大会及其常委会作为最高国家权力机关及其常设机关，负责监督宪法和法律在全国范围内的实施；地方各级人民代表大会及其常委会，作为地方权力机关及其常设机关，负责监督宪法和法律在各自区域内的实施。人民代表大会及其常委会的监督权是最高层次的监督权。第二，检察机关由权力机关产生，对其负责、受其监督，检察机关依法独立行使检察权，履行法律监督职责，与行政机关、审判机关分别行使职权，不受行政机关、社会团体和个人的干涉。第三，法律监督不是“一般监督”，不宜泛化，但也不能限缩为“诉讼监督”。作为宪法意义上的“国家的法律监督机关”，检察机关监督的是“法律实施”，宪法文本或有权解释并未将其限缩为“诉讼监督”，也未在法律监督之外赋予检察机关其他职能。法律监督机关旨在通过对公权力行使的合法性（违法情形）进行审查与监督，以保障法律的正确统一实施。② 就此而言，法律监督的根本价值在于保障国家法律的统一正确实施，将法律监督限制在诉讼领域不符合监督原则，难以担任国家法律监督机关的应有职责。

（二）治理概念的多元化与协商性

党的十八届三中全会提出“全面深化改革的总目标是完善和发展中国

---

① 胡卫列:《从一般监督到公益诉讼——习近平法治思想指引新时代检察事业创新发展的历史见证》，载《人民检察》2021 年第 21 期。

② 就检察机关的传统职能进行分析，包括批准和决定逮捕、公诉、职务犯罪侦查、诉讼监督，也一直认为是实现对警察侦查权和法官审判权的双向监督。参见朱孝清:《中国检察制度的几个问题》，载《中国法学》2007 年第 2 期。

特色社会主义制度，推进国家治理体系和治理能力现代化”，将推进国家治理体系和治理能力现代化作为全面深化改革的总目标。“从统治走向治理”是21世纪世界主要国家政治变革的重要特征，是政治发展的普遍趋势。在政治学意义上，“治理”的概念具有多方面明显区别于统治的特征：治理的权力主体是多元的，除了通常意义上的政府外，还可以包括社会组织、居民自治组织和企业组织；治理的权力性质除强制性之外，有更多的协商性质；治理的权力来源除了法律外，还包括各种非国家强制的契约；治理的权力运行向度可以是自上而下的，但更多是平行的；治理所及的范围则以公共领域为边界。[①] 治理是实现一定社会政治目标的手段，相对于统治的概念而言，治理更多地体现“工具理性”，在政府之外，更多地依赖协商和共同治理，更多地体现治理权力主体乃至利益相关者的广泛参与、协作互动。治理所具有的更多平行化的运行向度、协商的运行方式以及多元化的参与主体，使得治理体系较传统的统治、管理更具有灵活性、协同性，更有利于处理跨部门的、涉及多方面协作的公共利益保护问题。

（三）定位于并发展“法律监督”职能的检察公益诉讼

《宪法》第134条规定，“中华人民共和国人民检察院是国家的法律监督机关”。法律监督职能的内涵和外延如何理解？随着依法治国基本方略的提出，随着推进国家治理体系和治理能力现代化的全面部署，关于法律监督职能的认识和实践不断得到拓展和深化。《人民检察院组织法》第20条规定了人民检察院的职权，在侦查和公诉职能之外，规定了“诉讼监督（执行监督）”和“公益诉讼”，前者使用了“监督”的字样，公益诉讼则表述为“依照法律提起公益诉讼”;《检察官法》第7条规定检察官的职责，第3项为“开展公益诉讼工作”。

关于检察公益诉讼的制度初衷和制度定位，习近平总书记在向党的十八届四中全会作的说明中有所解读，针对“一些行政机关违法行使职权或者不作为造成对国家和社会公共利益侵害或者有侵害危险的案件”，“由于与公民、法人和其他社会组织没有直接利害关系，使其没有也无法提起

---

① 俞可平:《推进国家治理体系和治理能力现代化》，载《前线》2014年第1期。

公益诉讼”，导致违法行政行为缺乏有效司法监督，检察机关应当成为这样一个适格的主体，对“违法行为及时提出建议并督促其纠正”，并实现“有利于优化司法职权配置、完善行政诉讼制度，也有利于推进法治政府建设”的目的意义。①

2015 年 5 月，中央深改组第十二次会议指出，检察公益诉讼制度，目的是“充分发挥检察机关法律监督职能作用，促进依法行政、严格执法，维护宪法法律权威，维护社会公平正义，维护国家和社会公共利益”②。这一表述旗帜鲜明地将检察公益诉讼职能定位于“法律监督职能”的框架下，强调检察公益诉讼履职依然是在充分发挥法律监督职能的范围内，可以认为是对检察公益诉讼职能制度定位的经典阐述，也体现出在新的发展阶段，检察公益诉讼是履行法律监督职能的新的方式，发展了法律监督职能。

检察机关是宪法规定的法律监督机关，是保障国家法律统一正确实施的司法机关。进入新的发展阶段，人民群众在民主、法治、公平、正义、安全、环境等方面有了新的需求，法律的执行和实施上的短板亟须补齐。这样的背景下，实践需要检察机关更加充分地发挥法律监督职能，维护国家和社会公共利益，保障法律统一正确实施。③从关注行政机关“违法行使职权或者不作为”，到“督促其纠正”违法行为，这样的监督行政机关依法履职的制度初衷，体现出鲜明的监督属性，由此，提起公益诉讼是履行法律监督职能的方式，追求法律的统一正确实施。检察公益诉讼的建立，践行了以人民为中心的理念，体现了检察机关作为法律监督机关的宪法定位。④

---

① 习近平：《关于〈中共中央关于全面推进依法治国若干重大问题的决定〉的说明》，载新华网，http://www.xinhuanet.com/politics/2014-10/28/c_1113015372.htm，2022 年 5 月 10 日访问。

② 《中央全面深化改革领导小组第十二次会议召开》，载中国政府网，http://www.gov.cn/xinwen/2015-05/05/content_2857332.htm，2022 年 5 月 10 日访问。

③ 参见《中共中央关于加强新时代检察机关法律监督工作的意见》，载微信公众号“检察日报正义网”，https://mp.weixin.qq.com/s/Dw04g_bXfrpiBJOqwE6Pgg，2022 年 6 月 12 日访问。

④ 张雪樵：《检察公益诉讼比较研究》，载《国家检察官学院学报》2019 年第 1 期。

二、从救济到治理的重大变革：通过监督法律统一正确实施参与国家治理

（一）国家治理体系的法治化和规范化

“国家治理体系”是规范社会权力运行和维护公共秩序的一系列制度和程序，包括规范行政行为、市场行为和社会行为的一系列制度和程序。国家治理的理想状态，是“公共利益最大化的治理过程”，是国家与社会处于最佳状态，是政府与公民对社会政治事务的“协同治理”。衡量一个国家的治理体系是否现代化，至少应当有制度化和规范化、民主化、法治、效率、协调等标准，[①] 其中，法治的标准，要求宪法和法律成为公共治理的最高权威，法律得到统一正确实施，法律面前一律平等。其中，制度化和规范化标准，要求政府治理、社会治理应当遵循完善的制度安排和规则。从检察机关的视角观察治理体系现代化建设，至少要直接关注到法治化和规范化两层含义；视野放大，还应当关注体制机制、法律法规的协调问题、效率问题。推进国家治理体系和治理能力现代化的目标，“是要适应时代变化，既改革不适应实践发展要求的体制机制、法律法规，又不断构建新的体制机制、法律法规，使各方面制度更加科学、更加完善，实现党、国家、社会各项事务治理制度化、规范化、程序化”。[②]

（二）检察公益诉讼参与国家治理

1. 成为国家治理体系的重要组成部分

2014 年 10 月，党的十八届四中全会《中共中央关于全面推进依法治国若干重大问题的决定》提出“探索建立检察机关提起公益诉讼制度”，这样一个由执政党倡导构建的顶层设计，也体现出浓厚的“参与国家治理”的意味。

有观点综合分析认为，从“拓展公益诉讼案件范围”这一具体要求在党的十九届四中全会《中共中央关于坚持和完善中国特色社会主义制度、推进国家治理体系和治埋能力现代化若干重大问题的决定》中所处位置体

① 俞可平:《推进国家治理体系和治理能力现代化》，载《前线》2014 年第 1 期。

② 中共中央文献研究室编:《十八大以来重要文献选编》(上)，中央文献出版社 2014 年版，第 548 页。

现的逻辑关系来看：将“拓展公益诉讼案件范围”放在第四部分“坚持和完善中国特色社会主义法治体系，提高党依法治国、依法执政能力”的第四项“加强对法律实施的监督”中说明了以下两个问题：第一，检察公益诉讼是国家治理体系的重要组成部分、是国家治理体系的重要保障，以法治思维推进国家治理体系和治理能力现代化是检察公益诉讼的制度初衷；第二，检察公益诉讼是对法律实施的监督的具体举措。①

有观点进一步分析认为，在检察公益诉讼的制度设计中，检察权对立法权实质承接与延伸，检察机关作为法律监督机关，为维护客观法律秩序而提起诉讼，其法律监督职能是立法监督在司法领域的延伸；检察权对行政权进行补充与协调，并且与审判权分立配合，（在民事公益诉讼中）与公民权利衔接合作、兜底辅助，最终实现对国家统治模式、管理模式的不足进行弥补，具有治理领域广泛覆盖、治理力度深入、治理主体全面带动、治理规范法治化、治理方式刚柔并济的优势。②

公共利益本身就具有需要国家治理体系高度关切的特性。通常，从一般意义上说，国家利益体现一个国家政治统治需要的满足，国家利益与政治统治的这种高度密切性意味着行政机关在保护国家利益上的执法动力是充足的。③ 公共利益的主体是社会公众，是不特定多数的公众，主体既不是个人，也不是集体，也不是国家，比社会学中的群体概念以及政治学中的阶级概念更为宽泛。④ 而且在特定的内容上，与群体利益密切相关，特定的违法行为往往可能给特定的群体带来更加直接和具体的损害，个体的维权动因不足、成本过高，如果仅仅依靠行政执法单一的途径，一旦遭遇其他群体利益的阻挠，很难得到有效保障。允许检察机关作为法律监督机关督促治理、参与治理，对维护公共利益是有必要的。以环境保护为例，从 1979 年《环境保护法（试行）》开始，已经有三十余部法律指向环境保

---

① 胡卫列：《国家治理视野下的公益诉讼检察制度》，载《国家检察官学院学报》2020 年第 2 期。

② 刘艺：《论国家治理体系下的检察公益诉讼》，载《中国法学》2020 年第 2 期。

③ 巩固：《公益诉讼的属性及立法完善》，载《国家检察官学院学报》2021 年第 6 期。

④ 孙笑侠：《论法律与社会利益——对市场经济中公平问题的另一种思考》，载《中国法学》1995 年第 1 期。

护领域，但多数没有得到良好的执行。

2. 表现出协同性与灵活性的治理优势

检察公益诉讼法律监督的本质属性决定了制度在推进国家治理体系和治理能力现代化中的作用，是通过监督法律的正确实施来促进国家治理。我国检察公益诉讼制度设计强调的“协同性”，督促行政机关积极履职，检察机关与行政机关协同配合实现维护公益的效果，是区别于西方国家对抗式的公益诉讼制度设计的，也体现出明显的试图参与国家治理的特征。这样相对“柔和”的制度设计，具有相当的协商性、灵活性与多元化特征，通过广泛的“督促履职”（诉前程序），弱化了诉讼的对抗性，保护了行政机关的积极主动性[①]，实现了多方面协同参与，从客观效果上来说更有利于实现促进法治政府建设，维护国家和社会公共利益。

从检察公益诉讼制度的设计初衷，到与行政机关协同配合维护公益，大量的案件解决在诉前程序，实现了行政执法顺位优先，乃至于赔偿金的去向[②]，均显示检察公益诉讼制度明显的治理机制属性而非单纯的救济机制属性。从大量的检察公益诉讼的案例实践观察，检察公益诉讼显然不限于解决争议，而是通过诉前与诉中两个阶段，与多层次主体的沟通协调，审查行政机关履职状况，督促行政机关主动纠错，弥补行政管理的不足，减轻或者修复公益损害，实现多元治理公益保护的积极效果。[③]

三、形式意义上的探讨：检察公益诉讼维护的社会公共利益

从习近平总书记说明中的聚焦“造成对国家和社会公共利益侵害或者有侵害危险的案件”，到中央深改组第十二次会议强调的“牢牢抓住公益这个核心”，围绕重点领域“造成国家和社会公共利益受到侵害的案件”，检察公益诉讼制度维护的既包括秩序公益，也包括特定领域的社会公共利

① 甚至出现了行政机关主动要求检察机关监督的案例，参见胡卫列:《国家治理视野下的公益诉讼检察制度》，载《国家检察官学院学报》2020 年第 2 期。

②《生态环境损害赔偿资金管理办法（试行）》规定，生态环境损害赔偿资金作为政府非税收入，实行国库集中收缴，纳入一般公共预算管理，生态环境损害赔偿资金统筹用于在损害结果发生地开展的生态环境修复相关工作，也体现出治理而非救济的属性。

③ 刘艺:《论国家治理体系下的检察公益诉讼》，载《中国法学》2020 年第 2 期。

益；既包括已经受到侵害的利益，也包括有侵害危险的利益。从制度创设的初衷来看，还考虑到公共利益受到侵害时，由于相对人缺位，无法纠正违法行为，基于保护特定领域的公共利益的需要，弥补既有诉讼制度的不足，授权检察机关启动监督程序。

（一）主客观诉讼之分——遭受诟病的社会公共利益“压倒”秩序公益

1. 侵害公共利益与违法性要件

《行政诉讼法》第 25 条第 4 款规定：“人民检察院在履行职责中发现生态环境和资源保护、食品药品安全、国有财产保护、国有土地使用权出让等领域负有监督管理职责的行政机关违法行使职权或者不作为，致使国家利益或者社会公共利益受到侵害的，应当向行政机关提出检察建议，督促其依法履行职责。行政机关不依法履行职责的，人民检察院依法向人民法院提起诉讼。”根据这一规定，行政检察公益诉讼的起诉条件是不同于普通行政诉讼的，普通行政诉讼的核心是围绕行政行为的合法性进行审查，但在行政检察公益诉讼中，“国家利益或者社会公共利益受到侵害”也是起诉应当具备的条件，并成为审判机关的审查重点。“国家利益或者社会公共利益受到侵害”是单一的审查重点还是与“行政机关违法行使职权或者不作为”共同作为审查重点？换言之，行政公益诉讼指向的是受到侵害的国家、社会公共利益还是受到破坏的公法秩序？或者是两者兼有？

2. 主观诉讼与客观诉讼

有不少学者借用主观诉讼与客观诉讼的分类来分析行政公益诉讼所保护的利益，比如，有观点认为，行政公益诉讼具有明显的客观诉讼特征，即以保护公共利益为固有目的、原告的利益与公共利益关联、判决类型以恢复和保护客观法秩序为导向。[①] 也有观点认为，行政公益诉讼是否为客观诉讼并不确定，要取决于具体的诉讼构造，如果目的是维护秩序公益，法院以审查行政行为的合法性为核心，是客观诉讼；如果以保护特定领域的公共利益为目标，法院以审查特定领域的公共利益是否受损、如何

---

① 刘艺：《构建行政公益诉讼的客观诉讼机制》，载《法学研究》2018 年第 3 期。

恢复为核心，是主观诉讼。[①] 主客观诉讼的分类，从标准到结论争议都很大，从这些观点至少可以看出，检察公益诉讼涉及两个不同位阶的公共利益，一是秩序公益；二是特定领域的公共利益。这是由前文所论及的检察公益诉讼两项特质所决定的，一是检察公益诉讼本质依然是在履行法律监督职责；二是通过履行法律监督职责参与国家治理，维护国家和社会公共利益。

3. 客观法秩序价值与特定领域的社会公共利益逻辑关系的辨明

公益保护与法律执行是一体两面、内在统一的辩证关系。[②] 客观法秩序价值与特定领域的公共利益，在善法的前提下，是一致的，是不同层面的描述，客观法秩序尊重、体现和代表公共利益。以秩序公益和特定领域公共利益截然分割检察公益诉讼似乎是没有必要的，检察机关所承担的法律监督职责和检察公益诉讼制度设计的初衷决定了秩序公益和特定领域的公共利益无法人为割裂。从检察机关的法律监督职能看，公益诉讼尤其是行政公益诉讼是侧重于维护秩序公益，性质更偏向于客观诉讼，但是同时，在行政公益诉讼中，国家利益或特定的社会公共利益受到损害，而行政机关未尽应尽之职责，保护这些领域的公共利益，也是法律监督的必然要求，督促行政机关履职也是检察机关应尽的义务，由此，维护秩序公益和保护特定领域的公共利益是一致的、重合的。

检察机关既要维护法律的统一正确实施，又要监督行政机关的违法行为，维护国家和社会公共利益。回到制度设计上观察，中央深改组第十二次会议提出，“要牢牢抓住公益这个核心，重点是对生态环境和资源保护、国有资产保护、国有土地使用权出让、食品药品安全等领域造成国家和社会公共利益受到侵害的案件提起民事或行政公益诉讼，更好维护国家利益和人民利益”，指向特定领域的公共利益，占比极高的检察公益诉讼的诉前程序也显然是为了使受损害的公共利益得以恢复。但是，公益诉讼制度在特定领域的公共利益之外，还蕴含了“充分发挥法律监督职能作用，促

① 薛刚凌：《行政公益诉讼类型化发展研究——以主观诉讼和客观诉讼划分为视角》，载《国家检察官学院学报》2021 年第 2 期。

② 巩固：《公益诉讼的属性及立法完善》，载《国家检察官学院学报》2021 年第 6 期。

进依法行政、严格执法，维护宪法法律权威、优化司法职权配置、完善行政诉讼制度、推进法治政府建设的制度价值”。[①]

从法律规定和司法实践观察，检察公益诉讼制度所保护的公共利益，不仅包括客观法所代表的公共秩序与公共利益，还包括具体的国家利益，或者通过私益诉讼难以保护的“涉及不特定多数人的分散性的公共利益”等。检察机关作为法律监督机关，一方面，通过履行法律监督职能，保护法律体系本身所代表的制度公益，加强对行政机关法律实施行为的监督；另一方面，对特定公共利益进行专门的司法保护。[②] 检察公益诉讼对公共利益的维护，并不以直接代表公共利益为典型表现形式，在行政公益诉讼中，检察公益诉讼实质是一种督促履职之诉，通过督促行政机关依法履职，保护国家和社会公共利益，并与行政诉讼互相补充和弥合，形成更加完整的体系；在民事公益诉讼中，才直接代表公共利益，但检察公益诉讼从制度设计到具体实践，行政公益诉讼都占绝对多数。[③] 本文在论述时也多以检察行政公益诉讼为基本观察对象，一方面，检察公益诉讼代表制度设计的初衷，另一方面，检察公益诉讼在逻辑进路和实践展开中都具有绝对的典型性。

有不少观点认为，检察公益诉讼过于关注公共利益，以至于“压倒”了秩序公益，是检察诉讼最为遭受“诟病”之处。[④] 当然不应脱离“法定”

---

① 胡卫列:《国家治理视野下的公益诉讼检察制度》，载《国家检察官学院学报》2020 年第 2 期。

② 刘艺:《论国家治理体系下的检察公益诉讼》，载《中国法学》2020 年第 2 期。

③ 2021 年 1—11 月数据显示，案件类型方面，行政公益诉讼占比 88%，仍旧是办案的主要类型，同比下降 2 个百分点，民事公益诉讼占比略有上升。参见胡卫列、孙森森:《实务与理论深度融合 推进公益诉讼检察新发展——2021 年公益诉讼检察研究综述》，载《人民检察》2022 年第 4 期。

④ 比如，有观点认为部分案件片面追求特定领域的公共利益，而忽视秩序公益。参见薛刚凌:《行政公益诉讼类型化发展研究——以主观诉讼和客观诉讼划分为视角》，载《国家检察官学院学报》2021 年第 2 期。有学者认为，检察机关以直接保护特定领域的公共利益为目的开展行政公益诉讼，不仅身份尴尬、思维受限、力所不及，还模糊了检察机关作为国家法律监督者的宪法定位。参见潘剑锋、郑含博:《行政公益诉讼制度目的检视》，载《国家检察官学院学报》2020 年第 2 期。还有学者认为检察机关过分关注利益层面，逾越权能分工，介入行政事务。参见梁鸿飞:《检察公益诉讼：法理检视与改革前瞻》，载《法制与社会发展》2019 年第 5 期。

而孤立保障“公益”，应当强调发挥法律监督职能，督促行政机关依法履职，维护法秩序统一，方才符合作为法律监督机关的宪法定位。应该说，检察公益诉讼应当牢牢把握法律监督职能的定位这一观点是正确的，但是，对检察公益诉讼“过分关注公益”“孤立保障公益”的分析是值得商榷的。从规则层面看，行政行为的违法性一直是公益诉讼的必要条件。《人民检察院公益诉讼办案规则》第74条规定：“经调查，人民检察院认为存在下列情形之一的，应当作出终结案件决定：（一）行政机关未违法行使职权或者不作为的；（二）国家利益或者社会公共利益已经得到有效保护的；（三）行政机关已经全面采取整改措施依法履行职责的；（四）其他应当终结案件的情形。终结案件的，应当报检察长决定，并制作《终结案件决定书》送达行政机关。”根据这一规定，四类应当作出终结案件决定的情形是择一的关系，也就是说，只要行政机关没有违法行使职权或不作为的，或者已经全面采取整改措施依法履行职责的，不具备应当纠正的违法性，即便国家利益或社会公共利益未能得到有效保护，也应当终结案件，因为行政执法手段已经穷尽，如确实仍有监督的必要（仍有待救济的特定领域的公共利益），只能再考虑民事公益诉讼的视角。但即便转换到民事公益诉讼的视角，检察机关提起民事公益诉讼的目标追求也是弥补公益和保障法律的统一正确实施，只不过所维护的法秩序从公法切换到民事法律。所以，脱离法定孤立保障公益的结论是不成立的。

虽然无法截然界分，但是借助主客观诉讼的分类对检察公益诉讼所维护的公共利益进行探讨，可以进一步认识到：第一，基于检察公益诉讼所具有的法律监督职能的本质属性和参与国家治理的重大特性，其所维护的公共利益，既包括秩序公益，维护法律的统一正确实施、优化司法职权配置，也包括具体的国家利益和特定的社会公共利益，还包括私益诉讼中难以得到保护的、涉及不特定多数人的、分散性的公共利益。第二，秩序公益与具体的国家利益、社会公共利益在检察公益诉讼的保护视野中表现出高度的一致性。行政公益诉讼以行政机关违法行使职权或不作为为前提，以国家利益、社会公共利益受损为要件；民事公益诉讼既是由于有待弥补的公共利益，同样也是基于维护民事法律得到正确实施的需要。第三，检察公益诉讼兼具客观诉讼与主观诉讼的特征。行政公益诉讼的制度设计极大地蕴含了纠正行政机关的违法行为或不作为的目的，蕴含了进一步完善行政诉讼制度、弥补既有制度漏洞、不断推进法治政府建设的目的，并在具体的制度设计上采用相对柔和而非对抗的方式，以检察机关参与国家治理的形式，推进国家治理体系和治理能力的现代化，并以行政机关违法行使职权或不作为为监督的前提和必要条件，表现出浓厚的客观诉讼的特征。但是，根据公益诉讼办案规则，依然以国家利益或社会公共利益受到侵害为立案调查、应当立案的要件，以国家利益或社会公共利益受到侵害为发出检察建议、提起公益诉讼的要件[①]，并且对于两益遭受严重损害的，即便经过初步调查难以确定行政机关是否违法履职或怠于履职的，依然可以立案调查，也表现出明显的主观诉讼的特征。

有观点认为，对于公益诉讼的起诉要件，应当取消已经发生实际损害的要求，因为，行政违法行为本身就是对秩序公益的损害，不再需要特定领域的公共利益受到侵害为要件。[②] 换言之，该观点认为，只要有行政机关违法行使职权或不作为，就满足了提起行政公益诉讼的要件，作为行政公益诉讼以客观诉讼类型为发展方向的构造。这一观点给我们的启示在于：行政违法行为或不作为，除客观上已经实际造成国家利益或社会公共利益的损害之外，还可能意味着行政违法行为或不作为实际造成一个公共

---

① 《人民检察院公益诉讼办案规则》第 28 条规定："人民检察院经过评估，认为国家利益或者社会公共利益受到侵害，可能存在违法行为的，应当立案调查。第二十九条　对于国家利益或者社会公共利益受到严重侵害，人民检察院经初步调查仍难以确定不依法履行监督管理职责的行政机关或者违法行为人的，也可以立案调查。第六十七条　人民检察院经过对行政公益诉讼案件线索进行评估，认为同时存在以下情形的，应当立案：（一）国家利益或者社会公共利益受到侵害；（二）生态环境和资源保护、食品药品安全、国有财产保护、国有土地使用权出让、未成年人保护等领域对保护国家利益或者社会公共利益负有监督管理职责的行政机关可能违法行使职权或者不作为。第七十五条第一款　经调查，人民检察院认为行政机关不依法履行职责，致使国家利益或者社会公共利益受到侵害的，应当报检察长决定向行政机关提出检察建议，并于《检察建议书》送达之日起五日内向上一级人民检察院备案。第八十一条　行政机关经检察建议督促仍然没有依法履行职责，国家利益或者社会公共利益处于受侵害状态的，人民检察院应当依法提起行政公益诉讼。均以国家利益或社会公共利益受到侵害为立案调查、立案、发出检察建议、提起公益诉讼的要件。"

② 薛刚凌：《行政公益诉讼类型化发展研究——以主观诉讼和客观诉讼划分为视角》，载《国家检察官学院学报》2021 年第 2 期。

利益损害的风险，或者说，将某种公共利益置于隐患、风险、危险之中。

（二）已经遭受侵害的公共利益和有侵害之虞的公共利益

1. 公共利益的“有侵害危险”

随着科技的不断进步和互联网技术的全面深入，当今社会面临着更多的复杂性和不确定性，“风险社会”的特征在涉及不特定多数群体的利益时，会被呈几何倍数地放大，对风险的防范治理和法治建设都有了更新的要求。在一些特定领域，风险预防的需求是非常突出的，如环境保护领域，环境法就面临着“从后果控制到风险预防”的转型需求。①

习近平总书记在向党的十八届四中全会作的说明中提出：“在现实生活中，对一些行政机关违法行使职权或者不作为造成对国家和社会公共利益侵害或者有侵害危险的案件，如国有资产保护、国有土地使用权转让、生态环境和资源保护等，由于与公民、法人和其他社会组织没有直接利害关系，使其没有也无法提起公益诉讼，导致违法行政行为缺乏有效司法监督，不利于促进依法行政、严格执法，加强对公共利益的保护。由检察机关提起公益诉讼，有利于优化司法职权配置、完善行政诉讼制度，也有利于推进法治政府建设。”可见在执政党的制度设计之初，就考虑了“对国家和社会公共利益有侵害危险的案件”。2014 年，最高人民法院发布《关于审理环境民事公益诉讼案件适用法律若干问题的解释》，该解释第 1 条规定，对具有“损害社会公共利益重大风险的”污染环境、破坏生态的行为提起的诉讼，法院应当受理。

2. 风险预防原则

关于风险预防原则，1992 年的《里约环境与发展宣言》有较为经典的表述，“为了保护环境，各国应按照本国的能力，广泛使用预防原则；遇有严重的或者不可逆转的损害威胁时，不得以缺乏科学充分确实证据为理由，延迟采取符合成本效益的措施防止环境恶化”。这一表述描述了所应当预防的风险的“严重性”与“不可逆转性”，正是基于

① 吕忠梅：《从后果控制到风险预防 中国环境法的重要转型》，载《中国生态文明》2019 年第 1 期。

此，需要使用预防原则。预防原则在国际层面获得普遍认同，并逐渐成为各国应对不确定风险的重要依据，广泛应用于众多国际文件和条约，如《奥尔胡斯公约》《联合国气候变化框架公约》《濒临绝种野生动植物国际贸易公约》等。关于风险预防，我国的环境法律体系中，环境保护法、环境影响评价法对环境预防均有涉及，配套的环境预防制度包括环境规划制度、环境影响评价制度、环境监测制度、三同时制度等。[①]检察机关在环境公益诉讼领域，通常还是按照公益诉讼办案规则的规定，把握损害的已发生要件，对提起预防性公益诉讼持较为审慎的态度。《人民检察院公益诉讼办案规则》没有将存在隐患、危险、风险作为立案或发出检察建议、提起诉讼的条件，但最高人民检察院在 2020 年 9 月发布的《关于积极稳妥拓展公益诉讼案件范围的指导意见》第 8 点“从严把握新领域案件的立案条件”中，将“国家利益或者社会公共利益遭受严重侵害或者存在重大侵害危险”作为新领域案件立案的必要条件之一，[②]应该说为预防性公益诉讼预留了一定的制度空间。

3. 预防性公益诉讼

对侵害公共利益的风险、危险的预防性公益诉讼，是否属于法律监督权的行使？通常认为，法律监督是对法律实施进行的监督，目的是纠正违法、维护客观秩序。[③]具备行政行为违法性要件，并由此将公共利益置于风险和隐患之中的，应当进入法律监督的视野。

许多观点对可能侵害公共利益的风险预防和控制中行政权与司法权的优劣进行了比较，认为行政权对风险的预防和控制更具有法定职责、专业性，应居于主导地位。比如，为了应对环境风险，我国环境立法确定了从“预防损害”到“预防风险”的理念和原则，也赋予行政机关进行风险管控的职责和权力，可以说，目前绝大部分可能造成重大环境风险的行为都

① 胡婷婷：《欧洲环境司法制度及启示》，载《人民检察》2020 年第 5 期。

② 《最高检第八厅 2020 年 9 月 18 日发布：〈关于积极稳妥拓展公益诉讼案件范围的指导意见〉》，载 https://mp.weixin.qq.com/s/6A7CYfAgLYzfyvRgdWLrEQ，2022 年 6 月 11 日访问。

③ 秦前红：《两种“法律监督”的概念分野与行政检察监督之归位》，载《东方法学》2018 年第 1 期。

已经被纳入行政法规制的范围。此外，针对产生危险、风险的环境行为，形成了包括环境影响评价、“三同时”、排污许可、现场检查等“全过程”控制的预防性法律制度和规范[①]，行政机关对“风险识别—风险评估—风险管理”[②]是具有绝对优势的。但是，行政权和司法权在风险预防和控制中依然没有进行所谓优劣比较的必要，风险防控是行政机关的法定职责，检察机关的职责依然是法律监督，具体在行政公益诉讼中体现为督促履职，积极柔和参与国家治理，与行政权就社会公共利益的保护形成合力，并不存在优劣比较。

传统的侵权法理论以造成损害为承担侵权责任的构成要件之一，即无损害则无救济，从民法典侵权责任编的一般规定，到环境污染和生态破坏责任、高度危险责任，均要求“造成损害”“造成严重后果”“污染环境、破坏生态”“造成他人损害”等结果要件，但是，涉及公共利益层面的，有些损害一旦造成，即便事后判决消除危险、恢复原状、赔偿损失，损害的影响可能巨大，难以得到根本性的弥补，尤其是在环境保护领域、安全生产领域、个人信息保护领域，损害是广泛且不可逆的。

民事诉讼法和环境保护法共同构建了环境民事公益诉讼制度，其中，《环境保护法》第5条确立了环境保护的“预防为主、综合治理”的原则，从学理上被诠释为将“预防原则”作为环境法的基本原则。2014年，最高人民法院发布《关于全面加强环境资源审判工作为推进生态文明建设提供有力司法保障的意见》，提出“案件审理过程中积极采取司法措施预防、减少环境损害和资源破坏，通过事前预防措施降低环境风险发生的可能性及损害程度”。2015年最高人民法院发布的《关于审理环境民事公益诉讼案件适用法律若干问题的解释》第1条、第18条原则性确立了“预防性环境民事公益诉讼”，适格主体可以针对“已经损害社会公共利益或具有损害社会公共利益重大风险的污染环境、破坏生态行为”提起诉讼。2021年《生物安全法》明确将“风险预防”作为基本原则。2021年最高人民

---

① 张百灵:《预防性环境行政公益诉讼的理论基础与制度展开》，载《行政法学研究》2021年第6期。

② 白志鹏等主编:《环境风险评价》，高等教育出版社2009年版，第145—148页。

法院发布的《关于新时代加强和创新环境资源审判工作 为建设人与自然和谐共生的现代化提供司法服务和保障的意见》，在环资领域进一步提出“完善预防性、恢复性司法措施，健全公益诉讼制度，丰富多元化纠纷解决方式”。

2020 年 12 月，最高人民检察院、中国国家铁路集团有限公司联合发布的“铁路安全生产领域公益诉讼典型案例”，指向“危害铁路运行安全”等方面的“安全隐患”，力求以最小的司法投入取得最大的公益保护效果①；2021 年 3 月，最高人民检察院与应急管理部联合发布的“安全生产领域公益诉讼典型案例”，聚焦安全生产领域的“重大安全隐患”“潜在的风险”，突出了“预防性司法理念”，“安全生产领域”当时还不是检察公益诉讼的法定领域，是新领域探索的内容。②

引起社会广泛关注的“绿孔雀案”，“绿孔雀的存亡风险和水电站的废立交织成一线”，成为我国第一例珍稀野生动植物保护的预防性环境公益诉讼案件。案件的特殊性在于本案的环境破坏只是一种重大风险，但并没有真实发生，侵害情形尚不明确，庭审焦点是法院将如何依法认定这种“可能性”。在该案的判决中，法院指出：人民法院审理此类预防性公益诉讼案件，既应贯彻“保护优先、预防为主的原则”，从被保护对象的独有价值、损害结果发生的可能性、损害后果的严重性及不可逆性等方面，综合判断被告的行为是否具有《最高人民法院关于审理环境民事公益诉讼案件适用法律若干问题的解释》第 1 条规定的“损害社会公共利益重大风险”，推动把自然资源开发利用行为对生态环境造成的影响控制在合理范围内，维护生态安全；同时，又应贯彻绿色发展理念，坚持保护与可持续利用自然资源原则，统筹协调发展经济、保障民生和保护生态环境之间的

---

① 《最高检、国铁集团联合发布铁路安全生产领域公益诉讼典型案例》，载微信公众号“最高人民检察院”，https://mp.weixin.qq.com/s/ofIxgHGdY5oitI7mq_lu5g?from=singlemessage&isappinstalled=0&scene=1&clicktime=1655030487&enterid=1655030487，2022 年 6 月 12 日访问。

② 《最高检、应急管理部联合发布安全生产领域公益诉讼典型案例》，载微信公众号“最高人民检察院”，https://mp.weixin.qq.com/s/UBNV4g_C_wtSRZWAbalUEg，2022 年 6 月 12 日访问。

关系，促进人与自然和谐共生。[①] 这一生效裁判，提炼了以下规则：第一，审查预防性公益诉讼案件应当坚持“保护优先、预防为主的原则”；第二，判断是否存在环境民事公益诉讼司法解释规定的“损害社会公共利益重大风险”时，应当重点审查被保护公益的“独立价值”，评估“损害发生的可能性（概率）”，评估“损害后果的严重性和不可逆性”。

现有司法解释将需要预防的风险表述为“具有损害社会公共利益重大风险的”污染环境、破坏生态行为，如何理解和把握应当提前预防的具有损害社会公共利益的“重大风险”，如何界定预防性公益诉讼的范围。对重大风险的界定可以从两个方面进行：一是损害后果发生的概率，二是损害后果的严重程度及影响范围。首先，从概率的角度理解风险、评估风险发生的可能性。根据损害发生的概率，可以将风险划分危险、风险和剩余风险，概率逐级降低。危险，是发生概率最高的状态；风险，发生的概率低于危险，但损害结果客观上无法排除；剩余风险，是指几乎不可能发生的状态可直接予以排除。危险和风险因具有较高的发生盖然性，应作为预防性公益诉讼的风险。其次，如何理解可能发生的损害后果的严重程度和影响范围。《里约环境与发展宣言》提示的需要预防的风险应当是后果“严重”的或者后果“不可逆转”的，风险对国家利益或者社会公共利益产生了现实而紧迫的威胁，如果不及时采取有效措施制止或排除风险，将会造成严重的损失或不可弥补、不可逆转的损失。[②]

第二节 检察公益诉讼与反不正当竞争法的社会公共利益

检察公益诉讼的监督属性，决定了它的职能行使与行政权的职能行使必然具有不同的性质。检察公益诉讼保障法律的统一正确实施，是法律实施的监督，是法律实施的司法保障，而行政机关的职能是执法、法律实

① 参见最高人民法院（2021）最高法民申 3881 号民事裁定。

② 秦天宝、陆阳：《从损害预防到风险应对：预防性环境公益诉讼的适用基准和发展方向》，载《法律适用》2022 年第 3 期。

施。检察公益诉讼必然是有限的、有边界的，尽管检察机关一直在“积极稳妥地”探索拓展公益诉讼案件范围，但无论怎么探索，怎么拓展，检察公益诉讼的范围都必然是有限的。以行政检察公益诉讼为例，行政行为的违法性（包含不作为）和损害国家利益或者社会公共利益（或置于重大风险之下），就是行政检察公益诉讼的边界。行政行为的违法性，是一个传统的问题，比较好理解，而社会公共利益的损害或重大风险，直接关系到检察公益诉讼范围的拓展，什么是检察公益诉讼视野下的“社会公共利益”？

观察检察公益诉讼的边界，对《民事诉讼法》第 58 条第 2 款、《行政诉讼法》第 25 条第 4 款中受案范围的“等”的理解，应当符合行政机关违法行使职权或不作为、造成了国家利益或社会公共利益现实损害，且属于行政机关承担监管职责的领域的构成要件。比如，在民生保障、互联网监管、生物科技监管等关系民众福祉，政府有监管职责但是执法力量不足、立法相对滞后的领域，应当是检察公益诉讼积极稳妥探索延伸的领域。[①]

一、检察公益诉讼语境下的社会公共利益

（一）以个人信息保护检察公益诉讼制度为一个典型的研究样本

个人信息保护和大数据权利，是一个问题的两个方面，在实体特征上具有相当的共通性，在对所涉及的公共利益的理解和把握上具有典型意义。前文第二章中已经分析了，大数据是全体数据，而不是抽样数据，要避免抽样的局限性；大数据是混杂数据，而不是结构化数据，描绘概率和趋势而不拘泥于低数量级的精准度，都是大数据的优势，有助于进行描绘轮廓和脉络，进行趋势的预测。在这样的基础上，从个人信息处理者的角度，尤其是立法高度关注的平台处理者角度来看，获取海量数据并加以分析利用才是目的，个人信息保护和大数据是一个问题的两个方面，单个独立的信息，从分析利用的层面，对信息处理者是不具有重要意义的。

2021 年 8 月 20 日，我国颁布了《个人信息保护法》，其第 70 条规定“个人信息处理者违反本法规定处理个人信息，侵害众多个人的权益的，

① 刘艺:《论国家治理体系下的检察公益诉讼》，载《中国法学》2020 年第 2 期。

人民检察院、法律规定的消费者组织和由国家网信部门确定的组织可以依法向人民法院提起诉讼”。这一规定，被认为为个人信息保护检察公益诉讼制度提供了明确的法律依据，但总体来说，规定较为原则和简略。时任全国人大常委会法制工作委员会副主任刘俊臣在对个人信息保护法草案作说明时介绍：截至 2020 年 3 月，我国互联网用户已达 9 亿，互联网网站超过 400 万个，应用程序数量超过 300 万个，个人信息的收集、使用更为广泛，现实生活中，一些企业、机构甚至个人，从商业利益等出发，随意收集、违法获取、过度使用、非法买卖个人信息，利用个人信息侵扰人民群众生活安宁、危害人民群众生命健康和财产安全等问题仍十分突出。[①]

个人信息侵害具有大规模、个案损害相对轻微、隐蔽性强、举证困难、维权动因不足等特点，而大规模的个人信息被违法处理背后可能涉及几个层面的问题：一是涉及不特定多数人的利益，涉及面广，且一旦泄露，损害难以弥补，后果不可逆；二是涉及个人信息的恶意利用，如未做脱敏处理，被用于个人精准画像，可能引发恶性侵权事件，可能产生侵害程度深、损害后果严重的侵权行为；三是涉及不特定多数人，甚至不特定群体、不特定内容，还可能上升到涉及数据安全，类似生物识别、金融安全、教育医疗等。

如何理解个人信息保护检察公益诉讼语境下的“社会公共利益”？《个人信息保护法》使用了“侵害众多个人的权益”的表述，《民事诉讼法》第 58 条第 1 款表述为“对污染环境、侵害众多消费者合法权益等”损害社会公共利益的行为，《行政诉讼法》第 25 条第 4 款表述为“人民检察院在履行职责中发现生态环境和资源保护、食品药品安全、国有财产保护、国有土地使用权出让等领域负有监督管理职责的行政机关违法行使职权或者不作为，致使国家利益或者社会公共利益受到侵害的”，《未成年人权益保护法》第 106 条表述为“涉及公共利益的，人民检察院有权提起公益

---

①《全国人大常委会法制工作委员会副主任刘俊臣：关于〈中华人民共和国个人信息保护法（草案）〉的说明——2020 年 10 月 13 日在第十三届全国人民代表大会常务委员会第二十二次会议上》，载全国人大网，http://www.npc.gov.cn/npc/c30834/202108/fbc9ba044c2449c9bc6b6317b94694be.shtml，2022 年 6 月 5 日访问。

诉讼”。不同的表述意味着对所涉及的社会公共利益可能要做不同的理解。从《民事诉讼法》第 58 条观察，是否意味着污染环境所侵害的是不特定多数人的利益？而侵害消费者利益主要指向特定的群体，因此需要以侵害众多为前提限定条件？《个人信息保护法》上的“侵害众多个人的权益”应当作何理解？

修改后民事诉讼法共有 5 处使用了“众多”的表述，包括第 56 条、第 57 条、第 58 条（两处）和第 206 条。关于《民事诉讼法》第 56 条、第 57 条和第 206 条的“众多”，司法解释是有过细化的，《最高人民法院关于适用〈中华人民共和国民事诉讼法〉的解释》第 75 条规定：“民事诉讼法第 53 条、第 54 条和第 199 条规定的人数众多，一般指十人以上。”原《民事诉讼法》第 53 条、第 54 条和第 199 条对应修改后《民事诉讼法》第 56 条、第 57 条和第 206 条，涉及当事人人数众多的共同诉讼的内容，司法解释进行了细化，但是唯独未能对第 58 条表达的两处“众多”进行解释。

具体来看，《民事诉讼法》第 58 条规定，“对污染环境、侵害众多消费者合法权益等损害社会公共利益的行为，法律规定的机关和有关组织可以向人民法院提起诉讼。人民检察院在履行职责中发现破坏生态环境和资源保护、食品药品安全领域侵害众多消费者合法权益等损害社会公共利益的行为，在没有前款规定的机关和组织或者前款规定的机关和组织不提起诉讼的情况下，可以向人民法院提起诉讼。前款规定的机关或者组织提起诉讼的，人民检察院可以支持起诉”。分析可见，第 58 条的两处“众多”，以“侵害众多消费者合法权益”为表象，落脚到“损害社会公共利益”，实际上是对公共利益的保护。公共利益，具有高度的抽象性、多样性，无法列举，无法穷尽，所以司法解释没有进行解释，而是保留了这样一个开放性的定义，由司法机关在个案中具体解释，法官由此获得了更大的自由裁量权。

《个人信息保护法》第 70 条和《民事诉讼法》第 58 条的“侵害众多个人权益”“侵害众多消费者合法权益”如何理解？在分析“侵害众多消费者合法权益”时，大致有两种观点[①]，一种认为只要消费者人数众多，

① 吴光荣、赵刚：《消费者团体提起公益诉讼基本问题研究》，载《法律适用》2015 年第 5 期。

就符合提起公益诉讼的条件，甚至“众多”一词依然是可以进一步量化的；另一种观点认为，提起公益诉讼不仅应当具备消费者人数众多的外观形式要件，还应当符合损害社会公共利益的实质要件。这两种观点的区别除了对法条本身的逻辑关系的理解之外，还包括对社会公共利益的理解和把握，人数众多是否就意味着社会公共利益？当然不是，人数众多只是一个表象、一个外观，损害社会公共利益往往具有一个侵害人数众多的表象，但是本质还是要关注更加抽象的概念，也就是通常所说的“潜在的、可能广泛分布的、不特定的多数”①，是一种抽象的定义，而且由于个人信息经网络扩散的后果不可逆，同前文所涉及的预防性公益诉讼中的隐患、重大风险，更有着相通之处。因此，在对《个人信息保护法》第70条进行理解时，应当把握三方面要件：一是个人信息处理者违法处理个人信息；二是侵害众多个人权益；三是实质侵害社会公共利益。

（二）作为检察公益诉讼起点的社会公共利益的立法表达

几乎没有法律直接界定何谓“社会公共利益”，立法上有一些类似概念的表述，如界定公益事业的范围、界定公共利益的目的范围，可以辅助我们理解社会公共利益。《公益事业捐赠法》第3条规定：“本法所称公益事业是指非营利的下列事项：（一）救助灾害、救济贫困、扶助残疾人等困难的社会群体和个人的活动；（二）教育、科学、文化、卫生、体育事业；（三）环境保护、社会公共设施建设；（四）促进社会发展和进步的其他社会公共和福利事业。”《信托法》第60条规定：“为了下列公共利益目的之一而设立的信托，属于公益信托：（一）救济贫困；（二）救助灾民；（三）扶助残疾人；（四）发展教育、科技、文化、艺术、体育事业；（五）发展医疗卫生事业；（六）发展环境保护事业，维护生态环境；（七）发展其他社会公益事业。”

随着相关法律制定和修改，检察公益诉讼“法定”办案领域已经由4个增至“4+11”个（2022年6月新增了反垄断民事公益诉讼）。实际支撑

---

① 张新宝、赖成宇：《个人信息保护公益诉讼制度的理解与适用》，载《国家检察官学院学报》2021年第5期。

检察公益诉讼的法律规范大致包括以下几个方面：一是两部诉讼法。《民事诉讼法》第58条第2款规定“人民检察院在履行职责中发现破坏生态环境和资源保护、食品药品安全领域侵害众多消费者合法权益等损害社会公共利益的行为”，《行政诉讼法》第25条第4款规定“人民检察院在履行职责中发现生态环境和资源保护、食品药品安全、国有财产保护、国有土地使用权出让等领域负有监督管理职责的行政机关违法行使职权或者不作为，致使国家利益或者社会公共利益受到侵害的”。二是七部实体法。《英雄烈士保护法》第25条第2款规定“检察机关依法对侵害英雄烈士的姓名、肖像、名誉、荣誉，损害社会公共利益的行为向人民法院提起诉讼”;《固体废物污染环境防治法》第121条规定“固体废物污染环境、破坏生态，损害国家利益、社会公共利益的”;《未成年人保护法》第106条规定“未成年人合法权益受到侵犯，相关组织和个人未代为提起诉讼的，人民检察院可以督促、支持其提起诉讼；涉及公共利益的，人民检察院有权提起公益诉讼”;《长江保护法》第93条第2款规定“违反国家规定造成长江流域生态环境损害的，国家规定的机关或者法律规定的组织有权请求侵权人承担修复责任、赔偿损失和有关费用”;《军人地位和权益保障法》第62条规定“侵害军人荣誉、名誉和其他相关合法权益，严重影响军人有效履行职责使命，致使社会公共利益受到损害的，人民检察院可以根据民事诉讼法、行政诉讼法的相关规定提起公益诉讼”;《安全生产法》第74条第2款规定“因安全生产违法行为造成重大事故隐患或者导致重大事故，致使国家利益或者社会公共利益受到侵害的，人民检察院可以根据民事诉讼法、行政诉讼法的相关规定提起公益诉讼”;《个人信息保护法》第70条规定“个人信息处理者违反本法规定处理个人信息，侵害众多个人的权益的，人民检察院、法律规定的消费者组织和由国家网信部门确定的组织可以依法向人民法院提起诉讼”;《反垄断法》第60条第2款规定“经营者实施垄断行为，损害社会公共利益的，设区的市级以上人民检察院可以依法向人民法院提起民事公益诉讼”。

从前述十部法律的表述来看，只有长江保护法和个人信息保护法没有直接使用社会公共利益的表述，长江保护法因为直接涉及造成长江流域生态环境损害，争议不大，个人信息保护法的表述值得进一步探讨。

社会公共利益是检察公益诉讼的核心问题，更是立法与司法普遍关注的核心问题。从立法表达的角度观察，“社会公共利益”是我国法律法规中出现频率极高的一个术语。在“北大法宝”中以“公共利益”为关键词对“全文”进行检索，全文包含该关键词的法律有287部，行政法规有312部，司法解释有612份，在宪法、行政法、刑法、诉讼法、民商法、经济法等不同部门法中均有分布，在不同层级的规范性文件中都有分布。具体到公共利益的条款，立法表达有几种分类，按照所处的位置和发挥的作用，可以分为总则性的公共利益条款和非总则性的公共利益条款，前者多规定在总则或一般规定部分，有更多的价值引领意味、宣示倡导意味；后者多结合具体情形进行表述，属于具体规范的组成部分，能够直接适用。按照所实现的目的和效果，可以分为积极性的条款和消极性的条款：积极性的条款是指以增进、实现和保护公共利益为目标的规定，将公共利益视为保护对象。如《个人信息保护法》第10条规定，任何组织、个人不得非法收集、使用、加工、传输他人个人信息，不得非法买卖、提供或者公开他人个人信息；不得从事危害国家安全、公共利益的个人信息处理活动。消极性的条款是指将公共利益作为限制个体行为、限制权利的理由或条件。再如《个人信息保护法》第13条第5项规定，为公共利益实施新闻报道、舆论监督等行为，在合理的范围内处理个人信息，是信息处理者可以处理个人信息的情形之一。作为公益诉讼基础的公共利益，是积极的公共利益还是消极公共利益？或同时包括两种？继续观察和分析“个人信息处理者违反本法规定处理个人信息，侵害众多个人的权益的”补齐“损害社会公共利益”的表述，是将作为公益诉讼基础的公共利益视为该法保护的对象，即要求信息处理者处理个人信息不得损害公共利益，也就是说，作为公益诉讼基础的公共利益，应当是积极的公共利益条款，而不是消极的公共利益条款，这也就意味着，与检察公益诉讼相关的公共利益的研究应当侧重于公共利益的内涵，而不是对“假冒形态的”公共利益的排除。

从粗略的立法梳理可以看出，第一，对公共利益的规定，既体现出现代立法以保护公共利益为主要目的之一，也体现出公共利益作为调和表达国家利益、集体利益、个人利益的客观价值，应当充分表达和实现公共利益，以满足人们在环境、安全、有序竞争乃至美好生活方面的更高的要求。第二，在具体制度上，公共利益的主要作用是对个人权利的一种限制，将公共利益以作为个体行使权利的边界，蕴含了个人利益不得违反公共利益的判断。第三，维护公共利益成为公权力行使正当性的重要依据。例如，《行政处罚法》第 1 条规定："为了规范行政处罚的设定和实施，保障和监督行政机关有效实施行政管理，维护公共利益和社会秩序，保护公民、法人或者其他组织的合法权益，根据宪法，制定本法。"[①]

但是，由于公共利益的内涵与外延的抽象性、不确定性，以及以公共利益作为边界或依据所需要进行的利益衡量，在具体的制度实践上，对公共利益的不同理解和把握会带来法律适用的巨大争议。

（三）检察公益诉讼语境下社会公共利益的追问与探讨

社会公共利益在法哲学领域和政治哲学领域都是一个恒久探讨的课题。多数观点肯定"社会公共利益"区别于个人利益而存在，区别于国家利益而存在，并且与国家利益一道构成公共利益。[②]

1. 试图对社会公共利益的内涵无限接近

社会公共利益常被喻为"一艘空驶的船舶"，所装载的内容在不同时期有所不同[③]，既有人们对社会公共利益内涵的不同阶段的认知变化，也有不同经济社会文化背景下的不同需求。

早在古希腊时期，古希腊特殊的城邦制度造就了一种"整体国家观"，与之相关联的是"公共利益"，公共利益被视为一个社会存在所必需的一元的抽象价值，是全体社会成员的共同目标，亚里士多德所主张的这种实现"最高的善"的国家目的的现实物化就是公共利益。[④]

---

① 高志宏：《"公共利益"：立法梳理与学术反思》，载《苏州大学学报》2013 年第 2 期。

② 比较有代表性的，如颜运秋教授认为，公益应该有两层次的含义：第一层为社会公共利益，即为社会全部或部分成员所享有的利益；第二层为指国家利益。参见颜运秋：《公益诉讼法律制度研究》，法律出版社 2008 年版，第 26—27 页。

③ 张钦昱：《〈民法典〉中的公共利益——兼论与公序良俗的界分》，载《暨南学报（哲学社会科学版）》2021 年第 7 期。

④ 王轶、关淑芳：《认真对待民法总则中的公共利益》，载《中国高校社会科学》2017 年第 4 期。

以耶林为代表的利益法学派认为，“社会”是一个至高无上的概念，获取社会利益就是法律的目的。[①] 黑克则认为，法律的规定主要涉及为保护特定社会利益而牺牲其他利益。[②] 庞德认为，法律的首要作用是确认、协调或者调整各种社会利益，以保障社会的和平与秩序；公共利益包括社会的一般安全、社会体制、基本道德、保护社会资源、不断发展和按照社会标准所过的个人生活。[③] 斯通认为，个人利益可以分为人格和物质财产，而社会利益可以表现为社会制度的安全、一般道德、个人的社会生活，并且作了非常具体化的列举，包括公共安全、健康、和平与秩序、交易安全、社会制度安全、正当和法律制度、政治制度、经济发展、文化发展、最低生活标准、自然资源保护，等等。[④] 哈耶克认为，“自由社会的共同福利和公共利益的概念”“只能定义为一种抽象的秩序”。[⑤] 日本的一些经济法学者则认为，公共利益就是“以自由竞争为基础的经济秩序本身”，妨害这种经济秩序就是违反公共利益。[⑥]

德沃金曾将原则和政策作如下区分：政策“一般是规定一个必须实现的目标，关于社会的某些经济、政治或社会问题的改善（虽然某些目标是消极的，在这样的目标中，它规定当前社会的某些特点需要保护，以防止相反的改变）”，而原则“应当得到遵守并不是因为它将促进或者保证被认为合乎需要的经济、政治或社会形势，而是因为它是公平、正义或者

---

① 顾维熊：《西方法学流派评析》，上海社会科学院出版社1992年版，第78页。

② ［德］卡尔·拉伦茨：《法学方法论》，陈爱娥译，商务印书馆2003年版，第1页。

③ ［美］罗斯科·庞德：《法理学》（第三卷），廖德宇译，法律出版社2007年版，第218—244页。

④ 薄振峰：《朱利叶斯·斯通的社会法学思想》，载《清华法学》2006年第3期。

⑤ ［英］弗里德里希·冯·哈耶克：《经济、科学与政治——哈耶克思想精粹》，冯克利译，江苏人民出版社2000年版，第393页。

⑥ ［日］丹宗昭信、厚谷襄儿：《现代经济法入门》，谢次昌译，群众出版社1985年版，第92页。有学者就此进一步解释道：“西方法理学理论之所以把社会公共利益等同于经济秩序”，是因为“经济秩序的紊乱也就意味着社会公德的破坏，社会公德的破坏也就意味着经济秩序的紊乱”。参见张文显：《法理学》，高等教育出版社1999年版，第216页。

其他道德层面的要求”。[①] 照此区分，社会公共利益当属改善或保护性的政策，而非原则，难以描述。边沁也对公共利益提出过质疑：“共同体的利益是道德术语中所能有的最笼统的用语之一”“共同体的利益是什么呢？是组成共同体的若干成员的利益综合”，当一项行动或政府措施之“增大共同体幸福的倾向大于它减小这一幸福的倾向时，它就可以说是符合功利原理”“不理解什么是个人利益，谈论共同体的利益便毫无意义”。[②] 尽管质疑不断，但是，为了防止由于社会公共利益被不恰当地扩张解释而成为公权力限制私权利的利器，人们一直试图对公共利益进行界定。究竟有没有界定公共利益的标准？还是我们依然只能停留在“不可言说”的漫谈之中？

纽曼将公益分为“公共”与“利益”两个方面进行论述。[③] 关于公共的概念，一种是提出公共性原则，也就是开放性，任何人可以接近，不封闭，也不专为特定人所保留；另一种是国家或地方团体等所设立，维持公共事务。所谓利益，区分为“主观的利益”及“客观的利益”，主观的利益是团体内各个成员之直接的利益（个人直接享有），客观的利益是超乎个人利益所具有之重大意义的事务、目的、目标（其他目的所享有）。纽曼的学说持久地给予我们的重要启示：首先，受益人的不确定性，也就是说公共利益是不确定多数人的利益，原则上任何社会公众都有可能成为主体，主体开放不封闭，也不特指，但是在外观上可能就具有众多这样一个数量特征，将公共利益界定为“一个不确定之多数成员所涉及的利益”，“不确定多数”的表述成为被反复论证的经典，不确定的多数意味着每一个人都可能成为公共利益的主体，意味着这种潜在的受到保护的可能性和潜在的利益被侵害的可能性。

美国学者亨廷顿认为公共利益可以有三个层次的含义，某些抽象的、重要的、理想化的价值和规范，如正义、自然法，某个特定的个人、群

---

① ［美］罗纳德·德沃金：《认真对待权利》，信春鹰、吴玉章译，上海三联书店 2008 年版，第 41—42 页。

② ［英］边沁：《道德与立法原理导论》，时殷弘译，商务印书馆 2000 年版，第 58 页。

③ 1886 年，纽曼在“在公私法中关于税捐制度、公益征收之公益的区别”一文中对公益概念有较为精辟的见解。参见陈新民：《德国公法学基础理论（增订新版上卷）》，法律出版社 2010 年版，第 232—235 页。

体、阶级或者多数人的利益及个人之间或群体之间竞争的结果。[①] 英国学者约翰·贝尔认为公共利益实际上凸显一个社会的“基本的价值追求”，是维持和提升社会共同体所必需的价值，并且这种价值追求的根本性方向是恒定的。[②] 我们可以理解人类社会当然有着恒定的价值追求，如社会成员所共同需要的安全、秩序、平等、正义、环境等。至今为止，关于公共利益的探讨，依然热度不减。

以 2022 年 6 月 16 日为时间节点，在中国知网以“公共利益”为“主题”进行法学类的检索，有 61252 篇论文，以“公共利益”为“关键词”进行检索，有 10646 篇论文，以“公共利益”为“篇名”进行检索，有 10737 篇论文，纵向比较 2012 年，这三个数据分别为 21013、14655、1794[③]，可以看出公共利益依然是学界的一个研究热点。研究不仅在传统的公法思路中寻找答案，同样在结合私法实际寻求新解，尤其是围绕征收制度进行了许多探讨。

通过对公共利益内涵不同学说的借鉴、分析，可以试着从以下几个方面描述社会公共利益，以期尽可能接近其内涵。

第一，社会公共利益的利益主体具有公共性。也就是说，一方面，利益应当能够被每一位社会成员所享有，每一位社会成员都有可能成为利益主体，都是潜在的、可能的利益主体，不会被特定地排除在利益之外；另一方面，公共利益也不为任何社会成员所预留、独享。

第二，公共利益的内容来自具体而具有高度抽象性。既包含具体的个人利益的集合，也应当有人类所追求的共同的抽象价值，超乎个人利益、不能被个人利益所承载的价值，为人类社会发展进步所需要的价值；既有主观性的价值，也有客观性的价值。这样的内容也在逻辑上回应第一点公共性特征，即公共利益的显性主体既可能是众多社会成员，也可能并不必然以众多为表现形式。公共利益，是一个从纷繁复杂的社会生活实践中高

---

① ［美］塞缪尔·亨廷顿:《变革社会中的政治秩序》，李盛平等译，华夏出版社 1988 年版，第 24 页。

② 刘连泰:《“公共利益”的解释困境及其突围》，载《文史哲》2006 年第 2 期。

③ 2012 年的数据转引自高志宏:《“公共利益”：立法梳理与学术反思》，载《苏州大学学报》2013 年第 2 期。

度抽象出来的概念，既是具体利益形态的高度概括提炼，也必然代表和体现一定的价值观念，代表一种具有高度共识的价值判断和取向。

第三，社会公共利益的内涵具有多样性、开放性。一方面，不同法律部门所保护的社会公共利益是不同的，不同的部门法有不同的价值衡量与侧重；另一方面，社会公共利益会随着时代、认知、需要的发展而变化、丰富，今天人们公认的社会公共利益，明天可能就不再属于社会公共利益，同样，当前公认的社会公共利益在多年前也可能是无法预见的。比如，随着网络时代的发展，网络公共安全问题应该说成了一种新型的社会公共利益，这在一百年前是无法想象的。公共利益本身是一个历史的范畴，公共的概念、利益的概念，都必然与特定的社会形态相关联。社会的不断发展，社会主体利益的诉求当然会不断变化，随着利益主体利益需求的不断满足，社会主要矛盾的变化，也会不断产生新的利益需求，从而引起社会公共利益内涵的变化。①

第四，可以尝试从不同的层面对社会公共利益进行类型化理解。正因为社会公共利益的内涵是不确定的，无法准确描述和界定，但是，类型化的方式是理解其内涵的辅助方式，对典型样态进行列举，有利于探明高度抽象化的概念的真意。当然，不同类型的社会公共利益的内涵和外延是不同的，不同的法律部门所保护的公共利益是不同的。

第一个层面是关系到不特定多数人的生存、发展的利益，包括生命、健康、安全、环境、受教育，以及经济文化方面的共同利益。生命、健康、安全是关系到不特定多数人的生存利益。环境、可持续发展、受教育、经济、文化方面的利益是关系到不特定多数人的发展利益，人类社会以生存和发展为基本前提。

第二个层面是与法律的基本价值目标相关的利益，包括通识中的民主、法治、公平、正义、自由、平等、效率、秩序等。价值是客体能够满足主体的生存和发展需要的性能，法的价值是法这个客体对满足个人、群体或社会、国家需要的积极意义，而法本身是阶级统治的意志，也是一定

① 王利明：《论征收制度中的公共利益》，载《政法论坛》2009 年第 2 期。

价值观所确立的行为自由与边界，并最终由于法的阶级意志取决于法的物质制约性，从而最终取决于社会生活特别是经济关系发展的客观需要。[①]之所以把法的价值目标相关的利益作为社会公共利益，既在于法的本质，也在于法在阶级社会与其他社会手段相比，能够更大限度地保障社会关系的组织性、协调性和稳定性。以秩序为例，秩序表达的是自然界或者人类社会进程中，某种程度的一致性、连续性、稳定性、确定性和可预测性。秩序可以分为自然秩序和社会秩序，社会秩序是通过人们的有意识的、有目的的活动所建立的一种稳定的社会状态。一定的社会秩序，总是一定生产方式的社会固定形式。进一步说，法本身就是阶级社会的一定的社会秩序，它体现、确认和保护一定的社会秩序。

第三个层面是社会经济秩序。从法的本质观察，人们行为的自由和边界，取决于社会生活特别是经济生活的客观需要。法的内容中决定法的阶级或社会属性的意志因素，之所以必然是统治阶级的意志，根本原因在于意志的内容是由统治阶级赖以生存的物质生活条件决定的。物质生活条件是相当广泛的，一般来说，包括生产方式、人口状况、地理环境等，其中，具有决定意义的是为一定生产力所制约的生产关系、经济条件，任何统治阶级都不能脱离一定的社会经济条件而任意立法。所以，任何法都是体现一定生产关系要求的社会经济形态的法。这就决定了社会的经济秩序是具有独立价值的社会公共利益，经济法部门对此给予高度关注。

第四个层面是不特定的特殊群体利益保护。可以认为，作为社会公共利益的特殊存在形式，存在一个需特殊保护界别的利益[②]，如弱势群体的特殊利益，包括自然意义（如残障人士）、社会标准（如进城务工人员），以及多数人事件中的弱势群体（如破产企业职工）。对这类群体的保护，一方面，是由于主体的不确定性，任何个体理论上都有可能成为需要特殊保护的群体；另一方面，对这样一个群体的特殊保护也意味着社会基本的

---

① “只有毫无历史知识的人才不知道：君主们在任何时候都不得不服从经济条件，并且从不能向经济条件发号施令。无论是政治的立法或市民的立法，都只是表明和记载经济关系的要求而已。”参见《马克思恩格斯全集（第4卷）》，人民出版社1958年版，第121—122页。

② 韩波：《公益诉讼制度的力量组合》，载《当代法学》2013年第1期。

公平正义观、社会基本保障的观念和人类发展中所追求的“文明”价值，是社会均衡、可持续发展必须加以特殊保护的利益。

2. 社会公共利益界分于个人利益、国家利益

应该说，关于社会公共利益的学说越来越认识到，社会是一个整体，是一个有机存在，整体大于部分之和，除了组成社会的个人利益之外，社会当然有着某种共同的利益，整体决定部分的性质，没有绝对的个人，只有将个人置于整体之中，才能理解其社会特征，这种有机体论明确表述个体和整体的有机统一关系。①

社会公共利益与个人利益在安全、法治等太多的方面表现出强烈的一致性与同构性，但是公共利益相对于个人的其他的现实利益而言，更多地表现为一种“应然”的利益，而且与公共利益具有一致性与同构性部分，并不能涵盖个人利益的全部，由此，个人利益与公共利益就还有冲突的一面。②

在检察公益诉讼的视野之下，社会公共利益意味着起诉条件（监督条件）之一，与社会公共利益相关的概念包括个人利益、集体利益以及国家利益，尽可能准确地理解社会公共利益的内涵和外延，是把握公益诉讼监督条件的关键。实际上，社会公共利益既要和个人利益界分，也要和集体（群体）利益界分，而且和集体利益的区分可能更为困难，不能以特定的集体利益替代社会公共利益。③

（1）公共利益不同于集体利益。社会公共利益能否成为一种独立的利益？如何理解和表达它？社会公共利益的主体是公众，从具体的表现形式上看，主体可能是公民、群体或者国家，但是，从本质上看，公共利益的主体要比社会学的“群体”、政治学的“阶级”概念更为宽泛，它由无数

---

① 王轶、关淑芳：《认真对待民法总则中的公共利益》，载《中国高校社会科学》2017 年第 4 期。

② 顾凌云：《行政法哲学中的公共利益本位论》，载《国家检察官学院学报》2006 年第 2 期。

③ 本部分内容的许多思路得益于孙笑侠：《论法律与社会利益——对市场经济中公平问题的另一种思考》，载《中国法学》1995 年第 1 期。

个不特定的个体、群体构成。[①] 我国立法上和法学理论上曾经多使用国家利益、集体利益和个人利益并列的表述，如《宪法》第14条规定的“兼顾国家、集体和个人的利益”，仿佛容易给人一种错觉，似乎集体利益等同于社会公共利益，应该说，这样的列举主要针对全民所有制和劳动群众集体所有制的所有制形式而言，但实际上社会公共利益既不等同于集体利益也不等同于特殊群体利益。《宪法》第51条明确规定“中华人民共和国公民在行使自由和权利的时候，不得损害国家的、社会的、集体的利益和其他公民的合法的自由和权利”，将社会的利益和集体的利益作了分别表述。随着认识的发展，社会公共利益与国家利益、集体利益、个人利益是并列的关系逐渐成为共识。社会公共利益是不同于集体利益或者群体利益的，社会公共利益是一种具有对不特定多数人的整体的普遍性的价值，而不是局部的、特殊的利益。如某行业利益，就只能是特定的集体利益、群体利益，而不能上升到一般性的普遍性的社会公共利益，社会公共利益针对的应当是潜在的、不特定的多数人，任何社会成员都有可能成为利益主体。

（2）社会公共利益是一种独立的利益形态。有观点将社会利益表达为“总体的社会福利”，以及公众对“社会文明状态”“个人利益中相对稳定的部分、不断重复的部分”的一种需要和追求，并将这种社会文明状态描述为至少包括以下几个方面：公共秩序的和平与安全，经济秩序的健康（竞争秩序、有序竞争）、安全与效率，社会环境资源的合理保存与利用，弱势群体利益的保护，公共道德的维护，人类朝文明方向发展的条件（公共教育、卫生健康）等[②]，并提出社会公共利益在不同的部门法有不同的重点表达。这是关于社会公共利益的内涵的分类的较为经典的表述。

（3）认识社会公共利益与个人利益的辩证统一。

其一，社会公共利益反映的是个人利益（一切的个人利益，而不是特

---

① 孙笑侠:《论法律与社会利益——对市场经济中公平问题的另一种思考》，载《中国法学》1995年第1期。

② 孙笑侠:《论法律与社会利益——对市场经济中公平问题的另一种思考》，载《中国法学》1995年第1期。

指的个人利益）之中抽象出来的最一般性的、相对稳定的并且能够不断重复的价值。

其二，立法对公共利益进行保护，是指在公共利益与个人利益冲突时，保障社会公共利益的优先性，对个人利益进行适度限制，而不是否定个人利益。

其三，社会公共利益可以具体化为个人利益。比如，教育、环境保护、医疗卫生，可以具体化为个人的权利，《宪法》第45条规定，“中华人民共和国公民在年老、疾病或者丧失劳动能力的情况下，有从国家和社会获得物质帮助的权利。国家发展为公民享受这些权利所需要的社会保险、社会救济和医疗卫生事业”。

其四，个人利益在特定情形下，可能向社会公共利益转化。当个人利益和个人权利受侵害具有损害社会一般性价值的普遍性和典型意义时，就会转化为社会公共利益。例如，《英雄烈士保护法》第25条规定，“对侵害英雄烈士的姓名、肖像、名誉、荣誉的行为，英雄烈士的近亲属可以依法向人民法院提起诉讼。英雄烈士没有近亲属或者近亲属不提起诉讼的，检察机关依法对侵害英雄烈士的姓名、肖像、名誉、荣誉，损害社会公共利益的行为向人民法院提起诉讼”。个人的姓名、肖像、名誉、荣誉通常不涉及社会公共利益，通过私益诉讼主张权利即可，但是英雄烈士的姓名、肖像、名誉、荣誉涉及社会的主流价值，涉及社会公众的普遍认识与情感，具有普遍性和典型意义。再如，某平台信息处理者，违反个人信息保护法的规定处理个人信息，所采取的违法方法具有一般性，而平台又具有用户海量的特征，虽然短期内可能仅侵害了少数主体的权利，但是随着按照该方法所处理的用户数据的增多，不特定的公众都有可能成为该行为的侵害对象。类似可以论证的，如消费者利益、残疾人利益，可能在发生纠纷时只是一定范围内的个体利益，但是，当现象具有了普遍的典型意义时，如果现象的权利得不到及时救济，既可能有更多个体的损害发生，也可能进一步影响秩序与安全，具有了损害社会公共利益的性质。

其五，个人利益对社会公共利益的妥协以损害社会公共利益为前提。个人利益与社会公共利益表现出高度的一致性与同构性，社会公共利益是应然的个人利益，多数情况下两者可以并存，只有在个人利益危及、损害社会公共利益时，才能够确认社会公共利益优先于个人利益。

在社会公共利益之外，还是否存在国家利益？这个问题实则对应另一个基础性的问题：是否存在国家与社会的分野？从基恩关于“国家权力类型”的区分，到黑格尔关于“政治国家是一种超市民社会的存在”，马克思在此基础上认为，在阶级社会中，随着利益分化为公共利益和私人利益而产生了政治国家和市民社会。① 总体来说，近代哲学家都认可国家与社会的分野，只是对两者的关系有不同的认知，但这只完成了最基本的逻辑前提。更新、更近的观点则进一步认为，国家只不过是个人利益和社会公共利益相矛盾的必然产物，“国家利益就是统治阶级的利益与其支配的社会公共利益的一种混合”②，国家利益不仅形式上表现为社会公共利益，也确实包含有相应的内容。对国家利益和社会公共利益的区分，我国立法也一直有这样的传统，区分表述国家利益和社会公共利益。③

3. 检察机关成为社会公共利益的界定主体之一

越来越多的观点强调，正是由于公共利益是一个内涵和外延都不确定的概念，随着社会的发展、人们价值共识的改变，公共利益的内容也会随之发生变化，同时，社会公共利益的内容也是开放且无法穷尽的，那么更加需要严格公共利益的确定途径，应当限定立法机关或者立法机关授权的行政机关“遵循法律所认可的表决程序和表决规则进行确定”以及由司法机关“按照法律所认可的表决程序和表决规则作出判定”，以避免公共利益被滥用，司法机关在判断公共利益的过程中被认为不具有部门利益的狭隘性。④

一般认为，社会公共利益条款在立法中有两种类型，一种是作为对个

---

① 何增科：《市民社会概念的历史演变》，载《中国社会科学》1994 年第 5 期。

② 俞可平：《权利政治与公益政治》，社会科学文献出版社 2000 年版，第 133 页。

③ 例如，《民法典》第 132 条规定，民事主体不得滥用民事权利损害“国家利益、社会公共利益或者他人合法权益”。

④ 张雪樵：《检察公益诉讼比较研究》，载《国家检察官学院学报》2019 年第 1 期；王轶、关淑芳：《认真对待民法总则中的公共利益》，载《中国高校社会科学》2017 年第 4 期。

人利益进行限制的正当性来源[1]，这类条款一般被称为消极性条款；另一种是作为该部门法的保护对象，这类条款一般被称为积极性条款。

基于社会公共利益在立法中的积极性条款与消极性条款的区分，观察发现，作为检察公益诉讼的起点的社会公共利益，应当是“积极的公共利益”，立法对检察公益诉讼条款的规定，多旨在以增进、实现和保护公共利益为目的，而不是以公共利益为边界限制个体行为或权利。如检察公益诉讼关注“破坏生态环境和资源保护、食品药品安全领域侵害众多消费者合法权益等损害社会公共利益”，关注“在履行职责中发现生态环境和资源保护、食品药品安全、国有财产保护、国有土地使用权出让等领域负有监督管理职责的行政机关违法行使职权或者不作为，致使国家利益或者社会公共利益受到侵害的”。因此，检察公益诉讼对公共利益的研究和关注，应当以社会公共利益的内涵为基础，不同于既往的研究，要规范以公共利益为正当理由限制个人权利的做法，而不得不侧重于区分个人利益与公共利益的边界。

公共利益的最特别之处在于概念内容的不确定性，这种不确定性表现为利益内容的不确定性和受益对象的不确定性。利益，是被主体所获得或肯定的积极的价值。公共利益，对社会公众而言，既包括物质上的利益，也包括精神上的利益，如社会核心的价值观、善良风俗、宗教、文化及道德追求等，随着经济社会文化意识形态的变迁而浮动、变化，可见利益的内涵是不确定的、包容的、时刻变化的，并可以是开放的。由此，检察公益诉讼所保护的利益内容也是随着时代的变化和公众需求的变化而不断发展的，所保护的利益内容、领域也正是检察公益诉讼办案领域“积极、稳妥”探索的范畴。受益对象的不确定性，需要理解何谓公共、何谓公众？公众并不是一个简单与个人、私人二分就能够界定的概念，公众可以是众多的、无数的私人的集合，也可以是不特定的多数人的集合。“量广”“质高”的理论从最广泛受益人、最多数人福利的范围，从最被需要、最根本性利益的角度对公共利益进行了解释，同样是契合检察公益诉讼的价值基

① 王利明:《论征收制度中的公共利益》，载《政法论坛》2009年第2期。

础的。与广大人民群众在民主、法治、公平、正义、安全、环境等方面的新的需求相比，检察机关理应积极运用检察公益诉讼的方式，以法治手段参与国家治理，补齐法律实施的短板。

也正是因为公共利益概念的不确定性，有观点提出要对公共利益的探讨进行“反向突围”：并不是过分纠结于公共利益与个人利益的界分，而是甄别排除政府自身的利益、排除商业利益、排除特定利益集团（集体）的利益，排除掉这些“假冒形态”之后剩下的利益能够让我们无限逼近那个本真的“公共利益”的真理。[①] 从这个排除“假冒形态”的角度观察，检察机关没有所直接代表的利益，既不代表抽象的政府利益（国库收入的增加），也不代表具体的政府利益（部门收入的增加），也不代表所监管的行业利益，而是作为法律监督机关提起公益诉讼，维护公共利益更接近客观的理性。

公共利益的内涵和外延很难有一个确切的界定，需要结合个案中的实际情况来判断和确定。如前文所分析，“公共”是不确定的，“利益”也是不确定的，公共需要多少个私人来达成是不确定的；而利益本身又是一个价值判断的范畴，具有很强的主观性，不同的主体、不同的背景下对利益的判断都是有差别的。以一度争议极大的城区拆迁为例，有观点认为维持原居民区的样貌、保护居民现有的合法权益是社会公共利益的内涵，也有观点认为改善居民居住条件、改善总体城市规划是符合社会公共利益的，很难绝对化地切割，还是需要结合具体情形进行判断。

关于社会公共利益的认定主体，有不同的观点。有观点认为，立法机关是公共利益的认定主体。[②] 因为社会公共利益代表着全体或大多数社会成员的共同利益，交由立法机关判断，在我国这样一个人民代表大会作为国家权力机关的体制之下，意味着将社会公共利益的认定交给了公众。有观点认为，由人民代表大会作为认定主体未必妥当，在制度设计上，各级

---

① 刘连泰:《“公共利益”的解释困境及其突围》，载《文史哲》2006年第2期。当然，也有不同的观点，王利明教授就认为社会经济生活是极其复杂的，反向排除过于简单武断，公共利益与非公共利益是具有事实上的交叉性的。王利明:《论征收制度中的公共利益》，载《政法论坛》2009年第2期。

② 姜明安:《界定“公共利益”完善法律规范》，载《法制日报》2004年7月1日。

人民代表大会已经可以通过单行法律或规范性文件就相应区域内的社会公共利益进行具体的类型化规定，也就是已经享有并行使了立法和重大事项的决定权，再要在个案之中判断个案的公共利益有失妥当，司法机关根据个案来判断公共利益是恰当的，既属于司法机关的职权范围，也符合国际惯例，且价值判断和利益平衡对法官来说也是驾轻就熟的。[①] 也有观点提出应当由立法、行政和司法机关相互配合，分别依照各自的权力属性对社会公共利益进行具体适用。[②]

从我国目前的情况分析，行政机关已经在形式上代表了公共利益，行政机关作为公共利益代表的合法性已经得以实现，然而这样的模式可能存在两方面的问题：一是行政权力的运行是相对复杂的，如环保部门在对污染严重的企业采取“责令停业、关闭”的措施时，还要依赖有关政府的最后决定，其自身并没有对污染企业进行关、停的权力。[③] 二是更为重要的是政府的目标是多元的，它不仅有保护环境的目标，也有发展经济的目标。此时，作为国家法律监督机关的检察机关“从行政权力运行圈的外围介入，有助于打破行政僵局，有助于及时、有效维护国家利益与社会公益”[④]。检察官对个案中的价值判断和利益平衡同样是驾轻就熟的。

二、反不正当竞争法语境下的公共利益

2011 年 10 月 27 日，国务院新闻办公室发布《中国特色社会主义法律体系》白皮书，提出“经济法是调整国家从社会整体利益出发，对经济活动实行干预、管理或者调控所产生的经济社会关系的法律规范”。在七大法律部门中，经济法是唯一以保护社会公共利益为根本出发点的法律。经济法部门中几乎所有的单行法都有关于公共利益的规定，有的直接使用公

① 王利明:《论征收制度中的公共利益》，载《政法论坛》2009 年第 2 期。

② 褚江丽:《我国宪法公共利益原则的实施路径与方法探析》，载《河北法学》2008 年第 1 期。

③ 2021 年新修订的《行政处罚法》第 9 条规定了“责令停产停业”“责令关闭”的行政处罚种类。环境保护法规定，政府相关主管部门可以责令采取限制生产、停产整治等措施，但是责令停业、关闭要报经有批准权的人民政府批准。

④ 韩波:《公益诉讼制度的力量组合》，载《当代法学》2013 年第 1 期。

共利益的表述，有的规定公共秩序[①]，如反垄断法将立法目的表述为“为了预防和制止垄断行为，保护市场公平竞争，提高经济运行效率，维护消费者利益和社会公共利益，促进社会主义市场经济健康发展”，反不正当竞争法将立法目的表述为“为了促进社会主义市场经济健康发展，鼓励和保护公平竞争，制止不正当竞争行为，保护经营者和消费者的合法权益”，公平有效的竞争秩序、消费者福利是竞争法上的公共利益。

反不正当竞争法以保护社会公共利益为根本出发点，与此同时，包括检察公益诉讼在内的公益诉讼制度，在司法层面为公共利益提供保障，提起公益诉讼的目的在于对通常“无人问津”的社会公共利益进行保护，社会公共利益是检察公益诉讼制度和反不正当竞争法最大的契合点。大数据所涉及的问题，实则有两个方面，一方面是大数据权利给竞争法带来的影响，另一方面是作为数据内容提供者的个人信息，这两个方面都重点涉及社会公共利益。对检察公益诉讼制度范围的积极稳妥探索，其实质在于对所保护的社会公共利益的领域进行探索，对该社会公共利益的内涵进行把握，分析该领域的公共利益以检察公益诉讼方式保护的必要性、可行性。

（一）竞争法上的公共利益

19世纪中后期，伴随着自由资本主义向垄断资本主义过渡，市场竞争出现了两个明显态势：一是实力雄厚的垄断组织的垄断程度不断加深；二是由于第一个态势，其他经营者的竞争环境变得更加糟糕，生存环境更加恶劣，竞争日益激烈，不正当竞争行为也更为频繁。市场机制有着自身无法克服的重要缺陷，垄断和不正当竞争首当其冲。可以说，只要有竞争，就总会有甘冒风险者采取有违商业道德的不正当竞争手段破坏竞争秩序，损害其他经营者或消费者利益，从而导致不正当竞争行为不可避免地出现。由此，反不正当竞争法伴随“工业革命”和“自由市场原则”的确立而产生，发源于19世纪中期以后的欧洲，当时主要是“应维护市场竞争或者竞争秩序需要而生的”。[②]

---

① 甘强:《经济法思维的实践运用》，法律出版社2020年版，第37—38页。

② 范长军:《德国反不正当竞争法研究》，法律出版社2010年版，第1页。

从历史的角度观察，自1900年《巴黎公约》修订开始，就陆续纳入了许多反不正当竞争的内容。公约修订过程中陆续增加的禁止“商业诋毁”和“误导性宣传”之类的行为规定，显然维护竞争秩序的色彩更为浓厚，与保护“工业产权”渐行渐远，这些条款的引入为当时的成员国出于“维护对外贸易利益”的需要而有选择性地引入，且易于达成共识，随着这些条款的定型化并被成员国的法律所吸收，逐渐构成了反不正当竞争法“最核心、最基础和最有共识”的内容。①

到20世纪中期以后，受“消费者运动”的影响，发达国家反不正当竞争法纳入了重要的消费者元素，深刻地改造了反不正当竞争法，导致它的“范围得到拓展”而“边界变得模糊”，不但包含了消费者保护的内容，还增加了公共利益保护，甚至与反垄断法密切结合，传统的工业产权变成只是其中一部分内容，新的内容不断增加，承担了新的职责使命。② 我国反不正当竞争法起步较晚，无论是起草过程还是最终颁行，包括现在的司法适用，所处的背景都是一个交织了“维护竞争秩序”和“保护知识产权”的复杂背景，但立法的目的和法律本身的定位则都是明确在“维护市场竞争秩序”之上。

不同的经济社会发展进程对应着不同的立法价值取向，权利永远不可能超出社会的经济结构和社会经济结构所决定的社会文化发展。反不正当竞争法传统上对经营者利益的相对单一的保护，导致消费者结构性弱势的问题日益凸显。③

秩序和效率，是竞争法的价值。“秩序”是与混乱相对的概念，摆脱了单纯的偶然性和任意性，强调在自然的和社会的进程中都存在的某种程度的“一致性、连续性、确定性”④，并且这种社会秩序意味着对人们的一定行为自由和责任的认可和保障。这“三性”在反不正当竞争法上是竞

---

① 孔祥俊:《论反不正当竞争法的竞争法取向》，载《法学评论》2017年第5期。

② 孔祥俊:《论反不正当竞争法的竞争法取向》，载《法学评论》2017年第5期。

③ 钱玉文:《消费者权的经济法表达——兼论对〈民法典〉编纂的启示》，载《法商研究》2017年第1期。

④ [美] E. 博登海默:《法理学—法哲学及其方法》，邓正来、姬敬武译，华夏出版社1987年版，第470页。

争关系的主体——经营者、其他经营者与消费者关系处于相对稳定的协调状态。[①]

市场的有序竞争是一个高度抽象的概念，指向的就是秩序价值的维护。对秩序构建的基础，有不同的学说，但是无论是哈耶克认为的秩序本身是“许多人行动的结果，而不是人设计的产物”[②]，秩序之所以是自发的，建立在人的自主选择和自主行动的基础上，社会秩序受到一定的规律支配，这种规律是内在的、客观的、独立的[③]；还是欧肯所强调的社会市场经济秩序要以自由市场机制的调节为主，都承认秩序于人类社会的重要性，都不能绕过需要一种维持秩序的机制。正是基于人们的认识能力限制、机会主义驱使和信息不对称等多种因素的综合作用，因此秩序是需要维护的。[④] 按照“奥尔多秩序政策”维护经济秩序，具体包括规制垄断行为、对收入实施再分配、施行最低工资保障制度等。[⑤]“奥尔多秩序政策”无法通过市场自身孕育，竞争法中的公共秩序，是政府干预下的一种非自然秩序，竞争法依靠监管与干预达成完全竞争的理想目的。

法作为规范系统，毋庸置疑，其本身就是一定社会秩序的化身，体现、确认和保护一定的社会秩序。那么，竞争法的制定也不例外，意在通过构建秩序强制地限制某些自由来实现更广泛的自由。维护竞争秩序是竞争法公开宣示的目标，也是竞争法特有的价值。之所以将秩序作为自身特有的价值目标，还是因为竞争是一种非常理想的资源配置方式，通过优胜劣汰和价格杠杆来实现有效的资源配置。

传统认为竞争法有自由竞争法和正当竞争法之分，前者即反垄断法，

① 刘继峰:《竞争法学》，北京大学出版社 2018 年版，第 281 页。

② ［英］弗里德利希·冯·哈耶克:《自由秩序原理（上）》，邓正来译，三联书店 1997 年版。

③ 邱本:《自由竞争与秩序调控——经济法的基础建构与原理阐析》，中国社会科学院研究生院 2000 年博士学位论文，第 209 页。

④ ［德］柯武刚、史漫飞:《制度经济学——社会秩序公共政策》，韩朝华译，商务印书馆 2000 年版，第 380—381 页。

⑤ ［德］何梦笔:《秩序自由主义》，董靖等译，中国社会科学出版社 2002 年版，第 6 页。

后者即反不正当竞争法[①]，反不正当竞争法的侧重点在于维护正当的竞争秩序。市场竞争秩序形而下的表现是关于市场竞争的一系列规范，包括法律法规、交易习惯、行业规则等，都是为了维护市场竞争秩序，市场主体在市场规律和法律法规的约束下，以有限的资源争取利益最大化的行为，是合法的市场竞争。[②]

毫无疑问，竞争法保护社会公共利益，竞争秩序是反不正当竞争法保护的公共利益，或有表述上的细微差别，如公共利益在反不正当竞争法下“主要体现为一种不被扭曲的竞争秩序”，是判断竞争行为正当性的标准[③]，反不正当竞争法中的“公共利益指的是自由、平等的竞争秩序”[④]，但并无本质分歧，进而，对竞争秩序的评价是通过消费者利益、经营者利益和其他经营者利益协调表达出来的。[⑤]

（二）检察公益诉讼可以成为反不正当竞争法司法实施的重要形式

1. 各方利益的协调表达日趋复杂

竞争秩序是竞争法保护的公共利益。对于内涵丰富的概念的理解，往往对其外延进行分类处理，能够更准确地把握概念的内涵和外延的关系。有学者借鉴德国学者纽曼对公共利益的分类对竞争秩序进行法益分析，纽曼将公共利益分为客观公益和主观公益，概言之，“客观公益”是基于国家、社会需要而产生的重要目的及目标，“主观公益”是不特定的多数人的利益。按照这一分类，竞争效率是客观公益，而竞争秩序是主观公益，因为竞争秩序来自竞争关系中的两类不特定主体的共同利益——“消费者利益和竞争者利益”，且是在与经营者利益的比较中得出的。法益的质与量是竞争秩序的评价标准。最优位的价值应当是因其公益内容的全社会性

---

① 邵建东：《论私法在维护正当竞争秩序中的作用——以中德反不正当竞争法为考察对象》，载《山西大学学报（哲学社会科学版）》2003 年第 3 期。

② 杨超：《反不正当竞争法视野下商业贿赂定性的两重性——以廉洁义务与竞争秩序为视角》，载《中国市场监管研究》2016 年第 3 期。

③ 杨华权、崔贝贝：《论反不正当竞争法中的公共利益——以网络竞争纠纷为例》，载《北京理工大学学报》2016 年第 5 期。

④ 许圣举：《论反不正当竞争法中的公共利益》，载《现代商贸工业》2018 年第 23 期。

⑤ 刘继峰：《竞争法学》，北京大学出版社 2018 年版，第 26 页。

质（绝对性）而在适用中具有优先性与主导性，优先性表现为客观公益优于主观公益，主导性表现为依据是否侵害客观公益即可直接确定行为是否合法。次优位的标准是因满足社会部分主体的共同利益（相对性）使得主观公益在运用中具有补充性和抗辩性。[①]

2017年《反不正当竞争法》第2条第2款较之1993年，将“扰乱市场竞争秩序”的表述位置提前，恰好说明了与其他经营者利益和消费者利益之间的关系，即通过平衡经营者和其他经营者或消费者的利益来确定关系秩序。

在大数据领域，由于消费者数据信息既是经营者竞争利益又是消费者利益，利益交织使竞争秩序认定变得更加复杂。仍以前文所分析的“新浪微博诉脉脉不正当竞争案”为例，判决思路在经营者利益、其他竞争者利益、消费者利益之间反复切换。其一，微梦公司认为淘友公司存在不正当竞争行为，导致己方利益受损。法院以消费者利益为视角，反观微梦公司的行为：微梦公司在主张淘友公司大量抓取、使用新浪微博用户职业信息、教育信息的行为时，自身并不能掌握和说明淘友公司的获取方式，对微博平台上超5亿注册用户的数据信息的管理控制是失当的，明显缺乏完善的规范要求、有效的安全使用措施和成熟的技术保障能力。其二，淘友公司的行为不仅损害了其他经营者利益，同样损害了消费者利益。这些对应关系的展现，明显没有充分考虑消费者利益：淘友公司在服务协议中没有充分告知用户上传通讯录的要求及后果，且用户无权选择关闭相关对应关系或展示方式；未考虑和尊重微博用户是否公开、如何公开的自主意愿，将使不愿通过手机号等方式查找到自己的新浪微博用户在不明知的情况下因为在其他用户通讯录联系人中而暴露自己的新浪微博用户身份及信息；未提供共同好友展示状态的选择，使那些不愿出现在相关人脉圈的用户在不知情的情况下被关联。

大数据以用户（消费者）信息数据为基础，消费者数据信息大多可能涉及消费者隐私和非隐私个人信息，对消费者具有重要意义，数据信息收

---

① 刘继峰:《竞争法学》，北京大学出版社2018年版，第24—25页。

集、使用、转移的每一个环节的安全性都与消费者密切相关。大数据的相关性分析又反过来证明了数据脱敏对于保障消费者隐私安全基本是无效的，被脱敏后的数据依然能够刻画和还原出消费者的身份信息和行为轨迹。

此外，大数据权利运用涉及海量数据，对应海量消费者信息，牵涉面广、影响重大。在大数据时代，用户即消费者，很难有人能够不被有意或无意、自愿或被迫地收集数据，很难有人处在这个意义上的消费者之外。消费者利益究竟是主观公益还是按照分类的逻辑应当上升为客观公益？

随着消费者利益因素变得更加普遍与重要，竞争秩序中消费者利益、经营者利益和其他经营者利益的协调表达变得日趋复杂。

2. 检察公益诉讼有助于缓解利益冲突的现实困境

前文已经述及，立法假定行政机关作为社会公共利益的代表，然而，受到行政程度复杂化以及行政机关所代表的利益的多元化的限制，客观上还是存在着“一些行政机关违法行使职权或者不作为造成对国家和社会公共利益侵害或者有侵害危险的案件”，而私人诉讼又力所不逮，其他组织的公益诉讼也由于“没有直接利害关系，使其没有也无法提起公益诉讼”，导致违法行政行为缺乏有效司法监督，检察机关应当成为这样一个适格的主体，这一点在反不正当竞争法领域表现得同样明显。

以受到不正当竞争行为损害的消费者利益为例（实则是不正当竞争行为典型侵害的法益），现行消费者权益保护法以保护消费者人身、财产安全等具体权益为主[①]，即便是在消费者保护领域的公益诉讼亦是如此[②]，对

---

① 赵祖斌:《反不正当竞争公益诉讼：消费者权益保护的另一途径》，载《中国流通经济》2020 年第 11 期。

② 民事诉讼法规定了检察机关可就食品药品安全领域侵害众多消费者合法权益的情形提起检察公益诉讼，消费者权益保护法及相关司法解释规定了消费者协会可以提起的公益诉讼范围，限于侵害众多不特定消费者合法权益或者危及消费者人身财产安全等行为。《民事诉讼法》第 58 条第 2 款规定，“人民检察院在履行职责中发现破坏生态环境和资源保护、食品药品安全领域侵害众多消费者合法权益等损害社会公共利益的行为，在没有前款规定的机关和组织或者前款规定的机关和组织不提起诉讼的情况下，可以向人民法院提起诉讼。前款规定的机关或者组织提起诉讼的，人民检察院可以支持起诉”。《消费者权益保护法》第 47 条规定，“对侵害众多消费者合法权益的行为，中国消费者协会以及在省、自治区、直辖市设立的消费者协会，可以向人民法院提起诉讼”。2020 年修订的《最高人民法院关于审理消费民事公益诉讼案件适用法律若干问题的解释》（转下页注）

于相对抽象的权利，如知情权、选择权乃至由于竞争秩序被破坏而无法受到有序竞争保护的消费者长期福利等保护力度都不够，观察《民事诉讼法》第58条第2款、《行政诉讼法》第25条第4款、《最高人民法院关于审理消费民事公益诉讼案件适用法律若干问题的解释》第2条的规定，立法和司法关注的重点都是经营者提供的商品或者服务损害或者危及消费者人身或者财产安全的情形。市场的有序、有效竞争能够实际保护消费者的选择权和长期福利，《反不正当竞争法》第17条规定了“经营者的合法权益受到不正当竞争行为损害的，可以向人民法院提起诉讼”，但是并没有规定消费者（群体）的合法权益受到侵害的可以提起诉讼。虽然反不正当竞争法以消费者利益为保护对象，但是，消费者依据反不正当竞争法提起诉讼困难重重。加之，《民事诉讼法》第122条规定：“起诉必须符合下列条件：（一）原告是与本案有直接利害关系的公民、法人和其他组织；（二）有明确的被告；（三）有具体的诉讼请求和事实、理由；（四）属于人民法院受理民事诉讼的范围和受诉人民法院管辖。”如果消费者不能证明自己的利益受损与不正当竞争行为有直接利害关系，起诉无法得到受理。即便消费者能够举证证明“有直接利害关系”，私人诉讼也是相当的“不经济”，所以，在反不正当竞争法的框架下较少有消费者积极主张权利。

不正当竞争行为往往是通过损害社会公共利益来侵犯个人利益的，不正当竞争行为往往很可能并不直接侵犯某个具体的个人利益，而是通过损害竞争秩序、弱化市场竞争机制进而损害社会公共利益①，所以私人诉讼并

（接上页注）第2条规定，“经营者提供的商品或者服务具有下列情形之一的，适用消费者权益保护法第四十七条规定：（一）提供的商品或者服务存在缺陷，侵害众多不特定消费者合法权益的；（二）提供的商品或者服务可能危及消费者人身、财产安全，未作出真实的说明和明确的警示，未标明正确使用商品或者接受服务的方法以及防止危害发生方法的；对提供的商品或者服务质量、性能、用途、有效期限等信息作虚假或引人误解宣传的；（三）宾馆、商场、餐馆、银行、机场、车站、港口、影剧院、景区、体育场馆、娱乐场所等经营场所存在危及消费者人身、财产安全危险的；（四）以格式条款、通知、声明、店堂告示等方式，作出排除或者限制消费者权利、减轻或者免除经营者责任、加重消费者责任等对消费者不公平、不合理规定的；（五）其他侵害众多不特定消费者合法权益或者具有危及消费者人身、财产安全危险等损害社会公共利益的行为”。

① 颜运秋、周晓明：《竞争公益诉讼的法理与规则》，载《甘肃社会科学》2008年第2期。

不能满足反不正当竞争法对竞争秩序、消费者福利的保护。包含竞争秩序在内的经济秩序、消费者福利都既具有高度的抽象性，又具有广泛性，是最基本的社会公共利益，反不正当竞争领域的检察公益诉讼既是为了维护消费者利益，也是为了纠正行政违法行为或不作为，推进国家治理体系建设。与此同时，预防性公益诉讼的制度机理在不正当竞争领域也是具有重要意义的。互联网时代，头部企业、平台企业实施的不正当竞争行为，对行业的竞争秩序的损害可能是非常深刻的，检察公益诉讼应当要防范这种“损害社会公共利益重大风险”，分析评估“损害发生的可能性”和“损害后果的严重性或不可逆性”。

经济法规范的对象和目的决定了传统司法难以满足经济法的实施需要，公益诉讼则是司法机关为适应经济法实施进行的一种体制内创新。[①] 反不正当竞争法视域内的检察公益诉讼，能够解决普通诉讼诉讼动力不足、立案难、举证难、威慑力有限的不足，能够实现预防竞争秩序严重损害的风险。虽然消费者利益保护已经被纳入反不正当竞争法的立法目的条款，但是实际反不正当竞争法并没有配置消费者诉讼条款，也面临操作的难题。[②]

3. 检察公益诉讼制度与反不正当竞争法的内在统一性

反不正当竞争法保护公平竞争，保护经营者和消费者合法权益。《反不正当竞争法》第 1 条、第 2 条保护的法益看似独立，但是，从本质上分析，规制不正当竞争行为是为了维护公平、有序的竞争秩序，进而通过市场竞争优化资源配置，实现最大限度的消费者福利，实现质高量广的社会公平利益。竞争的对抗性决定了经营者权益不可避免地会在竞争中受到损害，经营者利益作为不正当竞争行为的判断标准并不一定准确，显然，消费者利益作为判断标准是更具有基础性、稳定性和中立性的，但是消费者利益和经营者利益具有深层次的统一性，不正当竞争行为可能先轻微影响其他经营者利益，失控之后甚至导致竞争秩序紊乱，部分经营者被迫恶性退出市场，消费者丧失选择权，同时市场在资源配置中的决定性作用无法得到

---

① 薛克鹏：《经济法司法实施困境及体制创新》，载《法学论坛》2017 年第 4 期。

② 焦海涛：《不正当竞争行为认定中的实用主义批判》，载《中国法学》2017 年第 1 期。

发挥，剩余经营者提供的产品和服务质量也将整体下降，消费者利益再次受到损害。

反不正当竞争法最初的目的仅仅是保护“诚实经营者”，随着20世纪中后期消费者运动的兴起，反不正当竞争法开始视消费者保护为己任。但是，反不正当竞争法保护的消费者利益具有相当的抽象性，表现为前述提及的消费者选择权，消费者长期福利，是一种整体性、深层次的保护，通过规制不正当竞争行为维护有效、有序竞争，发挥市场在资源配置中的决定性作用，提高产品和服务质量，促进整体消费者福利的最大化，而不是简单地关注个别、特定、具体消费者的人身、财产的直接利益。[①] 检察公益诉讼制度关注法律的统一正确实施、公共利益的维护和国家治理体系现代化建设的推进，与反不正当竞争法的实施对消费者整体福利的保护具有内涵上的高度一致性。

4. 检察公益诉讼为重构反不正当竞争法上社会公共利益的保护模式提供路径

消费者整体、长期利益是反不正当竞争法意欲保护的社会公共利益，在大数据时代，如何保护这一社会公共利益，是竞争法的基础性问题之一。从立法层面来看，存在的问题是，虽然《反不正当竞争法》第2条增加了消费者利益保护标准，但是并没有能够实现对消费者利益的直接、根本保护，所采取的依然是一种迂回的、反射的保护，第17条依然只规定了经营者的诉权，而没有规定消费者、消费者组织基于该法提起诉讼的权利。[②]

---

① 赵祖斌:《反不正当竞争公益诉讼：消费者权益保护的另一途径》，载《中国流通经济》2020年第11期。

② 2019年《反不正当竞争法》第17条规定:“经营者违反本法规定，给他人造成损害的，应当依法承担民事责任。经营者的合法权益受到不正当竞争行为损害的，可以向人民法院提起诉讼。因不正当竞争行为受到损害的经营者的赔偿数额，按照其因被侵权所受到的实际损失确定；实际损失难以计算的，按照侵权人因侵权所获得的利益确定。经营者恶意实施侵犯商业秘密行为，情节严重的，可以在按照上述方法确定数额的一倍以上五倍以下确定赔偿数额。赔偿数额还应当包括经营者为制止侵权行为所支付的合理开支。经营者违反本法第六条、第九条规定，权利人因被侵权所受到的实际损失、侵权人因侵权所获得的利益难以确定的，由人民法院根据侵权行为的情节判决给予权利人五百万元以下的赔偿。”

从反不正当竞争法的修法过程看，立法者对是否增加“消费者标准”是反复徘徊的。2016 年 2 月，当时的国务院法制办公布的草案送审稿规定了损害消费者利益、破坏竞争秩序的行为是不正当竞争行为，并且规定了消费者可基于此提起诉讼：草案送审稿第 2 条规定“本法所称的不正当竞争，是指经营者违反本法规定，损害其他经营者或者消费者的合法权益，扰乱市场秩序的行为”，第 17 条第 2 款规定“经营者或消费者受到不正当竞争行为侵害的，可以依法向人民法院提起诉讼”。2017 年 2 月，全国人大向社会公开征求意见的修订草案删除了第 2 条的损害“消费者的合法利益”的标准，也删除了第 17 条“消费者受到不正当竞争行为侵害的”可以提起诉讼的规定。经过反复讨论，2017 年 11 月，审议通过的《反不正当竞争法》保留了第 2 条的损害“消费者的合法利益”的标准，但是依然删除了原草案送审稿中赋予消费者的基于不正当竞争损害提起诉讼的权利。立法过程中的反复徘徊体现出立法者对于反不正当竞争法的制度定位以及消费者利益在反不正当竞争法中的地位的纠结，以及最为关键的是对具体制度安排的疑虑。应该说，随着经济社会的发展，尤其是社会生产方式的变革，对于反不正当竞争法以消费者利益为保护内容主流观点已经不持异议，只是对制度的具体安排，能否赋予消费者诉权存在争议和分歧。

不赋予诉权的保护模式，严格来说还是一种传统的反射保护模式。① 所谓传统的反射保护模式，有反不正当竞争法产生和发展的历史原因和保护思路上的路径依赖。从反不正当竞争法形成的过程来看，还是为了保护经营者的商誉免受贬损、商品服务免受混淆等，所以经营者利益是反不正当竞争法保护的基础，这就是我们常说的为了保护诚实经营者，这一时期，消费者利益是否受到损害当然不是不正当竞争行为的认定标准。

反不正当竞争法的发展和起源均是如此，较长一个时期立法者对消费者权益保护法和反不正当竞争法的关系的认知也是如此，认为消费者权益保护法的重点在于直接维护消费者利益，反不正当竞争法在于维持市场秩序，间接保护消费者利益。这样的认识和制度架构在较早一个时期的生产

---

① 陈耿华：《论竞争法保障消费者利益的模式重构》，载《法律科学（西北政法大学学报）》2020 年第 6 期。

方式之下还是能够适应经济社会发展的，在市场经济的发育初期、发育阶段，市场竞争并不充分，交易结构的表现更加微观，不正当竞争的样态相对单一，损害或者潜在的损害也相对有限。

随着平台经济、大数据的出现和深入，不正当竞争行为给消费者群体可能带来的损害必然是规模化的。前文已经论及双边市场和产业模式趋同，注意力和流量成为经营者共同追逐的重点目标，平台经营者借助免费的基础服务锁定消费者之后，不断提高用户数量和黏性，一方面推送增值收费服务，另一方面向平台的另一边提供广告服务，以及获取资本市场的融资。这样的变化意味着：一是经营者之间竞争的不断加剧，所有经营者都要面临广告市场和资本市场这两大终极的盈利和融资渠道，竞争加剧之下不正当竞争的行为方式、手段可能会更加多样和隐蔽；二是消费者的个人信息保护、自主选择权、数据携带权都面临更大的风险，平台企业实施的不正当竞争行为动辄可能损害数以百万、千万计的不特定的消费者利益，远不是私益诉讼、代表人诉讼所能够容纳的。

针对不特定多数人的、抽象的、长期的消费者利益保护，检察公益诉讼可能提供一种直接保护模式的路径。面对互联网、大数据时代的风险，反不正当竞争法没有赋予消费者基于不正当竞争损害的诉权，消费者权益保护法也没有就消费者的长期福利提供诉讼保护。检察公益诉讼的制度设计在于保障法律的统一正确实施，在于保护国家和社会公共利益，也在于以法治手段参与国家治理体系和治理能力现代化建设，基于此，检察公益诉讼的范围是开放的，是持续积极稳妥探索的。反不正当竞争法语境下的消费者利益内涵，是一个“集体消费者利益”，集体消费者利益保护不是依靠消费者权益保护法的“个体利益保护思路”能够实现的，作为“集体消费者利益”是整体的、抽象的，是不特定多数的消费者的利益，消费者权益保护法还是定位于具体的、特定的人身和财产利益保护，检察公益诉讼制度对“集体消费者利益”的保护能够重构反不正当竞争法上的社会公共利益保护模式，提升消费者整体福利，保障消费者选择自由、数据迁徙自由，与个人信息保护法对消费者个人信息的保护一道，实现大数据背景下的消费者利益的相对全方位的保护。

随着互联网、大数据时代经济结构的变革，传统的一元中心应当迈向二元平衡，并且消费者长期利益这一社会公共利益作为不正当竞争行为的判断标准更具有稳定性，也将随着互联网经济的蓬勃发展，潜在地促进反不正当竞争法不断增强该法的社会属性。反不正当竞争法的定位与法律属性决定了该法应当以公益诉讼的形态维护该法上的消费者利益。①

三、短期有限探索带来的提示

（一）黔西督促整治网络餐饮平台不正当竞争行为行政公益诉讼案

1. 案情简述

2020 年初，贵州省黔西县某甲网络餐饮平台代理商要求黔西县多家网络餐饮经营者只能接受其一家提供的平台服务。如果餐饮经营者坚持在某乙或其他网络餐饮平台经营，某甲网络餐饮平台或将对其作下线处理，或提高服务费收取标准、下调星级指数、通过技术手段限制交易，强制商家在某甲和某乙之间进行“二选一”，以此方式排挤竞争对手。②

检察机关经审查认为，“二选一”行为既破坏了公平竞争的市场秩序，也损害了网络餐饮经营者和消费者的合法权益，侵害了社会公共利益。检察机关向市场监督管理局发出行政公益诉讼诉前检察建议，督促该局对黔西县某甲网络餐饮平台代理商涉嫌实施不正当竞争行为查证后依法处理，对辖区内网络餐饮平台存在的不正当竞争违法行为开展全面排查整治。2020 年 6 月，黔西县市场监督管理局对某甲网络餐饮平台代理商开展行政约谈，送达行政告诫书，要求其对照反不正当竞争法、电子商务法等相关法律法规尽快自行整改，并督促某甲、某乙等网络餐饮平台代理商共同签订了《关于促进黔西县网络餐饮服务经营健康有序发展的联合声明》。

2020 年 6 月底，黔西县院“跟进监督”，对涉案平台企业及部分商户和消费者进行回访，并调查了解平台商户上线情况，确认某甲网络餐饮平台代理商已经取消“二选一”相关不合理限制，某乙网络餐饮平台的上线

---

① 谢甜甜:《构建我国消费者公益诉讼制度》，载《法学论坛》2015 年第 2 期。

② 《网络不是法外之地！最高检发布 11 个典型案例》，载微信公众号“最高人民检察院”，2021 年 1 月 25 日，https://mp.weixin.qq.com/s/R0IJyGPurLYOIo1V0ZDMaQ，2022 年 6 月 25 日访问。

商户量上升至与某甲商户量持平，公平竞争的市场秩序和相关主体的合法权益得到保障。

2. 焦点分析

本案，当地检察机关自身对案件的分析总结大致为："互联网＋餐饮服务"新业态的诞生，既促进了餐饮业的新发展，也为消费者提供了更多便利。尤其在新冠肺炎疫情期间，网络餐饮平台"无接触式服务"的优势更加凸显。但是，也正是在新冠肺炎疫情期间，部分平台利用服务协议、交易规则、技术等手段强制经营者"二选一"，损害经营者和消费者等多方主体合法权益。互联网平台企业在经营活动中，应遵循公平竞争的市场法则，强化内部合规管理，不能凭借市场规模、技术、数据、资本等优势，限制和排斥竞争，损害经营者和消费者的利益。

根据《反不正当竞争法》第 12 条的规定，经营者利用网络从事生产经营活动，应当遵守各项规定。经营者不得利用技术手段，通过影响用户选择或者其他方式，实施下列妨碍、破坏其他经营者合法提供的网络产品或者服务正常运行的行为：（一）未经其他经营者同意，在其合法提供的网络产品或者服务中，插入链接、强制进行目标跳转；（二）误导、欺骗、强迫用户修改、关闭、卸载其他经营者合法提供的网络产品或者服务；（三）恶意对其他经营者合法提供的网络产品或者服务实施不兼容；（四）其他妨碍、破坏其他经营者合法提供的网络产品或者服务正常运行的行为。

除了 12 条规定的有名行为之外，还有大量的没有被类型化的无名行为，包括大数据权利运用的各种行为，可能还是要回到一般规定中寻找答案。根据《反不正当竞争法》第 2 条的规定，"经营者在生产经营活动中，应当遵循自愿、平等、公平、诚信的原则，遵守法律和商业道德。本法所称的不正当竞争行为，是指经营者在生产经营活动中，违反本法规定，扰乱市场竞争秩序，损害其他经营者或者消费者的合法权益的行为"。一般规定的第 1 款和第 2 款的前半段的评价结构，可以被分析为"原则＋商业道德＋竞争秩序"。第 2 款的后半段"损害其他经营者或者消费者的合法权益的行为"以及第 12 条"经营者不得实施下列'妨碍、破坏其他经营者合法提供的网络产品或者服务正常运行的行为'"的规定，具体的评价标准应当是是否损害了“其他经营者和消费者的合法利益”，再进一步观察，“损害消费利益”会是一个更加稳定、便于判断的标准。“消费者利益标准”既意味着消费者的群体利益，而非个别消费者利益，也意味着要评估消费者长期利益，而不仅仅是短期利益，不能被短期能看到的补贴等行为蒙蔽视线，一旦失去了有效的市场竞争，由此给消费者带来的选择权的消失、长期缺乏有效竞争造成的福利的减损是必然的。

（二）法律适用述评与启示

1. 大数据与平台不可切割的联系

本案所涉及的“某甲网络餐饮平台”，是一个典型的互联网平台。

大数据从收集开始，往往就依赖于一个或多个互联网平台，以平台为基础面向海量用户提供基础服务，平台之所以能够收集数据，正是基于它的“平台角色”。平台同时向两方参与者提供服务，平台一方是海量的基础服务用户，另一方是市场的另一组参与者，一方的收益取决于另一方参与者的数量，一方的交易会影响另一方的交易（网络外部性）。平台经济中实际存在两个市场，平台经营者和两类参与者分别构成一个市场，从不同的角度观察，平台经营者涉及两个相关市场。从平台经营者与海量基础用户的角度观察，平台经营者提供的基础网络服务是一个相关市场；从平台与另一组市场参与者的角度观察，则是另一个相关市场。平台经济是大数据收集和产生的基础，收集并持有、利用海量数据的都是互联网平台企业，平台企业以技术（算法）为大数据收集、利用的基础，又以技术为持有、运行的保障。

传统的“结构—行为—绩效”的法理分析框架在大数据产业兴起后受到了挑战，从不同的角度来界定相关市场，会得到完全不同的结论。大数据产业兴起之时，数据资产和技术在生产经营活动中乃至决定市场力量时发挥了越发关键的作用，市场结构的作用被进一步稀释，市场结构分析方法的重要性也不断降低，与此同时，相关产品市场、地域市场、时间市场的分析难度都大大增加，与垄断行为认定时所要求的前提、后果、合理性等因素的综合评价比较，不正当竞争的认定会相对简单。不正当竞争行为发生得会更为普遍、容易、低成本甚至零成本，反不正当竞争法的规制方法更应该得到重视。

2.“二选一”另一个路径可能更加复杂和艰难

2021年4月10日，国家市场监督管理总局依法对阿里巴巴集团实施的“二选一”垄断行为作出行政处罚，责令停止违法行为，并处以其2019年度中国境内销售额4%计182.28亿元的罚款。实务和理论界均给予该案以高度关注，认为该案是我国执法机构认定互联网平台实施滥用市场支配地位行为的第一案，具有重大意义。该案对滥用市场支配地位的认定体现出强烈的互联网经济特点，罚款额度继高通案后再创历史新高，标志着互联网平台经济领域反垄断执法进入了新阶段。

该案的分析框架体现出鲜明的互联网经济特点：一是相关市场界定区分线上线下市场。通过对线上网络零售市场和线下传统零售市场的需求替代和供给替代分析，本案的相关商品市场被界定为网络零售平台服务市场，与线下传统零售市场不属于同一商品相关市场。二是认定是否具有市场支配地位除传统方法外，还涉及平台网络效应、锁定效应和拥有足够用户对于相关市场的有效进入。分析除认为阿里长期占有超过50%的市场份额、相关市场高度集中外，还重点分析了阿里对服务价格、平台内经营者获得“流量”的能力和销售渠道具有很强的控制能力，对平台内经营者具有很强的“网络效应”和“锁定效应”，平台内经营者数据和用户迁移成本高，以及相关市场的有效进入不仅需要大量的资金建设平台、物流体系、支付系统、数据系统，更重要的是还要在平台一边获得足够多的用户，由此认为阿里在相关市场具有支配地位。

平台经济几乎可以成为互联网经济的同义语，互联网技术是支撑平台产生和发展的根本基础。在互联网平台的两边，存在着两类参与市场的群体，作为平台的经营者同时向两类群体提供服务，分别与两类群体构成两个市场，每类群体都通过平台经营者与另一类群体相互作用而获得价值，一边的交易会影响另一边，这类市场通常称之为“双边市场”。在21世纪初美国的“司法部诉Visa和MasterCard案”中，法院就认定了该案涉及交易性双边市场，一边是作为通用支付工具的信用卡市场，另一边是运营信用卡的网络服务市场。本案的网络零售服务平台市场就属于“双边市场”，左右两边存在“平台内经营者”和“消费者”两个群体，双边用户对网络零售平台服务的需求具有紧密关联。平台经济具有明显的“间接网络效应”和“用户锁定效应”。具体来说，从平台的一边看，阿里拥有大量消费者用户，且平均消费水平远超其他竞争性平台，消费者用户黏性很强；从另一边看，平台内经营者也因此很难放弃平台上庞大的消费者群体，这就是平台一边的价值会随着另一边用户的增加而增加。此外，平台内经营者在平台积累了用户和包括用户评价、交易信息在内的大量数据，也是重要的资产，难以轻易迁移。互联网经济之下双边市场的普遍存在对认定市场支配地位带来了难题，平台经济模式从不同的角度来界定相关市场，会得到完全不同的结论，以某些公司的搜索引擎和竞价排名服务为例，如着眼于用户检索，则相关市场是搜索引擎服务市场，如着眼于竞价排名服务，则相关市场是广告市场。

“二选一”行为在线上线下市场都具有一定的普遍性，但真正使“二选一”进入公众视野的还是互联网平台之间的竞争。“二选一”本质上是排他性交易，通常不难直观看出，这一行为损害平台内经营者的合法权益、损害消费者利益，并由于对竞争的限制，阻碍有效的市场进入，妨碍了平台经营模式的创新和优化，这一损害效果终将传递到消费终端，减损社会总体福利，但是，“二选一”不是“本身违法行为”，笼统地评价“二选一”是否构成垄断没有意义，仍需回到对市场结构、竞争损害及是否存在正当理由的分析。其中，市场支配地位的认定尤为关键，因为一般来说，只有行为人具有市场支配地位，才可能实施“二选一”行为产生排除竞争的效果，否则限定交易行为基本无法实施，或者即便实施了，限制竞争的效果也极其有限，而市场支配地位的认定在平台经济下需要更加综合复杂的考虑，不简单等同于市场份额，更在于行为人对相对人的控制能力、对价格的控制能力、对市场的控制能力。平台经济之下的“间接网络效应”和“用户锁定效应”无疑加重了这种实际控制，应当予以考虑。此外，主流观点评价“二选一”行为涉嫌构成垄断多援引《反垄断法》第22条的限定交易条款，即“没有正当理由，限定交易相对人只能与其进行交易”，如果相关市场的经营者数量众多，行为人仅限定相对人不与其中某个或几个竞争对手交易，则未必能够认定为构成滥用，“限定交易相对人不得与其竞争对手进行交易”的核心意思可以期待在反垄断法的修改中予以完善。此外，规则还允许行为人以具有正当理由进行抗辩，主要是判断是否不得不实施“二选一”行为以带来积极效果，如防范“搭便车”等问题，以及优化产品和服务。

在平台经济的快速发展中，风险和隐患逐渐累积，不容忽视。近年来，国家政策层面尤为重视公平竞争执法，特别是在社会影响面大的平台经济领域。平台经济意味着海量数据的产生和收集，由此经营者利益和消费者利益复杂交织，经营者掌握海量数据既有经济、高效的一面，又引发了个人信息泄露和数据滥用的风险。海量数据信息不仅是平台经营者的重大竞争利益，也是平台内经营者的重要资产，更是消费者合法权益的重要内容。消费者数据信息的规模和质量不但反映了平台的用户活跃度、吸引力，掌握更多用户信息还意味着更大的用户规模，维持已有用户并不断吸引新用户，是经营者经营发展的关键所在；消费者数据信息又是经营者分析消费需求，改进商品和服务，推出个性化定制产品，提升用户体验的重要来源。对消费者而言，数据信息可能涉及隐私和非隐私个人信息，合法有限使用对消费者具有重要意义。在实施“二选一”行为中，在平台经营者采用了禁止平台内经营者在其他竞争性平台开店、参加促销活动等方式，并辅以奖惩措施的情况下，平台内经营者经营自主权、合法权益已明显受损，而大量的平台内经营者却依然不得不执行“二选一”要求。从大数据的角度看，除转换平台无法带走数据资产外，平台经营者利用大数据搜索降权，导致商品排序靠后甚至无法被搜索到，减少对商品服务的消费需求分析支持，都有效地震慑了平台内经营者。平台经济之下的海量数据还滋生了“大数据杀熟”频频发生，在任何场景之下，“大数据杀熟”必然是基于消费者的行为习惯来分析的，消费者的行为会被时时获取，进而转化为一个个“小标签”，成为经营者计算的利器，用以增强新用户黏性，以及使用量身定制的算法操纵，估算并令用户支付其愿意支付的最高价格。2021 年 2 月 7 日，国务院反垄断委员会发布《关于平台经济的反垄断指南》，列举了分析是否构成实施差别待遇的因素包括基于大数据和算法，根据交易相对人的支付能力、消费偏好、使用习惯等，实行差异性交易价格或者其他交易条件。

自然状态下的竞争，经营者本身就有为了获取最大利益而排斥其他市场主体利益的特性，互联网经济的大背景下，经营者对“流量”的集体追逐导致竞争加剧，“流量”与数据又反过来成为经营者的重要资产，全新商业模式快速更迭，互联网平台很难一眼看穿的“交叉补贴”，这些都导致了互联网经济对反垄断监管带来巨大挑战。把握好经营者利益、其他经营者利益和消费者利益的协调表达，把握好消费者长期利益才是评价社会公共利益（社会总福利）的稳定标准。

小　结

宪法和人民检察院组织法规定，人民检察院是“国家的法律监督机关”，依法独立行使检察权。检察权经历了“一般监督”到“法律监督”的限缩、回归，与公诉、侦查并列的是“狭义的法律监督”，共同组成“广义的法律监督”的概念。党的十八届四中全会作出《关于全面推进依法治国若干重大问题的决定》，首次以执政党中央全会的方式专题研究部署全面依法治国，其中提出探索建立检察机关提起公益诉讼制度，是对新时代检察职能具有重塑性的重大制度构建。

2015 年 5 月，中央深改组第十二次会议指出，检察公益诉讼制度，目的是“充分发挥检察机关法律监督职能作用，促进依法行政、严格执法，维护宪法法律权威，维护社会公平正义，维护国家和社会公共利益”。这一表述旗帜鲜明地将检察公益诉讼职能定位于“法律监督职能”的框架下，强调检察公益诉讼履职依然是在充分发挥法律监督职能的范围内，是对检察公益诉讼职能制度定位的经典阐述，也体现出在新的发展阶段，检察公益诉讼是履行法律监督职能的新的方式，定位于并发展了法律监督职能。

党的十八届三中全会提出“全面深化改革的总目标是完善和发展中国特色社会主义制度，推进国家治理体系和治理能力现代化”，将推进国家治理体系和治理能力现代化作为全面深化改革的总目标。“从统治走向治理”是 21 世纪世界主要国家政治变革的重要特征，是政治发展的普遍趋势。治理所具有的更多平行化的运行向度、协商的运行方式以及多元化的参与主体，使得治理体系较之于传统的统治、管理更具有灵活性、协同性，更有利于处理跨部门的、涉及多方面协作的公共利益保护问题。公共利益本身具有需要国家治理体系高度关切的特性，检察公益诉讼是国家治理体系的重要组成部分、是国家治理体系的重要保障，以法治思维推进国家治理体系和治理能力现代化是检察公益诉讼的制度初衷。

总结检察公益诉讼制度可以概括三个方面的内涵：一是保障国家法律的统一正确实施；二是保护国家和社会公共利益；三是以法治手段参与国家治理体系和治理能力现代化建设。

进入检察公益诉讼视野的不仅有已经遭受侵害的社会公共利益，还包括有侵害之虞的社会公共利益。预防性公益诉讼发端于环境保护领域，体现了风险预防原则。预防性公益诉讼应当以存在可能损害社会公共利益的重大风险为要件，主要从损害发生的概率和可能造成的损害后果的严重程序、影响范围及不可逆性来判断。预防性公益诉讼的适用范围可能不仅限于环境保护领域，个人信息保护、大数据平台的不正当竞争行为，都符合一旦发生损害则后果可能非常严重、影响范围广的特征，值得关注。

关于公共利益的法律条款，按照所实现的目的和效果，可以分为积极性的条款和消极性的条款：积极性的条款是指以增进、实现和保护公共利益为目标的规定，将公共利益视为保护对象；消极性的条款是指将公共利益作为限制个体行为、限制权利的理由或条件。作为检察公益诉讼基础的公共利益应当是积极的公益诉讼条款，这也就意味着与检察公益诉讼相关的公共利益的研究应当侧重于公共利益的内涵，而不是对“假冒形态的”公共利益的排除。

通过对公共利益内涵不同学说的借鉴、分析，本书尝试从以下四个方面描述社会公共利益，以期尽可能接近其内涵。

第一，社会公共利益的利益主体具有公共性。也就是说，一方面，利益应当能够被每一位社会成员所享有，每一位社会成员都有可能成为利益主体，都是潜在的、可能的利益主体，不会被特定地排除在利益之外；另一方面，公共利益也不为任何社会成员所预留、独享。

第二，公共利益的内容来自具体而具有高度抽象性，既包含具体的个人利益的集合，也应当有人类所追求的共同的抽象价值，超乎个人利益、不能被个人利益所承载的价值，为人类社会发展进步所需要的价值；既有主观性的价值，也有客观性的价值。

第三，社会公共利益的内涵具有多样性、开放性。一方面，不同法律部门所保护的社会公共利益是不同的，不同的部门法有不同的价值衡量与侧重；另一方面，社会公共利益会随着时代、认知、需要的发展而变化、丰富。

第四，可以尝试从不同的层面对社会公共利益进行类型化理解。正因为社会公共利益的内涵是不确定的，无法准确描述和界定，但类型化的方式是理解其内涵的辅助方式，对典型样态进行列举有利于探明高度抽象化的概念的真意。当然，不同类型的社会公共利益的内涵和外延是不同的，不同的法律部门所保护的公共利益是不同的。第一个层面是关系到不特定多数人的生存、发展的利益；第二个层面是与法律的基本价值目标相关的利益；第三个层面是社会经济秩序；第四个层面是不特定的特殊群体利益保护。

关于公共利益的界定主体，行政机关已经在形式上代表了公共利益，行政机关作为公共利益代表的合法性已经得以实现，然而行政权力的运行是相对复杂的，政府的目标是多元的，它不仅有保护环境的目标，更有发展经济的目标。作为国家法律监督机关的检察机关“从行政权力运行圈的外围介入，有助于打破行政僵局，有助于及时、有效维护国家利益与社会公益”。

竞争法保护社会公共利益，竞争秩序是反不正当竞争法保护的公共利益，对竞争秩序的评价是通过消费者利益、经营者利益和其他经营者利益协调表达出来的。在大数据领域，各方利益的协调表达日趋复杂，检察公益诉讼有助于缓解利益冲突的现实困境。《反不正当竞争法》第 2 条增加了消费者利益保护标准，但是第 17 条仅赋予了经营者诉权，消费者权益保护法所保护的是消费者直接的、具体的人身、财产权益，反不正当竞争法上的长期的、抽象的消费者福利实则依然固守传统的路径依赖，只能得到间接、反射的保护，检察公益诉讼将为重构反不正当竞争法上社会公共利益的保护模式提供路径。

互联网平台经营者要求平台商户“二选一”是反复出现的反竞争行为，平台经营者面向双边市场，正是基于它的平台角色才能够收集海量数据，也正是基于海量数据（用户）的黏性而可能在广告市场、融资市场中获得优势。“二选一”除了反不正当竞争法的思路之外，还有反垄断法的思路，“二选一”本质上是排他性交易，但是，“二选一”不是“本身违法行为”，笼统地评价“二选一”是否构成垄断没有意义，还要回到对市场结构、竞争损害及是否存在正当理由的分析。只有行为人具有市场支配地位，才可能实施“二选一”行为产生排除竞争的效果，否则限定交易行为基本无法实施，或者即便实施了，限制竞争的效果也极其有限。市场支配地位的认定在平台经济下需要更加综合复杂地考虑，反不正当竞争法在大数据领域的公平竞争保护是更具优势的。

第五章

大数据不正当竞争行为的检察公益诉讼分析框架

对大数据权利运用所涉及的不正当竞争行为进行规范，并没有可以直接适用的列举条款，如前文所分析，《反不正当竞争法》第 12 条“互联网专条”第 2 款的前 3 项具体规定和第 4 项兜底条款均不具有直接适用性。对于相对前沿的案件类型，许多国家的列举条款也都缺乏相应的规定，但在适用中并不必然感到法律适用的匮乏，反而能够依据一般条款的安定性和灵活性而更加自如地适用。[①] 通常认为，规则是一定价值观念下已经达成的共识，规则有着明确的内容和严密的逻辑结构，具有更高的可识别性和可理解性，在规则与原则的关系上，“效力的强弱位阶与执行的先后顺位”是一个相反的关系。在具体规则无法回应实践需求时，裁判者自然会把目光转向原则性的法律条文。[②]

竞争法，有的国家称之为“经济大宪章”，有的国家称之为“市场经济的基石”，我国则有学者直接称之为“市场秩序法”，并认为经营者依法自主经营，会在一定程度上维护市场竞争秩序，有助于竞争。但是，任何一个经营者都有独立的利益，出于营利动机实施的一些行为也会走向

---

① 例如，安斯加尔·奥利教授在比较中德两国的反不正当竞争法的最新发展时就提出，虽然德国法中不存在和我们网络中的妨碍行为相对应的规定，但是到目前为止“也未曾觉得缺乏类似规定”，因为《德国反不正当竞争法》第 4 条第 4 项有“禁止不正当地阻碍竞争者的规定”，该规定技术中立，反而“不会有因技术发展而过时的危险”。[德] 安斯加尔·奥利:《比较法视角下德国与中国反不正当竞争法的新近发展》，范长军译，载《知识产权》2018 年第 6 期。

② 谢晓尧:《在经验与制度之间：不正当竞争司法案例类型化研究》，法律出版社 2010 年版，第 95 页。

“市场竞争秩序的反面”，不正当竞争和垄断就是这种行为的典型。[①]

亚当·斯密在《国富论》中将市场竞争的规则划分为“自然秩序”和“人为秩序”，主张充分发挥“看不见的手”的作用，放手让经济主体追究个体利益最能实现两种规则的协调一致，“利己的润滑油将使经济齿轮以奇迹般的方式运转”，并且能够有效地促进社会的利益。[②] 哈耶克则区分两种不同的秩序渊源即“内部规则”和“外在规则”，构成社会秩序的规则是自发生成的，是经过社会生活演化与选择的结果。整体社会秩序是经过主体之间的互动、协调而达成一致的。哈耶克所谓的市场秩序是一种“耦合秩序”，而非外部力量制造的组织秩序。[③]

日本学者川岛武宜认为，所谓价值，是有关行为目标的表象，是为了确定行为的基准（动机）。法律的价值取向则是为了实现一定的社会价值和经济价值而对行为的基准予以确认，对行为予以规范。[④] 德国学者凡贝格则分析提出，欧肯的“奥尔多秩序”作为一个“有运作能力和合乎人类尊严的经济秩序”，体现了两层含义：一是法律面前是人人平等的、没有特权的秩序；二是作为市场竞争秩序，逻辑思路在于这种秩序预设了一种理想的“绩效竞争”，绩效竞争体现“消费者主权原则”，从而符合区域内所有成员所能够的利益，从而达成一致，上升为“经济宪法”作为竞争法的秩序价值。[⑤] 秩序和效率，是反不正当竞争法的价值，是反不正当竞争法所保护的社会公共利益。秩序可以具体表现为经营者、其他经营者和消费者之间的利益关系的协调表达，经营者之间有公平的竞争机会、获得公平的竞争结果，经营者逐利的同时消费者利益尤其是长期利益得到维

---

① 王保树：《社会主义市场经济与民法学经济法学研究》，载《中国法学》1993 年第 4 期。

②［英］亚当·斯密：《国富论》（下），郭大力、王亚南译，译林出版社 2011 年版，第 34 页。

③［英］弗里德利希·冯·哈耶克：《法律、立法与自由》（第 1 卷），邓正来等译，中国大百科全书出版社 2000 年版。

④［日］川岛武宜：《现代化与法》，王志安等译，中国政法大学出版社 1994 年版，第 243 页。

⑤［德］何梦笔主编：《秩序自由主义》，董靖等译，中国社会科学出版社 2002 年版，第 30—33 页。

护；效率可以具体表现为经营者通过公平竞争获得最大化利益，创新得到鼓励，产品和服务得以改进。[①]

第一节　分析的特殊性与一般思路

一、大数据不正当竞争行为的初步分析

（一）互联网经济的特殊性对行为认定的影响

大数据、大数据技术、大数据产业均产生并依赖于互联网经济，对互联网经济自身特性与逻辑的把握，是对大数据竞争行为进行评价的前提和基础。

1. 经营者对“流量”的集体追逐导致竞争加剧

“流量”成为互联网经营者共同追求的目标，这一营销理念和目标的变化导致了经营者“经营模式的趋同化”，进而导致竞争加剧。早期的互联网只是传统经济的信息发布载体，现代互联网经济营销目标已经迅速更新成为“以流量为核心的取得客户认同”，发布信息早已变得不那么重要，最为重要的是提供服务获得客户、获得流量，流量成为互联网经营者共同追求的目标。貌似从事不同具体业务的互联网经营者之间的基础业务千差万别，但是归纳到经营模式都是高度相似，基本可以概括为：免费向所有用户提供基础网络产品或服务 + 向部分有特殊需求的用户提供增值网络产品或服务 + 向广告主提供广告服务。经营者所追求目标的趋同导致了经营者之间竞争的加剧，所有经营者都要以吸引“消费者注意力”为依托，直面“广告市场和资本市场”这两大终极的盈利和融资渠道[②]，互联网经济竞争越发激烈。

大数据经营者依托互联网平台获取数据，经营发展的基本思路同样是吸引注意力，维持已有用户并不断发展新用户，经营者之间对注意力的集体追逐导致竞争不断加剧。

---

① 曹新明：《试论反不正当竞争法的价值取向》，载《中南政法学院学报》1996 年第 4 期。

② 刘继峰：《竞争法学》，北京大学出版社 2018 年版，第 367—373 页。

2.“信息爆炸”和全新商业模式的更迭

信息爆炸、技术爆炸和全新商业模式的更迭要求必须摒弃商业模式的“权利化保护”思路。互联网时代可以用这样一些关键词来概括，诸如信息爆炸、技术进步、免费社会等。互联网时代，信息呈指数级别的爆发，互联网终端将工业时代的印刷机、广播甚至电视远远甩在身后，互联网终端的容量是传统媒介空间所不能企及的；数字技术、互联网平台又将多种类型的信息予以汇集，加剧了信息爆炸。

信息爆炸与互联网技术共同作用的结果是开放、互通、高效的互联网时代为知识的积累和分享提供了最大限度的便利，降低了信息技术成本。自媒体时代的全面到来，充分调动了网络世界的创造力。信息爆炸的另一个正面效应就是大数据和大数据技术的出现，越来越多的经营者启用了免费商业模式，用以获取用户的数据。

3. 互联网是一个“交叉补贴”的世界

互联网是一个“交叉补贴”的世界，免费内容并不意味着对价，交叉补贴很难一眼看穿。通常，互联网经营者会充当一个“网络平台”的角色，平台两边活跃着两类不同的市场主体，互联网经营者同时向平台两边提供服务，且一边用户的交易会影响另一边的交易，这类市场通常称为双边市场。双边市场中实际存在两个市场，作为平台的经营者分别与左右两类群体构成两个市场，网络平台的双边市场具有交叉网络外部性、需求互补性及价格非对称性等特性。通常，组建基础平台的方式有两种，即投资策略和定价策略。“投资策略”主要针对市场一边的经营者，以对其投资来降低另一边参与的成本，如微软对应用软件开发者进行投资，促使他们开发出更适用于微软操作系统的应用软件，以扩大微软的用户群。“定价策略”主要针对市场一边的消费者，通过收费或免费服务对消费者接受服务给予回报来得到这一群体的临界数量。双边市场两边的每一类群体都通过平台经营者与另一类群体相互作用而获得价值。通常，平台经营者既是“基础网络服务提供者”又是“网络发布者”。[①] 互联网领域中有非常多的

① 刘继峰:《竞争法学》，北京大学出版社 2018 年版，第 367—373 页。

双边市场。

至于免费商业模式更是形形色色，可以有不同的运作方式，“交叉补贴”的形式更难一眼看穿。在当今市场中至少存在50多种建立在免费基础上的商业模式，大致可以分为三类[①]：一是直接交叉补贴，如赠送A产品，销售B服务。二是三方市场，A类顾客补贴B类顾客，如向消费者提供免费信用卡，向经营者收取刷卡交易费。三是免费加收费模式，某些客户补贴其他客户。本收费客户补贴免费客户就应当被归入这一大类。经营者向收费客户提供优质全解锁视频，提供个性化服务并过滤广告，所获取的利润用以支撑视频网站的经营。那么，经营者同时向免费客户提供的服务仅仅是单方面的成本付出吗？当然不是，免费模式有着重要的意义：一是培养消费习惯、增强用户黏性、培育收费客户；二是吸引流量，服务双边市场的另一边，提高网站广告收入与估值；三是获取客户信息数据，用于形成大数据为产品画像、为消费者画像，预测产品与行业趋势；四是建立多元化社交平台，增加多种盈利模式。

4. 互联网技术为产品价格趋零提供支持

首先，根据摩尔定律所指出的趋势：价格不变时，每隔18个月，集成电路上可容纳的元器件数量就平均增加一倍，性能也随之增加一倍。换言之，每隔18个月，相同性能的计算机处理器的价格就降低一倍，而网络宽带、存储器的价格下降速度更快，按照这个速度，计算机处理器、存储器乃至带宽都会长期、快速地降价，直到其成本和价格趋近于免费。[②]其次，包括大数据在内的互联网产品具有零边际成本的特征，复制、新增互联网产品的成本接近于零，经营者提供免费产品成本极低。也正是由于互联网产品是典型的零边际成本产品，其遭遇模仿、复制是必然的，而经营者并无力绝对控制模仿和复制，免费定价有其必然性。由此，经营者不如采取免费模式以分发产品进而培育市场[③]，所以免费模式成为经营者的

---

① ［美］克里斯·安德森：《免费：商业的未来》，蒋旭峰等译，中信出版社2015年版，第17—25页。

② ［美］克里斯·安德森：《免费：商业的未来》，蒋旭峰等译，中信出版社2015年版，第9页。

③ ［美］哈尔·范里安等：《信息技术经济学导论》，韩松等译，中国人民大学出版社2013年版，第19页。

必然选择。

5. 零边际成本刺激不正当竞争行为

2017年修订的反不正当竞争法引入了被称为“互联网专条”的第12条，“互联网专条”第2款列举了三类情形并加入了一个小的兜底性条款。“互联网专条”不能覆盖的互联网竞争行为，大致可以分为两类[①]，一类是“搭便车”行为，多见于因数据抓取和挪用智力成果引起的纠纷；另一类虽不是纯粹的“搭便车”行为，但也无法为“互联网专条”所覆盖，如广告过滤行为。

数据抓取行为是最为典型的未类型化的互联网竞争行为，由此引发的纠纷近年来频繁发生，已成案的有百度诉360违反Robots协议案，新浪诉脉脉非法抓取微博用户数据案，大众点评诉百度地图抓取用户点评信息案，运满满诉货车帮盗取用户信息案；未成案但依然引发较大争议的有淘宝屏蔽百度搜索事件，顺丰宣布关停菜鸟数据引发数据控制权之争，新浪与今日头条有关微博内容爬取的争议，以及华为和腾讯之间因荣耀Magic手机而引发的用户数据之争等。[②]

数据抓取与数据获取不同，是在未经数据控制者授权的情况下，由爬虫程序根据预先设定的策略路径，对网页数据进行访问和抓取，并将主要信息存储于本地服务器中进行分析和整理。[③] 数据抓取行为、广告过滤行为以及挪用智力成果的行为，其内在共性都在于所面临的大数据、视频、智力成果等竞争行为作用的对象都是互联网背景下的零边际成本产品，零边际成本产品无论是被复制还是被抓取，经营者往往都没有能力控制其绝对不被抓取，更加刺激了有关竞争行为和争议的频繁发生。

（二）典型行为

数据的共享是数据经济领域的核心问题，大数据权利运用在反不正当

① 蒋舸：《〈反不正当竞争法〉网络条款的反思与解释——以类型化原理为中心》，载《中外法学》2019年第1期。

② 田小军、朱萸：《新修订〈反不正当竞争法〉“互联网专条”评述》，《电子知识产权》2018年第1期。

③ 许可：《数据保护的三重进路——评新浪微博诉脉脉不正当竞争案》，载《上海大学学报（社会科学版）》2017年第6期。

竞争法的规制领域中表现得最为突出的典型行为是数据抓取行为。

数据抓取是由爬虫程序根据预先设定的策略路径，在未获得数据控制者授权的情况下，对网页数据进行访问和抓取，并将主要信息存储于本地服务器中进行分析和处理。与数据抓取相关的 Robots 协议，又称“网络爬虫排除标准”，是存放于数据控制者网站程序根目录下的文本文件，是爬虫访问网站内容之前必须访问的第一个文件，用于公示本网站允许哪些爬虫对哪些内容进行抓取。[①] Robots 协议，具有技术规范、单方宣示、非技术措施和普遍遵守的性质，是被国内外互联网行业所普遍接受、普遍通行、普遍遵守的技术规范、行业惯例和商业道德[②]，中国互联网协会发布的《互联网搜索引擎服务自律公约》第 7 条亦对此予以确认。2013 年的百度诉 360 违反 Robots 协议案，原告正是主张被告违反 Robots 协议，违背国际通行的行业规则、罔顾原告的权利声明和技术措施，非法抓取、复制网站内容。从发展趋势来看，直接违反 Robots 协议抓取数据的简单粗暴型的不正当竞争方式越来越少。

大数据和大数据产品，从某种意义上说，是零边际成本产品，不是每个经营者都有能力控制自己的数据和产品不被抓取，在零边际成本的刺激下，数据抓取成为大数据权利运用不正当竞争行为的典型表现形式；而从另一方面看，数据抓取也是数据共享的重要方式。因此，我们面临的问题是数据抓取行为的不正当性应当如何认定。

反不正当竞争法试图通过列举性规定和限制一般条款的开放性适用，相对理性克制地限制不正当竞争行为的范围。虽然承认一般条款的民事适用，但力图控制其适用方向和范围，试图在“既开放”“又限制”之间精准“拿捏”。[③] 并且，竞争行为应当首先被推定为正当，如新浪微博诉脉脉不正当竞争案中二审法院所阐明的那样，“对于互联网中利用新技术手段或新商业模式的竞争行为，应首先推定具有正当性，不正当性需要证据加

---

① 许可:《数据保护的三重进路——评新浪微博诉脉脉不正当竞争案》，载《上海大学学报（社会科学版）》2017 年第 6 期。

② 参见北京市第一中级人民法院（2013）一中民初字第 2668 号民事判决书。

③ 孔祥俊:《继承基础上的创新——新修订反不正当竞争法解读》，载《中国市场监管研究》2017 年第 12 期。

以证明”[①]。由于使用或利用不受法定权利保护的信息是理应被允许的，未经授权许可使用或利用他人劳动成果的行为，并不必然构成反不正当竞争法意义上的“搭便车”和“不劳而获”，否则相当于是在事实上设定了一个“劳动成果权”。

司法裁判应当“协调一般理性和具体法律规范”，“依据一般理性追求自身效益的最大化即社会效益的最大化”，灵活地运用“法律、情理和法律原则”，实现“公正与效益的统一”。[②]2017 年修订的反不正当竞争法规定有“互联网专条”，数据抓取行为并没有纳入该条文的列举情形，如果擅自抓取数据的行为并不符合“互联网专条”第 2 款第 4 项的大前提，则同样不能适用该兜底条款。那么认定数据抓取行为的正当性，对公共利益、经营者和消费者利益的不同强调将直接影响着对行为的定性。

以相对具有典型性的大众点评诉百度地图抓取用户点评信息案和新浪诉脉脉非法抓取微博用户数据案为例，法院在判决书中明确阐述了如下观点：第一，用户个体对其自身信息的合法权益应当得到保障，这是大数据得以收集运用的前提；第二，大量的用户信息重要的商业价值，是经营者提升竞争力的基础性要素；第三，经营者为合法收集和分析加工用户信息数据投入了大量成本，可以主张免受不正当抓取；第四，取得用户同意和保障用户的自由选择是公认的商业道德，否则将因反不正当竞争法原则而构成不正当竞争行为；第五，第三方通过 Open API 获取数据时应遵循三重授权原则；第六，如果数据控制者已经明确禁止数据抓取，或通过其他方式表明了不允许数据抓取的态度，那么第三方再通过网络爬虫或更改操作系统底层设置等方法获取数据，则属于违反商业道德、破坏竞争秩序。[③]值得注意的是，“消费者权益保障”在数据抓取的行为认定中发挥了重要作用，法院认为，是否取得“用户同意”以及是否保障用户的“自由选择”

① 参见北京知识产权法院（2016）京 73 民终 588 号民事判决书。

② 李博洋：《司法裁判的外部性》，载《中山大学研究生学刊（社会科学版）》2013 年第 1 期。

③ 黄晓锦：《大数据时代数据分享与抓取的竞争法边界》，载《财经问题研究》2018 年第 2 期。

是公认的商业道德。[①] 消费者个人数据信息在被收集之时，往往不能确定未来的具体用途，消费者只能表示概括的同意或不同意，甚至其实并没有实质的选择权，因为不同意则无服务。尽管我们非常理想化地认为个人数据信息的使用范围和方式应该从初始授权之时起就呈现一种逐步缩小（至多等同，而不能扩大）的态势，这样的每一次授权才是有效的，但是，交易情况和利用行为的复杂化使得知情同意规则其实很难有效保护用户合法利益，尽管如此，对消费者知情同意权和选择权的保障也是必须坚持和不断探索的。

实践中，其他经营者为了获得数据共享，不外乎采取两种方式，一是主张该数据为必要设施，要求数据控制者必须交易；二是直接抓取。能够直接抓取的数据限于不具有法律和技术上的排他性的数据，那么实现数据的排他性也就对应了两种途径，法律和技术。首先，从权属上实现排他性。在数据抓取的问题上，同样无法回避数据的权属问题，究竟哪个主体有权利决定数据的去向，各主体之间如何析分数据的各项权能。通过本文第一章的分析，认为应当赋予权利主体以相应权利，以期为经营者之间开展数据竞争划清边界，但目前立法上并没有明确数据新型财产的权利归属，法院裁判中同样认为大数据并不属于任何一项法定权利[②]，未来还需要立法来填补空白。其次，从技术上实现排他性，即未经权利主体同意，他人从技术上无法获取数据。

（三）非典型行为

1. 恶意的数据不兼容

对恶意的数据不兼容的理解认定，首先要处理好与反垄断法相关条款的关系。《反垄断法》第 22 条第 3 项规定，禁止具有市场支配地位的经营者从事下列滥用市场支配地位的行为："没有正当理由，拒绝与交易相对

---

① 陶钧:《在数字网络环境下"公认的商业道德"判定的考量因素》，载《竞争政策研究》2017 年第 1 期。

② 在大众点评诉百度不正当竞争案中，法院认为：大众点评网上的用户评论信息是经营者付出大量资源获取的且具有很高经济价值的劳动成果，但这些评论信息并不属于任何一项法定权利。

人进行交易。”按照反垄断法的思路，要认定拒绝交易的行为违法，至少应当具备如下要素：一是经营者具备市场支配地位，二是无正当理由，但是行为后果会导致排除和限制竞争。《反不正当竞争法》第12条第3项规定，“恶意对其他经营者合法提供的网络产品或者服务实施不兼容”是被禁止的。

从表面上来看，两法的规定存在冲突。有观点认为，反不正当竞争法立法的最终目的在于“保护竞争机制”，意欲保护的竞争本质意味着自由，不兼容是自由竞争的本意，完全没有必要课以兼容的义务，这只会增加成本、降低效率、阻碍自由创新。这已经是价值判断的另一个问题，回到对条文是否冲突的理解上来。

对这一“冲突”如何理解？本书认为，《反垄断法》第22条与《反不正当竞争法》第12条的规定并不存在冲突，恰好是互为补充。首先，明确分析的大前提即竞争法的立法目的。反垄断法目的是从维护市场的竞争性出发，使消费者或者经营者在市场上能够“有选择商品或者服务的权利”，保证市场上有足够的竞争者，竞争者之间有足够的竞争。反不正当竞争法的“价值取向应当在竞争法框架下衡量”[①]，旨在保护公平有序的竞争，通过对具体的不正当竞争行为予以规制，从而实现“整体上对社会竞争机制的保护”。[②] 反垄断法所规制的行为同样是不正当竞争行为，是相对特殊的不正当竞争行为。其次，具备市场支配地位的经营者，没有正当理由拒绝对其他经营者提供的网络产品或服务实施兼容，属于《反垄断法》第22条第3项规定的滥用市场支配地位行为中具体的拒绝交易行为，应当受到反垄断法的规制。这一特定情形之外，认定是否构成反不正当竞争法项下的“恶意不兼容”依然需要考虑一个实质性的标准，即判断是否影响公平有序的竞争。包括：行为所指向的其他经营者是一般主体还是特定主体？在其他经营者之外，是否损害消费者利益？是否影响市场竞争秩序

① 孔祥俊：《论反不正当竞争法的竞争法取向》，载《法学评论》2017年第5期。

② 王艳芳：《〈反不正当竞争法〉在互联网不正当竞争案件中的适用》，载《法律适用》2014年第7期。

与竞争效率？[①] 反之同理。

互联网背景下，可以说兼容和不兼容都是普遍现象，不应仅以兼容或不兼容作为行为是否正当的判断依据，甚至在前述实质标准之外，应当考虑到互联网时代法律价值上的深刻变革，坚持应有的数据正义观、代码正义观和算法正义观。分析恶意的数据不兼容行为的构成时，充分考虑数据的公平占有和合理使用，考虑数据的分享，数据交易链中的权利义务分配等。[②]

2. 其他非典型行为

其他非典型行为还包括聚合盗链、深层链接等。[③] 在与大数据相关的聚合盗链、深层链接等行为中，受著作权法保护的视频聚合盗链、视频深层链接等行为应当优先适用著作权法进行定性和规制，反不正当竞争法仅起到“补充与兜底的作用”，在依据著作权法可以保护时，不应当优先适用反不正当竞争法而使得著作权法的适用落空。

（四）分析的一般思路

修改后的《反不正当竞争法》第 2 条第 2 款将“扰乱市场竞争秩序”放在了保护权益之前，目的在于凸显以竞争秩序为重要内涵的社会公共利益的优先性。社会公共利益尤其是竞争秩序在竞争行为的正当性判断中应当优先考虑，成为首要的考量因素。不仅法益保护的序位作出了调整，而且增加了直接的消费者法益考量。由此，法益关系结构的变化决定着竞争行为正当性判断的变化：社会公共利益、经营者利益与消费者利益叠加保护和顺位考量。反不正当竞争法更加倾向于“保护竞争而不是竞争者”[④]，

---

① 全国人大常委会法制工作委员会经济法室主任王瑞贺主编的《中华人民共和国反不正当竞争法释义》一书中认为，“可以从该经营者实施的不兼容行为是否符合诚信原则和商业道德等要求进行综合考量。王瑞贺主编:《中华人民共和国反不正当竞争法释义》，法律出版社 2018 年版，第 45 页。

② 马长山:《智能互联网时代的法律变革》，载《法学研究》2018 年第 4 期。

③ 关于聚合盗链与深层链接的区别，参见孙那:《视频聚合盗链行为法律性质的再探讨》，载《法学论坛》2018 年第 5 期。该文认为聚合盗链与深层链接不同，是指经营者抓取其他经营者已“采取保密措施的属于私有领域的服务器中的内容”，聚合盗链“具有更大的主观恶意与破坏性”。

④ ［美］欧内斯特·盖尔霍恩等:《反垄断法与经济学》，任勇等译，法律出版社 2009 年版，第 38—39 页。

对于竞争秩序等社会公共利益的保护优先于对具体利益的保护。

社会公共利益具有整体性和普遍性，竞争秩序是经营者利益和消费者利益的协调表达，竞争效率是竞争对社会发展产生的积极效用。从竞争秩序来看，经营者利益协调发展体现为符合竞争秩序、符合竞争规律的、积极进取型的经营者利益应当得到保护，也就是经营者通过积极改善产品和服务、改善其他交易条件促成交易而获得的竞争优势应当得到保护。除前文已经分析的大众点评诉百度不正当竞争案和新浪微博诉脉脉不正当竞争案外，淘宝公司诉美景公司不正当竞争纠纷案也涉及大数据权利运用[①]，在该案中，关于竞争秩序，美景公司直接获取并获利的是淘宝公司经过分析加工的数据产品，只不过形式上与使用爬虫软件直接进入淘宝公司网站抓取不同，而是搭建平台引诱淘宝公司用户违约分享账户数据，这同样属于广义的数据抓取行为。一审裁判认为淘宝公司对于“生意参谋”大数据产品有竞争性财产权益，而美景公司的行为没有付出任何创造性劳动，只是将淘宝公司的大数据产品直接作为获利的工具，直接将他人的成果据为己用以获取商业利益与竞争优势，不能促使淘宝公司改进产品和服务，或将伤害大数据产品开发者的积极性，或将令开发者将更多的精力和财力投入到防止数据抓取之中而不是产品研发，只能对行业发展产生不利影响，进而影响消费者利益，不利于形成一个自由竞争、自由发挥竞争实力，在市场上不受阻碍地提供其产品和服务，以供市场主体自由选择交易的良好的竞争秩序，不能使经营者利益和消费者利益进入一个协调发展的良性循环状态。美景公司使用他人大数据产品，也只向市场提供了同质化的网络服务，不存在数据创新。社会公共利益未能由此得到增进。

首先是因为竞争行为损害了一定的利益，才可能具有不正当性，损害的后果对于行为本身是具有一定的评判意义的。修改后的《反不正当竞争法》第 25 条规定：“经营者违反本法规定从事不正当竞争，有主动消除或者减轻违法行为危害后果等法定情形的，依法从轻或者减轻行政处罚；违法行为轻微并及时纠正，没有造成危害后果的，不予行政处罚。”在大众

---

① 参见浙江省杭州市中级人民法院（2018）浙 01 民终 7312 号民事判决书。

点评诉百度不正当竞争纠纷案中，一审法院也分析认为：竞争行为是否会给经营者本身带来竞争优势，或者是否足以给其他经营者造成损害，是认定行为正当性的要件之一；司法不干预不会造成实际损害或损害极轻微的行为。“通常，没有损害后果的行为，不能认定为不正当竞争行为，不同于不予处罚。”①

前文分析和承认了竞争是互相干扰的，平衡是可以被不断打破和重构的。那么美景公司的行为属于正常的竞争干扰行为或者破坏性创新吗？毫无疑问，美景公司的行为直接损害了淘宝公司通过改进自身产品和服务而获取的竞争优势，淘宝公司的利益受到损害，但美景公司的行为并不是在进行破坏性创新，只提供了同质化的网络服务，不能增进消费者体验。

商业道德是在长期的利益博弈中，不断试错、日益积累而艰难获得的。大数据领域的商业道德则内涵变动性较快，常常以“商业模式”的形式呈现，以“技术的更替”为基础，以创新为特征。在淘宝公司诉美景公司不正当竞争纠纷案中，法院认为美景公司的行为未付出劳动创造，直接据他人劳动成果为己牟利，有违公认的商业道德，属于不劳而获“搭便车”的不正当竞争行为。美景公司的行为不存在技术的更替，不存在任何产品和服务的创新，只是非常简单的抓取、利用、获利，破坏了他人对大数据进行分析、加工以提供产品进而获利的商业模式。

二、一般条款的具体化

（一）一般条款的理论与实践差距

市场行为形式多样，立法难以穷尽列举是常态，从各国立法模式看，对不正当竞争行为的界定，主要有两种模式。

一是列举式，即不对不正当竞争行为进行定义，而通过列举的方式具体描述不正当竞争行为的各种表现形式。列举式以日本为代表。《日本不正当竞争防止法》第 2 条（定义）明确规定：“（1）本法所称‘不正当竞争’是指下列行为……”详细列举了 15 种不正当竞争行为。列举式的优

---

① 孔祥俊：《继承基础上的创新——新修订反不正当竞争法解读》，载《中国市场监管研究》2017 年第 12 期。

点是规范清晰明确，能有效避免法适用的随意性，缺点是必然滞后于经济社会的发展且容易发生遗漏，适应性差。另一种模式是概括加列举式，除了列举常见的、已经类型化的不正当竞争行为之外，反不正当竞争法还使用一般的概括性条款定义不正当竞争行为，提供"原则性依据"。[①] 概括加列举式为许多国家的反不正当竞争法和主要的国际公约所采用，如德国、瑞士、俄罗斯、《巴黎公约》等。[②]1909 年德国《反不正当竞争法》第 1 条，美国《联邦贸易委员会法》第 5 条，2005 年欧盟《公平交易行为指令》第 5（2）条，我国台湾地区"公平交易法"第 24 条都提供了概括式规定。[③] 概括列举式能够克服列举式固有的漏洞和封闭性，在概括条款中使用诚实信用、公平竞争等包含道德判断性标准的伦理性因素的规范，可以为经营者的竞争活动提供一个基本的标准，优化对竞争行为正当性界定的标准。[④]

反不正当竞争法一般条款的存在，是由法的不完备性、稳定性以及反不正当竞争法内涵的道德基础决定的，是认定和处罚法律没有列举的不正当竞争行为的法律依据。由于人类理性的有限性，法律不可能对社会生活作出完美周到的规定，更何况经济社会生活是不断发展变化的，法律更加无法预判之后出现的不正当竞争行为，因此，反不正当竞争法必然存在成文法的滞后性和不周延性等固有缺陷。抽象和概括出判断不正当竞争行为的基本原则是一个行之有效的办法，授权执法者对抽象的概念进行具体化的解释，以判断行为的正当性，使不正当竞争行为的列举从封闭走向开放。

一般条款的作用还不限于此。从德国反不正当竞争法发展的历史来看，一般条款起到了重要作用。适用一般条款规范的典型案例，在条件成熟时，可以上升为列举条款，一般条款在实践中的深度适用，是列举条款

---

① 邵建东：《〈反不正当竞争法〉中的一般条款》，载《法学》1995 年第 2 期。

② 吕来明、熊英：《反不正当竞争法比较研究——以我国〈反不正当竞争法〉修改为背景》，知识产权出版社 2014 年版，第 39—43 页。

③ 兰磊：《比例原则视角下的〈反不正当竞争法〉一般条款解释——以视频网站上广告拦截和快进是否构成不正当竞争为例》，载《东方法学》2015 年第 3 期。

④ 吕来明、熊英：《反不正当竞争法比较研究——以我国〈反不正当竞争法〉修改为背景》，知识产权出版社 2014 年版，第 44 页。

形成的重要来源。

至于我国《反不正当竞争法》第 2 条是否构成一般条款，曾经存在很大争议。[①] 即使承认第 2 条构成一般条款的观点，内部同样存在分歧：一种观点认为，无论是从文义还是立法宗旨观察，第 2 条第 2 款都具备了一般条款的功能，应当认定为一般条款；另一种观点认为，第 2 条两款应当共同视为一般条款，由于第 2 款有明显的“限制意味”，因此我国反不正当竞争法实际上存在“有限的”或者说“封闭性”的一般条款。[②]

尽管该条的性质存在争议，但在实践中却发挥着重要的作用，虽然实践中对一般条款的运用与理论界的观点存在较大差距。第 2 条被司法机关高比例援引，有学者曾对一定期间内的共计 904 个成案的不正当竞争纠纷案件进行统计，其中援引了第 2 条的案件为 323 个，所占比例为 35.7%，并认为这一比例具有非常重要的意义，“一种普适性的司法常规做法才是衡量和检验法的可诉性的基本标志”。但是，一方面，由于第 2 条本身的高度概括性；另一方面，最高人民法院在出台司法解释时未能对第 2 条的理解和适用予以明确，实务中的适用较为混乱。经统计，司法裁判在援引第 2 条作出判决时，大致有 5 种情形：笼统适用第 2 条；明确适用第 2 条第 1 款；明确适用第 2 条第 2 款；明确适用第 2 条第 1 款、第 2 款；适用第 2 条第 2 款、第 3 款。[③]

---

① 黄娟:《〈反不正当竞争法〉中的一般条款研究》，载《山东社会科学》2013 年第 1 期。该文介绍了“肯定说”和“否定说”两种观点，“肯定说”认为，《反不正当竞争法》第 2 条第 2 款“违反本法规定”中的“本法”并不必然理解为《反不正当竞争法》第 2 章的各项具体的禁止性规定，而应解释为整部《反不正当竞争法》，特别是自愿、平等、公平、诚实信用的原则以及公认的商业道德;“否定说”认为，《反不正当竞争法》没有规定一般条款，该法第 2 条第 2 款所称“违反本法规定”特指违反第 2 章所规定的具体的不正当竞争行为。除非法律另有规定，不允许执法机关根据原则认定其他不正当竞争行为。

② 谢晓尧:《在经验与制度之间：不正当竞争司法案例类型化研究》，法律出版社 2010 年版，第 90 页。

③ 谢晓尧:《在经验与制度之间：不正当竞争司法案例类型化研究》，法律出版社 2010 年版，第 89—92 页。谢晓尧教授认为，这一比例是相当高的，其中有多方面的原因，包括法律漏洞的客观存在，案件复杂化的需要，法官认识的提高，驾驭疑难案件能力的提高等。

（二）一般条款的具体化路径

原则是一个“公认的命题”，然而这种公认的命题只是表明了一种价值，还不是判决所能够直接依据的“技术上的法条”，法的价值和司法裁判之间并不能直接推导，需要一个复杂的跨越“鸿沟”的过程。要实现一般条款的直接适用性，就必须对抽象的原则进行“阐释和重构”，将原则阐释明确为次级的规范即规则。[①] 然而，原则与规则之间能否做到有效跨越？依据法律原则构建新的法律规则或提出例外规则是难度最大的[②]，需要建立在事实和法律评判基础上的价值和利益平衡。有学者提出原则向具体规则的转化，有两套标准可以遵循：一是实体标准，包括法的一般价值、科学的认知和社会的标准、法学家的认同；二是方法上的基本原则，包括排除主观主义、论证的合理性、普遍适用性、可接受性和说明理由。[③]

一般条款具体化的通常路径是通过法律原理、法律常识、经验法则和商业惯例等。有学者通过对案例进行的类型化分析，总结了我国司法实践中原则向规则的具体转化方式，包括：第一类，向社会已接受的公平、正义观转化，如法院通过反对不劳而获、“搭便车”、寄生性使用和攀附的社会道德观，来获得案件的合法性。第二类，向基本的法律常识和原理转化，如在法律的整体类推基础上，寻求一个具有普遍性的法律命题或原则，运用一般条款保护域名、作家姓名、工作服装、作品标题，将其解释为一种商业标识或符号，由此在知识产权法之外获得反不正当竞争法的兜底保护。第三类，向行业习惯、商业伦理转化，在新兴的互联网领域尤其如此，借助其可描述性和规范性来将一般条款具体化，如行业自律公约、行业惯例等。第四类，向直觉、常识和经验法则转化，这不得不归因于心

---

① 谢晓尧：《在经验与制度之间：不正当竞争司法案例类型化研究》，法律出版社2010年版，第105页。

② 舒国滢：《法律适用的困境——方法论视角的四个追问》，载《苏州大学学报（哲学社会科学版）》2005年第1期。

③ ［德］罗尔夫·施蒂尔纳：《法官的积极角色——司法能动性的实体和程序》，载［德］米夏埃尔·施蒂尔纳主编：《德国民事诉讼法学文萃》，赵秀举译，中国政法大学出版社2005年版，第412页。

理学的实际，支配人们生活方式的，是大量的直觉性的知识、常识、经验，尽管事后人们为了获得形式上或程序上的正当性，会不遗余力地从成文规则中找寻支持这种结论的依据。[①] 裁判说理多使用“通常来说”“根据常识”“根据一般商业经验”“根据日常生活经验分析”等表述将原则的价值予以转化。第五类，向民意转化，这是裁判为了考虑社会的可接受性，将判决与民意的问题转化为规范与事实的问题，以民意为评价标准，实现抽象的法律原则向具体的社会认知和全体意识转化。第六类，向消费者利益和社会公共利益转化，如前所述，反不正当竞争法不仅保护经营者利益，也保护消费者利益和社会公共利益，当被诉行为有损消费者利益和社会公共利益时，自然具有了可说责性。[②]

（三）从一般条款到列举条款的具体化

德国的反不正当竞争法体例是典型的“一般条款 + 列举条款”立法模式，不仅如此，德国法院适用一般条款的经验更加值得探讨（也并不全是正面）。可以说，德国反不正当竞争法的一般条款，在漫长的司法实践探索中，经历了从无到有、从条文到典型案例、再到典型行为条款这样一个逐步丰厚的发展过程，将这个过程的实质总结概括为针对一般条款提高其“灵活性和安全性”，降低其“不确定性”的反复探索的过程亦不为过。[③]

1896 年《德国反不正当竞争法》仅列举式地规定了部分较为典型和常见的不正当竞争行为，也就是说，凡该法没有明确禁止的不正当竞争行为都属于正当竞争的范畴。那么，对于无法通过该法禁止的有违诚实信用原则和商业道德的竞争行为，法院一度尝试适用《德国民法典》中有关侵权行为的规定来规制，却又面临举证责任等方面的困难。由此，《德国反不正当竞争法》修订时加入了第 1 条一般条款，即 1909 年《德国反不正当竞争法》第 1 条:“商业交易中以竞争为目的而违背善良风俗者，可请求

① ［美］博西格诺等:《法律之门》，邓子滨译，华夏出版社 2002 年版，第 27 页。

② 谢晓尧:《在经验与制度之间：不正当竞争司法案例类型化研究》，法律出版社 2010 年版，第 106—114 页。

③ 曾琦、方小敏:《德国反不正当竞争法一般条款具体化研究》，载《孝感学院学报》2011 年第 3 期。

其停止行为和承担损害赔偿责任。”[①] 从此，该条成了“整个竞争法领域之帝王规范”。实践中，约有 1/3 的不正当竞争纠纷，原告是以行为人违反该条为由提起诉讼的。[②]

关于该条的定位，德国学术界通说及德国最高法院的固定判例都认为，一般条款“应当支配整部法律，在法律规定的具体事实构成不敷适用的时候，都应该适用该一般条款”。该条不仅作为兜底条款，还作为授权条款，是立法机关给司法机关的一项授权[③]，授予司法机关根据“善良风俗”的总的标准，将善良风俗具体化。

法院在长期的司法实践中，根据这一一般条款的精神，将许多“违背善良风俗”的行为确定为了不正当竞争行为，由此形成了典型的案件类型，是德国反不正当竞争法的重要组成部分。同时，这些案件类型并没有形成一个封闭、僵化的体系，其内容和结构都处在适时的调整变化之中，如 20 世纪 70 年代以后才在交易中出现的“干扰市场秩序的行为”，及时被法院认定为不正当的竞争行为。[④] 这些案件类型，在德国反不正当竞争法近百年的实践中，汇集了大量典型案例，形成了一套灵活实用的判例体系。

此后，法官们在具体的裁判中，往往无须将一般条款直接适用于具体案件，而是可以从这一判例体系中找到某一类规范，将待决案件的案情与典型案例的案情进行比较，以决定该案例所确定的规则适用于待决案件。可以说，德国适用反不正当竞争法一般条款的方法和程序，已经十分接近判例法系国家“遵循先例”的裁判方式。所以，有学者进一步指出，德国反不正当竞争法的“主要渊源已经不是成文法，而是判例”，特别是法院

---

① 吕来明、熊英:《反不正当竞争法比较研究——以我国〈反不正当竞争法〉修改为背景》，知识产权出版社 2014 年版，第 46 页。

② 邵建东:《德国反不正当竞争法研究》，中国人民大学出版社 2001 年版，第 35—37 页。

③ 据邵建东教授分析，随着市场经济的发展，社会经济生活和人们价值观念的日益多元化，反不正当竞争法的保护对象也几经变化，呈现不断扩大的趋势，这些客观因素也促使该一般条款由援引规范转变成了授权规范。

④ 邵建东:《〈反不正当竞争法〉中的一般条款》，载《法学》1995 年第 2 期。

针对一般条款作出的判例。[①]

根据该一般条款，“善良风俗”是一个不确定的法律概念，查明何谓善良风俗并认定善良风俗的内容和范围成为一般条款适用的核心问题。构建案例体系，对案例进行分类，并将案例归入逻辑体系之中，不仅是竞争法学者分析案例的必要框架，也是法律适用的便利和准则，从较大程度上缓解了适用一般条款带来的不确定性，这些经过分类的典型案例已经实现了列举条款的价值。2004 年，德国对原反不正当竞争法进行了根本性修改，为克服判例带来的混乱、复杂等缺陷，立法者将先前司法判例发展而来的主要案例群进行了法典化[②]，原有一般条款的精神和内容实质具体成为了列举条款。2010 年，德国联邦法律公报公布了《反不正当竞争法》第 3 条第 3 款所涉及的针对消费者的不正当经营行为的 30 条附件，将一般条款中针对消费者的“不正当”经营行为含义具体化。[③]

无可回避的是，对案例群类型化的方法有着自身固有的缺陷：案例群本身要求“成群”的案例之间有足够的“相似性”，在适用于新类型案件时，还要求新类型案件本身有足够的“重复性和延续性”，此时才具有普遍适用性。然而，学术研究中对一般条款具体化的研究，即通过类型化提高一般条款可预见性的研究，却总是被完全直接等同于“立法层面的案例群类型化”。这种研究思路，应当是源于我国学术研究中对德国反不正当竞争法一般条款发展、适用理解的片面、不充分。[④] 案例群类型化在德国反不正当竞争法研究中占有重要地位，但是，需要正视的是，案例群类型化方式本身的局限性。即便在德国，案例群归纳方式也并不统一，学界与实务界对案例群的类型化方式与立法上对一般条款的发展也并不等同，2004 年

① 邵建东:《德国反不正当竞争法研究》，中国人民大学出版社 2001 年版，第 36—38 页。

② ［德］安斯加尔·奥利:《比较法视角下德国与中国反不正当竞争法的新近发展》，范长军译，载《知识产权》2018 年第 6 期。

③ 曾琦、方小敏:《德国反不正当竞争法一般条款具体化研究》，载《孝感学院学报》2011 年第 3 期。

④ 例如曾琦、方小敏认为德国一般条款类型化的经验显示了“将抽象的反不正当竞争法一般条款在适用上予以充分具体化，是世界竞争立法的典范”，参见曾琦、方小敏:《德国反不正当竞争法一般条款具体化研究》，载《孝感学院学报》2011 年第 3 期。

和2008年《德国反不正当竞争法》的修改也并没有完全遵循之前对案例群的归纳，德国联邦宪法法院也一再表示，案例群并不当然具有拘束力，至多“只能在法院适用一般条款时提供指引”。法条评注中归纳的案例群，更多的是作为司法层面的“经验总结”，而非作为“立法层面的法律文本”来发挥作用的，案例群的局限性还是在于分类方法的有限理性和方法的非普遍适用性。[①] 总之，对列举条款的具体化应当辩证而非绝对地看待，既看到列举条款对于法律规则涵摄路径缩短的优势，又看到无法完全克服的有限理性与案例局限性。

第二节 适用原则的建立

立法目的是由价值取向支配的。价值是立法目的所保护的东西，从立法目的可以反观分析法律所具有的效用即价值。综观各国立法目的，2004年修订的《德国反不正当竞争法》第1条规定该法立法目的为“旨在保护竞争者、消费者以及其他市场参与人免遭不正当竞争之害”，同时保护“公众在非扭曲的竞争中所享有的利益”。《瑞士联邦反不正当竞争法》第1条规定该法立法目的为“保护所有有关各方利益中的公平和非扭曲的竞争。”《日本不正当竞争防止法》第1条规定该立法目的为“确保经营者之间公平竞争及正确实施国际规则，防止不正当竞争及对不正当竞争的损害赔偿采取有关措施等，以促进国民经济的健康发展”。《韩国防止不公平竞争和商业秘密保护法》第1条规定该法立法目的为“维护良好的交易秩序，制止不正当竞争行为”。我国台湾地区所谓的“公平交易法”第1条规定“立法目的”为“维护交易秩序与消费者利益，确保公平竞争，促进经济之安定与繁荣”。世界知识产权组织《反不正当竞争法示范法》所综合确立的立法目的为界定不正当竞争行为，落实《巴黎公约》相关条款。可以看出，上述域外立法的目的大都包括保护公平竞争，制止不正当竞

---

① 蒋舸:《〈反不正当竞争法〉网络条款的反思与解释——以类型化原理为中心》，载《中外法学》2019年第1期。

争，保护经营者、消费者及其他相关各方的利益。[①]

我国《反不正当竞争法》第1条规定该法的立法目的为“促进社会主义市场经济健康发展，鼓励和保护公平竞争，制止不正当竞争行为，保护经营者和消费者的合法权益”。同样包含了上述两个方面的立法目的，此外，还有促进市场经济健康发展的第三层目的。

一、社会公共利益优先原则

（一）反不正当竞争法上的社会公共利益

众所周知，反不正当竞争法源于侵权行为法的一般规定，直至今日，侵权行为法依然是反不正当竞争法的重要法律渊源。受历史和传统因素的影响，反不正当竞争法曾有着明显的“债法的历史印记”，在债的相对性理论之下，反不正当竞争法的价值取向被解读为仅仅是对竞争对手的保护，只在有竞争关系的双方之间才发生不正当竞争行为，只有受到损害的竞争者才能主张权利，其他经营者、行业协会、消费者、消费者协会均无法主张权利。实际上，市场竞争涉及非常多元化的利益，不同的利益主体有受到同样保护的权利和需求，竞争带来的消极后果特别是对公共利益的消极影响，仅仅靠保护竞争对手是无法消除的。实践的发展逐步表明反不正当竞争法保护的不是特定的竞争对手，而是竞争秩序本身。随着消费者保护运动的兴起，竞争法的社会功能日益强化，保护的利益也越加多元化，现代反不正当竞争法的目的已经非常清晰：保护竞争者、消费者和社会公共利益。[②]

在德国，反不正当竞争法不仅保护经营者，而且更要保护消费者、其他市场参与者和一般公众（消费者）的利益，这已经成为德国司法界的主导看法，并且，这种广泛的利益保护“体现在直接受害人或同业竞争者、有权利能力的工商业利益保护协会、工商会和消费者协会的诉权之中”，“善良风俗”含义并不限于竞争者之间的利益冲突评价，还应“转向更广

① 吕来明、熊英：《反不正当竞争法比较研究——以我国〈反不正当竞争法修改为背景〉》，知识产权出版社2014年版，第33—39页。

② 谢晓尧：《竞争秩序的道德解读》，法律出版社2005年版，第65—68页。

泛的公众利益的判断”。[①] 若仅仅是与单个集团利益的总和等量齐观，社会公共利益或许没有独立意义，当社会公共利益“与一个或多个阶层或者公共机构的局部利益无关”，而被用作利益衡量框架内一项较重要的评价标准以评价竞争行为时，社会公共利益更具有独立意义。[②]

1. 竞争秩序与竞争效率

法益和价值是探讨法律内涵的认识工具，两者视角不同，法益是法律所保护的利益形式，价值是法律自身所具有的效用[③]，法益是经过价值评价后的利益。

在我们最常用的经营者利益、其他经营者利益、消费者利益等表述中，“利益（interest）”是一个事实层面而非规范层面的概念，利益只有以价值为基准加以评价后才能成为“法益”（legal interest）[④]，利益衡量更侧重于一种“基于事实的衡量”，而法益衡量则是进一步的“基于规范的衡量”。“评价法学的追随者都习惯于将实际的利益及权利关系与——立法者或法官作评价时所取向的——理想的价值或评价标准加以区别。此项主张的基础在于严格划分当为与实存，价值与事实的界域。”[⑤]

不仅保护个体利益，反不正当竞争法更重要的是保护“来源于特殊的个体利益但又高于个体利益，反映个体利益中一般的、普遍的、共性”并且“每个参与者都寓于其中并受惠于斯的某种积极的东西”，从而“要求个体利益要为此做出适度的协调”[⑥]，即反不正当竞争法着重保护社会公共利益。社会公共利益具有整体性和普遍性，是整体而非局部的利益，是普

---

① 郑友德、范长军：《反不正当竞争法一般条款具体化研究——兼论〈中华人民共和国反不正当竞争法〉的完善》，载《法商研究》2005 年第 5 期。

② ［德］沃尔夫冈·黑费梅尔：《通过司法和学说使〈反不正当竞争法〉的一般条款具体化》，郑友德译，载漆多俊主编：《经济法论丛》（第三卷），中国方正出版社 2000 年版，第 319—324 页。

③ 刘继峰：《竞争法学》，北京大学出版社 2018 年版，第 17 页。

④ 高金桂：《利益衡量与刑法之犯罪判断》，元照出版公司 2003 年版，第 33 页。

⑤［德］卡尔·拉伦茨：《法学方法论》，陈爱娥译，商务印书馆 2003 年版，第 12 页。

⑥ 刘继峰：《反垄断法益分析方法的建构及其运用》，载《中国法学》2013 年第 6 期。

遍而非特殊的利益[①]，其含义可以从法所追求的目标上归纳得出，如消费者权益保护法所表彰的社会公共利益是消费者的整体福利。反不正当竞争法鼓励和保护“公平竞争”秩序，以“扰乱市场竞争秩序”为该法所否定的不正当竞争行为的构成要件，则“公平竞争秩序”是反不正当竞争法所表彰的公共利益。

市场经济中，竞争是手段而不是目的，竞争是一种理想的资源配置方式，竞争所产生的优胜劣汰的效果能够反映客观经济规律，秩序和效率同为反不正当竞争法的价值。竞争秩序与竞争效率本身源自经济规律，只有尊重经济规律来构建制度才能维护竞争秩序和提高竞争效率，两者作为反不正当竞争法所保护的法益内容，“由来于并体现了‘法律是客观的权利、权利是主观的法律’的自然法和社会法思想”[②]。通过对法的众多价值进行观察，论给予经济社会生活更根本和更广泛的影响的价值，必然是法的秩序价值。“我们周遭的宏观世界，绝非无秩序的和不可预测的事件构成的混乱体，相反，表现出意义重大的组织一致性和模式化。”可见，不仅力求“实现正义”，还须致力于“创造秩序”，法律制度才能恰当地完成其职能。在一个健全的法律制度中，秩序与正义这两个价值往往会“在一个较高的层面上紧密相连、融洽一致”。[③]之所以认为秩序是公共利益，甚至是客观公益，原因在于秩序能够保证社会生活的“可控性、稳定性和可预测性”，能够给人们带来安全感，这样的秩序还表现为“生活利益”，维持了秩序则维护了社会的有序状态，惠及每一个社会成员的生存与发展，故此，秩序代表“社会成员整体的利益”，属于社会公共利益。[④]

反不正当竞争法通过“否定”不正当竞争行为来保护竞争秩序和竞争

---

① 孙笑侠：《论法律与社会利益——对市场经济中公平问题的另一种思考》，载《中国法学》1995 年第 4 期。

② 刘继峰：《反垄断法益分析方法的建构及其运用》，载《中国法学》2013 年第 6 期。

③ ［美］E. 博登海默：《法理学：法律哲学与法律方法》，邓正来译，中国政法大学出版社 2017 年版，第 234 页。

④ 郑友德、范长军：《反不正当竞争法一般条款具体化研究——兼论〈中华人民共和国反不正当竞争法〉的完善》，载《法商研究》2005 年第 5 期。

效率。否定的理由在于该行为扰乱了市场经济秩序，损害了其他经营者或消费者合法权益，其中就涉及不特定主体和特定主体利益的冲突保护。不特定主体利益包括竞争者、购买者和消费者利益，特定主体包括经营者本身。由此，反不正当竞争法所保护的"法益结构"出现了三个递进的层次：一是"相关竞争者利益"，反不正当竞争法通过保护公平竞争，来保护相关竞争者的合法权益，这种保护是直接的。二是"消费者利益"，不正当竞争会直接或间接损害消费者利益，消费者利益影响竞争关系的发展。反不正当竞争法上的消费者不同于消费者权益保护法中的消费者，前者的内涵大于后者，是一个"广义且更加稳定"的消费者概念。三是"社会公共利益"，社会公共利益是高层次的利益，体现了制度的根本价值。而三者并不是截然分离的，实质上，竞争者利益和消费者利益，在反不正当竞争法中都被抽象成了一个潜在的、稳定的概念，不正当竞争行为完全有可能损害到潜在的竞争者和消费者的利益。由此，竞争者和消费者概念具有了非特定性和概括性，竞争者利益和消费者利益就同公共利益有了协调性、统一性。然而，私益与公益的协调统一并不是反不正当竞争法中法律关系的主要特征。

刘继峰教授曾在《反垄断法益分析方法的建构及其运用》一文中，借鉴德国学者纽曼（Neumann）对公共利益的分类来梳理法益及其冲突类型，构建法益分析方法。纽曼认为，基于国家、社会需要而确定的目标是客观公益，利益内容涉及"整体性或全局性"；基于某种文化关系之下，"一个不确定之多数（成员）"所涉及的利益是主观公益，利益内容涉及"社会关系中不特定多数人"。按照这样的理论，竞争效率应当属于客观公益，因为它表达的是竞争对社会发展产生的积极效用，在大数据权利运用中如鼓励和保护数据创新、数据资源合理配置、促进数据分享避免数据孤岛等；竞争秩序则属于主观公益，因为它表达的是经营者和消费者利益的协调发展。在反不正当竞争法的视域下，公共利益并不是私益的简单相加，公共利益有自身稳定的结构与内涵，公共利益与私益的冲突性是法律关系的主要表现。刘继峰教授认为，法益分析包含了"质高、量广和协调"三原则："质高原则"即应优先考虑行为是否侵害客观公益，确立客观公益作为判断的优先和主导的标准；"量广原则"即以利益的量来平衡冲突，以消费者长期利益为中心来进行评价，因为消费者利益在量的总体上优于竞争者利益；“协调原则”即引导私益的实现行为控制在不违背公益的合理限度内进行。基于公共利益与私益关系的可能一致、严重冲突和可能冲突的三种状态，形成实证法、说明法和抗辩法这三种法益分析方法。实证法是对行为涉及的私益与公益关系的效果证明来得出行为法律性质的方法，核心是量广原则的适用，即由量的证明来决定行为的质，以事实证明和效果证明为内容，“效果证明”是中心义务，基本工具是消费者利益；说明法是证明存在某种行为事实则认定违法的方法，以质高为中心，辅之以量广原则，以事实和效果说明为内容，且“事实证明”是中心义务；抗辩法是指基于正当理由，在法益协调原则的指导下，使经营者行为不具有侵害消费者和（或）竞争者利益的危险性，进而肯定经营者行为的证明方法，“正当性证明”为该分析方法的中心义务。[①]

2. 数据安全

反不正当竞争法中的消费者权益保护与消费者权益保护法中的消费者权益保护不同，前者倾向于对消费者群体利益的宏观性的、概括性的、抽象性的保护，侧重于维护有序的市场竞争环境，所否定的损害消费者权益的行为也是基于经营者之间的不正当竞争引发的，消费者权益受到损害是衡量经营者行为不正当性的标准；后者则是针对具体侵权行为所制定的具体约束条款。如本书第三章列举的新浪微博诉脉脉不正当竞争案中，消费者隐私与数据安全就已经成为判决评估经营者行为正当性的重要因素。因为数据安全不仅涉及每一个消费者的个体利益，更涉及消费者群体的概括利益，故而成为反不正当竞争法关注的重点问题之一。

和竞争秩序、竞争效率一样，数据安全同样来源于社会公共利益，意味着消费者隐私乃至国家主权，在反不正当竞争法上是评价竞争行为正当性的重要因素。数据安全在大数据领域，不仅关乎消费者个人信息和隐私利益，对大数据资源的控制和使用能力对国家和地区经济、安全等领域有着深刻影响。大数据权利运用涉及国家主权、国家安全、国家内政。“棱

① 刘继峰:《反垄断法益分析方法的建构及其运用》，载《中国法学》2013年第6期。

镜门”事件、大数据影响美国大选事件就是典型的数据主权、数据安全事例。不仅如此，大数据还关系到反恐、打击跨国犯罪、金融体系安全、基因数据安全，关系到市场竞争秩序，各国法律制度在“数据本地化”和“数据自由流动”之间，在发挥数据权利的竞争优势和控制对竞争的不利影响之间反复博弈。

毫无疑问，欧盟《一般数据保护条例》（GDPR）在数据安全方面走在前列，GDPR 从社会公共利益出发，认为经营者负的数据安全义务包括三个层面，即原则义务、合规与证明义务、基于风险管理的具体义务。原则义务[①]包括遵循合法、公平、透明的处理原则，目的限制原则，最小范围原则，准确性原则，存储限制原则和完整性保密性原则。目的限制原则要求经营者基于具体、明确、合法的目的收集和使用个人数据。最小范围原则要求经营者使用数据以必要的目的为限。存储限制原则要求经营者遵循可识别主体身份的数据的保存期限。合规义务[②]要求经营者建立数据保护管理体系，并从设计着手保护数据。证明义务[③]要求经营者不但要保证数据处理的合规，还要以“可见的”方式实现合规，包括保存处理活动的记录，遵守行为准则和认证机制。

由于普遍认为一般性的、泛化的义务并不足以为经营者提供明确的指引，GDPR 首次借鉴了风险规制（risk regulation）的框架，强调从数据处理行为的性质、范围、环境、目的以及对消费者的权利和自由带来的风险和损害的可能性、严重性出发，构造规则，并促使经营者将规制风险的规则纳入内部决策之中。包括数据风险评估和数据风险管理两个方面。

数据风险评估是“利用事实和假设，客观评估特定事项对消费者可能造成危险的概率”。基于对消费者的影响，将数据区分为一般数据和三种特殊数据：一般数据可以合法地进行处理；涉及消费者“种族、民族、政治观点、宗教信仰、哲学信仰”等特殊数据原则上可以处理，但不得泄露；涉及消费者“个人基因、生物特征等特殊数据”，不得以识别消费者

① GDPR 第 5 条个人数据处理的原则。

② GDPR 第 24 条第 1 款、第 2 款。

③ GDPR 第 30 条、第 32 条第 3 款、第 35 条第 8 款、第 40 条第 3 款以及第 83 条第 2 款。

个人身份为目的进行处理；涉及消费者“健康数据、性生活、性取向”等特殊数据，一概禁止处理。[①] GDPR 列举了高风险的典型情形。[②]

数据风险管理有“责任风险对称”的要求，对应高风险、一般风险、低风险，经营者有不同的义务：在高风险场景下，有高责任要求，如应进行数据保护影响评估，当评估认为高风险且按照现有条件不能采取有效措施降低风险时，经营者应主动向经营者咨询；数据泄露可能造成消费者个人权利和自由高风险时，经营者应当立即通知消费者以便其采取必要的预防措施；即便在低风险环境中，经营者也应当做好消费者个人数据的匿名化和加密，确保服务系统持续的保密性、完整性、有效性和自我修复性，及时恢复数据的有效性和访问的能力，定期评估和测试。[③]

从效果上分析，竞争秩序是一种“特殊的分散利益”[④]，每一个市场主体都应当从竞争秩序中获益：经营者通过正当努力改善产品和服务，从而获得更多的交易机会，获得更充足的资金和动力改善产品和服务进入良性循环，创新受到鼓励，产业发展态势良好；产品和服务的改善、创新的发生导致消费者福利得到增加，消费者选择自由得到保障。良好的竞争秩序最终使得经营者和消费者均获益。

---

① 高富平编：《个人数据保护和利用国际规则：源流与趋势》，法律出版社 2016 年版，第 126 页。

② 高风险的典型情形即消费者个人数据的处理可能引发歧视待遇、身份冒用或欺诈、财产损失、名誉损害、机密泄露、匿名化数据未经授权的披露以及造成数据主体经济和社会方面的其他重大不利局面；消费者被剥夺既有的控制权；“数据泳衣”揭示种族来源、政治观点、宗教或哲学信仰、商业联盟成员状况、处理基因信息、有关健康状况、有关性生活及犯罪状况等信息；数据被用以分析或预测消费者个人工作、经济状况、健康状况、个人偏好或兴趣、可靠性或行为、位置或行动以构建消费者个人资料使用；处理儿童等弱势群体信息；处理大量消费者数据或影响大量消费者时。瑞柏律师事务所译：《欧盟一般数据保护条例 GDPR（汉英对照）》，法律出版社 2018 年版，第 63—66 页。

③ 京东法律研究院：《欧盟数据宪章——〈一般数据保护条例〉GDPR 评述及实务指引》，法律出版社 2018 年版，第 91—102 页。

④ 王磊：《法律未列举的竞争行为的正当性如何认定——一种利益衡量的新进路》，载《法学论坛》2018 年第 5 期。

（二）经营者利益、其他经营者利益和消费者利益的协调表达

在自然状态下的竞争中，经营者本身就有为了获取最大利益而排斥其他市场主体利益的特性，部分经营者基于逐利的本能，无视诚实信用原则和商业道德，采用不正当行为，获得不正当利益。大数据领域，在经营者之间，部分经营者具有平台和先发优势。从技术上说，并不是所有经营者都必然有能力保护数据不被不正当获取，而其他经营者直接依靠自身力量获取数据难度较大。电子商务平台经营者和平台内经营者本身处于极其不对等的地位之中，由于技术和流程等原因，平台经营者时刻掌握着平台内经营者的相关经营数据，两者同样可能产生竞争关系。在经营者和消费者之间，经营者大数据权利来源于消费者个人数据信息的集合，个人数据信息既面临消费者隐私保护的需要，又面临分析利用的需要，还面临数据共享的需要。消费者数据信息能为大数据经营者带来巨大的经济利益，数据信息不仅是经营者作出相关性分析的基础，同样也是改进商品和服务、推出个性化定制产品、提升用户体验的依据，更是网络平台活跃度的重要反映，是其他经营者数据分享需求的基础。经营者利益和消费者利益在大数据领域复杂交织。

仍以大众点评诉百度不正当竞争案为例，判决对百度公司行为的正当性考虑从多个方面予以综合评价，尤其是经营者利益与消费者利益是否处于一个协调的状态，包括百度公司的行为对于创新和促进市场竞争、提升消费者体验是否具有积极效果；百度公司的行为是否采取了对汉涛公司损害最小且能实现积极效果的措施；百度公司的行为如果超出了必要限度损害汉涛公司的利益，是否会影响其他经营者的投入从而损害消费者长期利益。大数据权利运用中，经营者利益和消费者利益如何协调表达？按照刘继峰教授的观点，坚持质高原则优先考虑行为是否侵害客观公益，确立客观公益作为判断的优先和主导的标准，在本案中，客观公益即竞争效率，竞争效率是全局性的利益，包括保护经营者投入的积极性，从而保护产业发展，促进数据分享避免数据孤岛等。量广原则即以利益的量来平衡冲突，也就是以消费者长期利益为中心来进行评价，因为消费者利益在量的总体上优于竞争者利益，在本案中，就是经营者行为是否促进市场竞争、改进消费者体验。协调原则即引导私益的实现行为控制在不违背公益的合

理限度内进行，即评价百度公司的行为是否超出了必要的限度，竞争利益的总量是否增长。

第一，经营者利益协调保护体现为自由竞争得到充分保护，提供产品和服务不受阻碍。经营者利益从反不正当竞争法的历史演进来看，就一直是其保护的重心，《巴黎公约》第10条之二将经营者利益置于显著位置；法国以保护经营者利益为基点，发展出了“反不正当竞争之诉”这一独立的案件类型。[①] 所以说，反不正当竞争法最初都是聚焦对“诚实经营者的利益”的保护。[②] 在反不正当竞争法上，并非所有的经营者利益都可以诉求该法保护，该法所保护的经营者利益以“公平竞争”为中心，什么是反不正当竞争法语境下的经营者利益？有观点认为是“交易机会”，因为通过不正当手段获取交易机会受到该法的禁止。[③] 也有观点认为，不正当竞争行为对竞争者造成的影响可以从经营者“投资与回报之间的联系”来加以判断。[④] 从经营者与消费者利益协调保护的角度出发，符合竞争秩序、符合竞争规律的、积极进取型的经营者利益应当得到保护，也就是经营者通过积极改善产品和服务，改善其他交易条件促成交易而获得的竞争优势应当得到保护。

第二，消费者利益协调保护集中体现在两方面，即自由选择权和公平交易权，具体体现为保障充分的市场竞争实现经营者的优胜劣汰，保障消费者能够自主、自由选择经过市场取舍的优质的产品和服务不受妨碍。和纯粹的消费者权益保护法不同，反不正当竞争法对消费者利益的保护是“抽象的”，更注重服从于竞争功能的发挥，在该法之下协调保护的消费者利益是一般条款司法化的重要因素，虽然并非始终占主导地位，却由于“量广”和结构稳定等因素往往能够发挥决定性作用。经营者之间的竞争，

---

① 王磊：《法律未列举的竞争行为的正当性如何认定——一种利益衡量的新进路》，载《法学论坛》2018年第5期。

② 孔祥俊：《反不正当竞争法的创新性适用》，中国法制出版社2014年版，第74页。

③ 谢晓尧：《在经验与制度之间：不正当竞争司法案例类型化研究》，法律出版社2010年版，第5页。

④ Reto M. Hilty, The law against unfair competition and its interfaces, Springer, 2007, p.2.

最终都指向对与消费者达成交易的争夺，消费者利益在这一结构中，既是一个评判者，评价产品和服务的质、价，又是竞争结果的承受者，竞争是否充分以及竞争结果最终都由消费者承受。在腾讯公司与世界星辉公司不正当竞争纠纷一案[①]中，一审法院将消费者利益等同于社会公共利益，而反不正当竞争法所考虑的社会公共利益既应当包括消费者利益，也应当包括经营者利益，既包括个案的经营者利益（竞争者利益），也包括同业或其他相关经营者的利益。二审法院则认为，消费者利益不仅包括“现阶段利益”，还应当包括“长远利益”，并以消费者长期利益作为评价社会公共利益（社会总福利）的稳定的标准，进而以对社会公共利益的影响作为评价是否符合公认的商业道德的标准。

第三，可能情况下的数据共享。2016年10月，全球移动通信系统协会（GSMA）发布研究报告《数字生态系统竞争政策框架重整》（Resetting Competition Policy Frameworks for the Digital Ecosystem），认为数字市场的特征主要表现在快速变化和变革、质量和创新的重要性、网络效应、多边平台、大数据的发展及重要性等；带来的挑战在于数字市场动态发展、快速演化，产品存在潜在的可替代性、多边市场的特点，消费者可能无须以货币形式支付对价等。在数字市场中，经营者的竞争行为不仅影响价格，还会影响质量、创新和整体经济效率。消费者剩余，一般理解为消费者对产品或服务的估价与其实际支付的价格之间的差额；生产者剩余，则是生产者索取的价格与生产成本之间的差额；社会总福利，是消费者剩余和生产者剩余的总和，社会总福利提升，整个社会也会变得更好。反不正当竞争法关注的是社会公共利益，关注所有人的概括式的福利。[②]数据共享恰恰涉及所有人的概括式的福利，在经营者内部，有效的数据共享能够改进行业的整体发展，在数据安全之下的数据共享，同样能够增进消费者福利，数据共享不仅影响产品和服务的价格，而且会影响产品和服务的质量、创新和整体效率。

---

① 参见北京市知识产权法院（2018）京73民终558号民事判决书。

② 韩伟主编:《数字市场竞争政策研究》，法律出版社2017年版，第96—103页。

二、比例原则

互联网经济下竞争的越发激烈以及利益的多元化，导致了竞争手段、方式、技术的日益多样化。大数据权利的深刻运用导致了类似于报酬率递增的“雪球效应”，强大的经营者基于大数据对商品和服务的把控愈强大，消费者愈加没有选择的自由，弱小或新进入的经营者愈没有存在和发展的空间；以爬虫软件等方式窃取和破坏其他经营者的大数据或者算法，不正当地攻击了经营者的竞争能力，攫取了其他经营者的竞争优势，实质扩展了反不正当竞争法规制的范畴，需要以比例原则来考察竞争行为和手段对不同利益的增进或损害，以最大限度上兼容不同利益。

（一）利益衡量的工具

一般认为，传统意义上的比例原则起源于德国的警察法[①]，之后发展渗透至行政法的各领域，成为行政法领域的“帝王原则”。比例原则的本意包括以下两方面内容：第一，其内涵由妥当性原则（或称正当性原则）、必要性原则和相称性原则（或称狭义比例原则）这三个子原则构成。[②] 妥当性原则以目的作为选择、确定行为方式或手段的基准；必要性原则是选择造成更少损害的适当性行为方式或手段；相称性原则要求目的、手段之间的法益应当相称。第二，三项子原则在司法适用中呈现“位阶化的操作模式”，即子原则之间存在“适用上的位阶关系”以及“经验的”和“价值的”双重维度区分，虽然各子原则均以“目的—手段”为主要分析模式，但前两个子原则更加侧重从经验角度出发，比较手段与方式的取舍，相称性原则则是从价值角度出发，对手段和方式进行取舍。[③]

比例原则最初用以规范国家权力，保障公民权利和自由，后来进一步

---

① 比例原则首次出现在1794年德国《全国普通法》第10（2）条：“警察可以为了维护公共和平、安全和秩序采取必要措施。”一方面授权为公共和平、安全和秩序等“公共目的”行使警察权，另一方面将警察权的行使限制在必要限度之内。转引自兰磊：《比例原则视角下的〈反不正当竞争法〉一般条款解释——以视频网站上广告拦截和快进是否构成不正当竞争为例》，载《东方法学》2015年第3期。

② 陈新民：《德国公法学基础理论》（下册），山东人民出版社2001年版，第369页。

③ 曾哲、雷雨薇：《比例原则的法律适用评析与重塑》，载《湖南社会科学》2018年第2期。

应用于各个部门法领域[①]，被用作“利益衡量工具”，考察不同行为或方式“对不同利益的增进、损害”，为司法实践所广泛青睐。[②]引申后的比例原则，以“最大限度上同时兼容两种利益”为目标，考察不同行为或方式对两个或以上相冲突的利益或目的的不同影响，从而作出选择。在比例原则的视角下，没有某一种利益应当绝对必然地予以保护，而应当在互相协调、兼容中共存发展。[③]

（二）比例原则的分析思路

竞争行为性质认定之所以疑难复杂，重要原因在于背后需要考量利益的复杂性，不仅需要法益衡量，还需要考虑正当、必要和相称。竞争行为通常是多面的，既有积极创新的一面，技术创新、模式创新给用户体验、消费者体验带来增进，也有损害其他平台经营者利益的一面，还有涉及竞争秩序、竞争效率和数据信息安全的一面。《反不正当竞争法》第 2 条及其司法解释蕴含着对多元利益的保护，通常按照经营者利益、消费者利益、社会公共利益的思路逐一分析把握。

从经营者利益的视角出发，以数据抓取行为为例，数据被抓取，可能会导致平台运营成本增加或服务能力减弱，用户流量减少，交易机会丧失，进一步影响广告、增值服务等商业收益，甚至破坏现有商业模式，造成实质性替代。我国司法实践也将这些竞争损害作为一种新型损害予以适度救济。[④]但是，需要强化的评价思路在于，必须充分考虑到竞争本身是中性的，竞争性损害并不是判断竞争行为正当性的决定性因素，如果没有在案证据证实被诉行为存在不正当性，则依然不能直接援引第 2 条予以否定性评价。

---

① E. Thomas Sullivan & Richard S. Frase, Proportionality Principles in American Law:Controlling Excessive Government Actions, Oxford University Press, 2009.

② 张敏、杨宇昕:《比例原则视角下商业道德的认定——以互联网新型不正当竞争案件为对象》，载《上海商学院学报》2016 年第 6 期。

③ 兰磊:《比例原则视角下的〈反不正当竞争法〉一般条款解释——以视频网站上广告拦截和快进是否构成不正当竞争为例》，载《东方法学》2015 年第 3 期。

④ 李园园:《数据抓取行为不正当竞争司法认定规则探究》，载《黑龙江社会科学》2024 年第 3 期。

再从消费者利益的视角出发，消费者利益则需要区分消费者短期利益和消费者长期利益。仍以数据抓取行为分析，经营者抓取数据后进行数据分析使用，甚至深挖数据价值开发新的产品、增强用户体验，消费者短期福利得到明显迅速增加，但是数据抓取行为是不正当的竞争行为，其对诚实守信经营者的打击将是明显的，这种前期巨大投入之后遭受积极性的打击，对行业秩序和市场信心的影响，当然不利于消费者长期福利。

从社会公共利益的角度出发，数据的不当抓取，本身不涉及技术创新和模式创新，也不利于鼓励和保护技术创新，不会带来社会总体福利的增加，反而存在数据安全隐患，而信息数据利用的秩序、效率与正义也是多个部门法上的公共利益。①

由此，竞争行为所涉的各个利益之间存在冲突，但法律和司法解释并没有对法益的保护有明确的上下位阶规定，那么，按照比例原则的思路，对数据抓取行为应当进行这样的总体评价：第一，鼓励数据流通，但不代表可以随意抓取、使用其他经营者获取的数据。数据是经营资源、竞争优势，具有较高的市场价值，数据应当合法、有序流通和利用。第二，至少直接分析对其他经营者造成的损害与对消费者福利、社会公共利益增加的比例程度，是否在必要的、可以容忍的限度内②，以此作为对竞争行为进行评价的考虑因素。

（三）比例原则下的大数据竞争行为边界

随着应用与发展，比例原则逐渐表现出强大的利益平衡功能，在公法之外的其他各个部门法有着广泛的运用，反不正当竞争法同样不例外。比例原则在我国反不正当竞争法的司法实践中已经事实上得到了广泛应用，法院在适用时通常表述为：为“消费者需求”“竞争秩序”“公共利益”等“必要的目的”或“正当理由”，而“在适当的范围内”，采取“某种合理

---

① 兰楠：《个人信息保护法中的社会公共利益》，载《国家检察官学院学报》2023年第1期。

② 如汉涛诉百度案中，上海知产法院运用比例原则分析认为，将大众点评中的评论信息抓取并展示在百度地图中的行为，确实为消费者提供了一定的便利，但是，所增进的社会利益与对其他经营者造成的损害并不均衡，超过了必要限度。参见上海知识产权法院（2016）沪73民终242号民事判决。

的手段或方式或行为”对其他经营者的产品或服务加以限制，[①] 以期对竞争行为的正当性、必要性和相称性进行分析。

我国反不正当竞争法以维护公平竞争为价值追求，在尊重经营自主权的前提下，对可能损害市场竞争秩序、损害其他经营者或消费者合法权益的行为进行规制。这一价值理念与比例原则在公权力的合理运用与公民权利的合理限制之间进行平衡的价值理念是契合的，与比例原则日益发展的价值衡量作用是契合的。比例原则在反不正当竞争法中适用的重要抓手就是商业道德原则，商业道德以“对客观经济秩序的遵守”[②] 为基础，以价值性而非伦理性为基础，对商业道德的判断往往需要衡量竞争行为是否超过了必要的“边界”，比例原则为这一衡量提供了理论支持。

应该说，实践的探索已经初步证明，通过比例原则可以构建一个具有一定普遍适用性的竞争行为合法性分析框架，用以处理市场竞争过程中的利益冲突，尤其是反不正当竞争法列举条款未能明确规范的新类型行为，大数据权利运用的不正当竞争行为就是如此，按照比例原则的三个子原则对被诉行为的正当性进行审查，违反诚实信用原则和商业道德就转化成为了一个实质审查利益衡量的过程：第一步，原告主张并证明被诉行为对反不正当竞争法所保护的利益造成了损害。第二步，被告主张并证明该行为带来了正当的、大体相当的抵消性利益（包含目的的正当性），以及该行为方式或手段是损害最小的；如果该抵消性利益明显大于所损害的利益，或者并未采取损害最小的方式或手段，则被诉行为具有了可说责性。[③] 这样的分析方法更加激活了商业道德的实践理性和价值性，淡化了其不可言说的伦理色彩。[④] 对第二步中被告主张的查明，具体按照比例原则的三个

---

① 参见北京市海淀区人民法院（2013）海民初字第13155号民事判决书、北京市海淀区人民法院（2013）海民初字第17359号民事判决书、北京市第一中级人民法院（2011）一中民终字第12521号民事判决书、北京市高级人民法院（2013）高民终2352号民事判决书。

② 高兆明：《主观善、客观善与商业道德——重读恩格斯〈英国工人阶级状况〉1892年序》，载《浙江社会科学》2004年第1期。

③ 兰磊：《比例原则视角下的〈反不正当竞争法〉一般条款解释——以视频网站上广告拦截和快进是否构成不正当竞争为例》，载《东方法学》2015年第3期。

④ 孟雁北：《我国反不正当竞争法视野中的商业道德解读——以互联网不正当竞争行为的规制为例证》，载《中国工商管理研究》2012年第12期。

子原则来进行。

在正当性原则下，要求经营者所采取的行为或方式以正当性目的为出发点，可以作为认定是否违反商业道德的“门槛”，至少可以规范经营者仅以追求利益为目的损害其他经营者和消费者的行为、未履行应尽义务的行为、违背行业禁止性规则的行为；在必要性原则下，要求经营者所采取的行为或方式是生产经营所必要的，造成其他市场主体损害最小的，可以作为竞争行为的“界限”；在相称性原则下，要求经营者竞争行为所造成的法益损害和所增进的公共利益是呈合理比例的，可以作为利益衡量的“天平”。[①]

第三节　分析方法的运用

大数据权利运用中的不正当竞争行为，是反不正当竞争法未类型化的“无名行为”，无法直接借助演绎的逻辑从法条中直接寻求答案。对未类型化的“无名行为”正当性的判断，一直是学者研究的重点问题，“竞争行为正当性的判断是反不正当竞争法的核心问题”[②]。我国大陆地区对这一问题的研究具有较为鲜明的阶段特征：早先的研究带有浓厚的比较法色彩，尤其以德国为学习对象；近年来的研究开始立足于本土实践，对司法实践中“一般条款泛化适用”的现象进行了反思[③]，进而探讨一般条款的司法适用模式[④]，并已经开始寻求判定“无名行为”是否正当的一般性原则[⑤]，包括“法益衡量”的方法和“商业道德”标准等。

---

① 张敏、杨宇昕：《比例原则视角下商业道德的认定——以互联网新型不正当竞争案件为对象》，载《上海商学院学报》2016 年第 6 期。

② 孔祥俊：《论反不正当竞争法的竞争法取向》，载《法学评论》2017 年第 5 期。

③ 焦海涛：《不正当竞争行为认定中的实用主义批判》，载《中国法学》2017 年第 1 期。

④ 吴峻：《反不正当竞争法一般条款的司法适用模式》，载《法学研究》2016 年第 2 期。

⑤ 蒋舸：《关于竞争行为正当性评判泛道德化之反思》，载《现代法学》2013 年第 6 期。

一、法益衡量的评价方法

（一）法益衡量的核心

司法实践中，法官对不正当竞争的“无名行为”进行裁判的本质，由于无法借助于演绎的逻辑，实质上只能去“平衡不同的利益冲突”，衡量互相冲突的各类利益，作出符合立法目的的裁判。[①] 判断大数据权利运用行为的正当性，必须回到反不正当竞争法的立法目的——保护公平竞争，制止不正当竞争；保护经营者、消费者及其他相关各方的合法利益；促进市场经济健康发展。通过分析立法目的，来评价行为对竞争秩序这一社会公共利益，以及行为对经营者、消费者等相关主体利益的影响，实质上是一种法益衡量。利益乃是不正当竞争行为的最终指向。

本书第三章梳理了不正当竞争行为认定的基本理论，认为应当坚持动态竞争的理念、损害中性与法益中性的理念，以及回归行为正当主义本身。这是法益和衡量的前提基础。竞争本身就是一个激烈对抗的过程，互不干扰、相安无事的平行竞争过于理想，并且是罕见的；应用在大数据领域，商业模式的建立、被打破是一个正常的、中性的过程；经营者之间的交易不可避免地为某些经营者带来盈利，为某些经营者带来损害，损害是竞争的必然结果，无法避免，同样价值无涉；不仅损害是中性的，法益同样是中性的，侵害法益并不必然具有不正当性，经营者还应当证明行为的不正当性方能获得民事救济；在反不正当竞争法中法益无所谓保护和不保护，法益保护并不是立足点，这是与侵权法中权利保护的重要区别，对行为的判断要回到行为本身。上述基本理论告诉我们，对损害的判断，要放到动态竞争的背景中去衡量，不能陷入一有损害就要保护法益的思维定势之中，“竞争行为本身”才是法益衡量的最大关切。

前文同时介绍分析了法益衡量的“质高、量广和协调”原则，在三种分析方法中，质高、量广和协调的三原则要有侧重地适用。进一步分析，质高原则本质上也要回到量广原则，因为质高本身就意味着量广，质高原则所确立的客观公益的优先和主导地位即来源于客观公益所代表的利益的

---

① 范长军：《行业惯例与不正当竞争》，载《法学家》2015年第5期。

整体性和全局性。法益衡量的核心最终要回归到两个方面：

一是保障最广泛的竞争利益。广泛不仅包括横向的“利益面”的广泛性，还应当包括纵向的“时间轴”的广泛性。从利益面的角度看，在反不正当竞争法的语境下，一项竞争行为总体上应当有利于促进公平竞争，增进反不正当竞争法的制度利益。维护交易秩序、保护公平竞争与消费者利益，都是应当兼顾的法益。然而，当法益保护之间发生冲突时，应当以“全体国民最大利益作为法益价值考量、取舍之依据”[①]，同样反映了保护横向利益面的最广泛性要求。竞争利益不仅仅是消费者利益，也不仅仅是经营者利益，还包含经营者、消费者利益的协调发展，包含与竞争相关的利益。从时间轴的角度看，法益衡量所要保护的，不仅仅是经营者和消费者的当前利益，还应当包括长期利益。

二是竞争行为本身是法益衡量的最大关切。在反不正当竞争法中，基于动态竞争和损害中性、法益中性的原理，并不是一有利益被侵害就必然要保护，行为的不正当性是关键。从法益衡量的角度看，是因为行为本身欠缺了增加制度利益总量、鼓励创新等客观公益价值，违背了“质高”的原则，行为本身正当性的判断除以法益衡量为基础外，还指向商业道德标准。

（二）法益衡量在个案分析中的应用

腾讯公司诉世界星辉公司不正当竞争纠纷案[②]是法益衡量的典型案例。一审判决认为，市场竞争是经营者之间对市场机会或市场利益的争夺，最终是为了获得更多的商业机会；行为本身要放在竞争秩序和其他经营者合法权益的视野下进行判断，有竞争则必然有损害，损害并不能直接简单推出非正当性。正当的竞争是以质优价低的方式从事竞争，不正当竞争则是以除此之外的方式获取交易机会和竞争优势。从行业的发展来看，“免费 + 广告”的商业模式并不是不变的，而应当是顺应市场进行调整的，商业模式本身更应当留给市场优胜劣汰。世界星辉公司的行为只影响腾讯公

---

① 汪渡村：《公平交易法》，五南图书出版股份有限公司 2015 年版，第 7 页。

② 参见北京知识产权法院（2018）京 73 民终 558 号民事判决书。

司的部分利益，并未对其产生根本性影响。在经营者利益之外，是公众利益。一审法院认为，“在互联网产业下，广大网络用户利益即为社会公共利益”，并且用户对于过滤广告的功能有使用的意愿和需求，这一功能的实现是科技进步为用户带来的成果和实惠，是“商业模式的改变和技术创新实现的网络用户福利最大化”。二审判决从腾讯公司提交的一份经济学分析报告切入，以此为基础认为，一方面，行为违反公认的商业道德时，才宜认定为不正当竞争行为；另一方面，健康的经济秩序是反不正当竞争法保护的对象，健康的经济秩序通常有利于社会总福利，社会总福利可以用作行为的判断标准。“不具有正当性的行为并不会因为其符合用户需求而具备正当性”，“用户天然希望一切产品或服务免费”不意味着“经营者采取任何措施将其他经营者的收费产品或服务变成免费的行为均被认定具有正当性”，且即便需要考虑用户需求，世界星辉公司的行为亦并非真正符合用户的长期需求，长期来看，成本最终仍会转嫁到消费者身上。二审判决还指出，一审判决“将消费者利益等同于社会公共利益”显然是错误的，反不正当竞争法中所考虑的社会公共利益（或社会总福利）不仅涵盖消费者利益，还指向经营者利益。视频广告过滤行为长期将对消费者福利产生不利影响。结论是：无论是从消费者、视频平台、广告投放者，还是浏览器经营者的角度进行分析，广告过滤损害社会总福利；被诉行为不仅有违公认的商业道德，且此类行为如长期存在亦会对社会总福利具有明显损害。

这一案件涉及三类与竞争相关的利益，社会公共利益、经营者利益和消费者利益。世界星辉公司的被诉行为，究竟应当如何进行衡量？

第一，经营者利益。一方面，短期和直观地来看，腾讯公司的利益确实遭受损害。但是，这种影响和损害不是必然的、不是严重的。腾讯公司可以通过技术手段对广告加密，消解被诉行为带来的影响；可以改进广告的观赏体验，如缩短广告时间、增强广告趣味性等；广告收益的减少在视频收入中不是主导性的。另一方面，大量用户有屏蔽广告的需求和行为，被诉行为通过改进自身产品满足了用户的这一需求，对广告屏蔽行业来说收益是巨大的。相关统计显示，2015 年至 2016 年，全球广告屏蔽用户数量从1.42亿增长到了6.15亿[①]，并以41%的年增幅迅速增长[②]，既代表了庞大的消费者需求，也代表了庞大的广告屏蔽产业。

第二，消费者利益。毫无疑问，消费者视频观看体验提高，如腾讯公司所言，付费用户的第一个目的就是去除广告，可见消费者对无广告体验的重视程度，“信息过载的困扰”和“消费者注意力的匮乏”时刻困扰着消费者，这是消费者短期利益无疑。从消费者长期利益的角度观察，二审判决认为由于视频平台被压制会导致消费者长期利益实质受损，这恰恰反映了一种静态的、守旧的竞争观，视频网站作为一个理性的经营者，显然不太可能取消免费视频浏览甚至因此被压垮，只会迫于市场的形势改进商业模式，提供更加质优价廉的服务吸引消费者。视频拦截因为没有触及经营者的根本利益，从而不会导致经营者乃至行业的不利后果由消费者承受这样的情况发生。视频网站经营者行为模式可以被进一步深刻分析：随着信息技术的进步、生产经营成本趋于免费以及定价模式的转变，“互联网社会迎来了人类社会的免费时代”，而随着消费者中心主义的兴起、经营模式的多样化，“广告+免费”的商业模式不过是“工业时代兴起的商品和服务促销模式”，在互联网时代已经呈现出了“衰微的趋势”，裁判者不应固守这一日渐衰微的经营模式。[③]

第三，社会公共利益。从竞争秩序的角度看，广告拦截行为迫使视频经营者改进产品和服务吸引消费者，消费者体验提升，经营者改进服务获取更多竞争优势，经营者和消费者利益进入协调发展的良性循环。从竞争效率的角度看，广告拦截能够降低消费者信息成本，保障消费者自主选择权，提高广告竞争效率；广告拦截行为本身提供了新的服务，同时迫使视

---

① Page Fair (2017). The state of the blocked web. 2017 Global Ad block Report. online Page Fair, p.5. Available at: https://pagefair.com/downloads/2017/01/PageFair-2017-Ad-block-Report.pdf, Accessed 25 Sep. 2018.

② Page Fair and Adobe (2015). The cost of ad blocking. Page Fair and Adobe 2015 Ad Blocking Report. online Page Fair and Adobe, p.1. Available at: https://downloads.page-fair.com/wp-content/uploads/2016/05/2015_report-the_cost_of_ad_blocking.pdf, Accessed 25 Sep. 2018.

③ 黄俊榜、谢晓尧：《互联网环境中广告过滤行为正当性解释》，载《法治社会》2018年第5期。

频经营者开发和提供了新的服务，实现了创新和改进产品，提高了竞争效率。由此，社会公共利益得到增进。

法益衡量的结果告诉我们，世界星辉公司的被诉行为能够实现竞争利益的最大化。

二、商业道德的评价方法

传统实体经济下的商业道德与互联网领域的商业道德存在着较为明显的内涵差异性，且内涵的变动较快。传统实体经济之下，商业道德是商业习惯的沉淀，更多的是来自商业主体人文精神的认同，相对稳定。而互联网产业以技术为中心，以创新为特征，这使得商业道德的基础表现出更加浓厚的技术色彩，而不是人文精神。①

基于恩格斯关于商业道德一段非常深刻、经典的侧面论述：商业道德之所以能够发展到一定水平，当然不是“因为对伦理的狂热”，“纯粹是为了不浪费时间和劳动”。解读恩格斯的这一论述的研究认为，商业道德的形成与实践，并非基于道德本身的因素，并非主观自觉与生俱来的，人们形成和遵守商业道德秩序，“并不因为道德是美好的，而是因为道德是有用的”，商业道德本质在于“一种客观经济秩序”“一种客观的利益交换法则”被人们“有意识地”使用；商业道德实践所表达的也并不是主体“内在道义精神状况”，而是不得不“对这种客观经济秩序的遵守”——即使人们内心并不认同，但是出于利益的需要也不得不遵守。② 由此，揭示出商业道德形成的基本路径并告诉人们，对商业道德的解读更应当“从价值性角度出发”，而非伦理性角度。③

司法实践中，对商业道德的理解和适用主要存在两方面缺陷：一是以“模糊和抽象的标准”掩饰分析和论证的不充分，对受诉行为不正当性

---

① 刘继峰：《竞争法学》，北京大学出版社2018年版，第386页。

② 高兆明：《主观善、客观善与商业道德——重读恩格斯〈英国工人阶级状况〉1892年序》，载《浙江社会科学》2004年第1期。

③ 孟雁北：《我国反不正当竞争法视野中的商业道德解读——以互联网不正当竞争行为的规制为例证》，载《中国工商管理研究》2012年第12期。

的判断缺乏相对明确的标准，往往不加论证直接得出结论[①]，有的裁判甚至完全未能展开论述经营者行为方式和违背商业道德之间的关联性。二是以“主观状态”作为认定行为是否违反商业道德的具体标准。从实务角度考察，经营者的主观状态几乎不可能真实查明；从法理基础考察，侵权法上的过错判断标准已经呈现出强烈的“客观化的趋势”，即将主观状态的认定客观化，停留主观状态的考察与侵权法的发展趋势相违背。如果根据客观行为来推定主观状态，客观行为的分析完全可以是相对明确的判断标准，不必纠结于难以描述的主观状态。[②]

（一）商业道德的实践理性与制度弹性

法律与道德有着非常深刻的联系，法律是“道德生活的外部沉淀”。伯尔曼认为，法律是“对人类理性所理解的道德准则的一种表达”，是习惯的派生物。[③] 现代国家往往通过法律来支持或强化社会的一些固有道德，使内在规则成文化。也正是由于反不正当竞争本身有着非常深厚的道德基础，其产生于商主体对诚实信用的客观需求，目的在于对商业伦理的捍卫。因此，各国在反不正当竞争法领域高度一致地使用了原则性的而非描述性的道德标准。商业道德要获得权威性与强制性，于是付之于法律的表达方式，以期使“内生制度转化为外生制度”。法律以道德为实质内容，道德以法律为表现形式，两者共同维护竞争秩序。[④]

一般而言，法律与道德属于社会控制力量中不同的范畴，法律调整人们的外部关系，道德支配人们内心活动和动机。道德是人们意识中的行为

---

① 如在腾讯诉奇虎不正当竞争纠纷案中，最高人民法院认为，“上诉人专门针对QQ软件开发、经营扣扣保镖，以帮助、诱导等方式破坏QQ软件及其服务的安全性、完整性，减少了被上诉人的经济收益和增值服务交易机会，干扰了被上诉人的正当经营活动，损害了被上诉人的合法权益，违反了诚实信用原则和公认的商业道德，一审判决认定其构成不正当竞争行为并无不当”。参见最高人民法院（2013）民三终字第5号民事判决书。

② 兰磊：《比例原则视角下的〈反不正当竞争法〉一般条款解释——以视频网站上广告拦截和快进是否构成不正当竞争为例》，载《东方法学》2015年第3期。

③［美］哈罗德·J.伯尔曼：《法律与革命——西方法律传统的形成》，贺卫方等译，法律出版社2018年版，第663—664页。

④ 谢晓尧：《竞争秩序的道德解读》，法律出版社2005年版，第10—11页。

规范，是“以善恶为标准”，依靠“社会舆论、传统习惯和内心自律”来评价和约束社会主体的行为、调整主体之间及与社会相互关系的行为规范的总和；法律是国家制定或认可的依靠国家强制力保证实施的行为规范。一方面，法律与道德代表着不同的规范性命令；另一方面，道德原则通过转化为法律而被赋予了强制实施的性质，法律是最低限度的道德要求。我国若干重要的商事立法，都明确规定了遵守商业道德的义务。[①] 这样一来，商业道德究竟是法律规范，还是道德规范？

反不正当竞争法的条文大都简略概括，各国几乎都是如此。原则多为“诚实信用”“诚实交易惯例”和“商业道德”等，即便是具体规范，也只不过是“示例性列举”。这样一来，市场秩序实质更多地依靠“原则而非规则”来维护。理由非常简单，就是基于原则的“确定性悖反”特质，因为原则能够不预设任何事实状态，只给出概括性的评价标准。一方面，由于价值评判的包容性，原则这样开放性的规范反而能够“确立牢固而普遍的法律基础”，在复杂多变的经济社会生活中支撑着“制度的确定性”；另一方面，原则也由于其高度抽象性饱受了不确定性的责难。[②]

学术界和实务界关于不正当竞争“无名行为”正当性的评价，尚无定论，而市场秩序是“参与者分立行动相互耦合”的演进过程，商业道德作为评价标准，除了有直接的立法基础外，从制度经济学的角度看，其经由实践演化而来，是“经营者在反复博弈之后达成均衡的行为模式”，是一种嵌入经济生活中的“软制度”，具有很强的“实践理性”，时常在成文法的法条不敷适用时提供能动的“规范基础”[③]，商业道德绝非“理性构建主义所能够精心创造的”，乃是在长期实践的利益博弈之中，不断试错而

---

① 如《公司法》第5条规定：“公司从事经营活动，必须遵守法律、行政法规，遵守社会公德、商业道德，诚实守信，接受政府和社会公众的监督，承担社会责任。”《合伙企业法》第7条规定：“合伙企业及其合伙人必须遵守法律、行政法规，遵守社会公德、商业道德，承担社会责任。”《反不正当竞争法》第2条第1款规定：“经营者在生产经营活动中，应当遵循自愿、平等、公平、诚信的原则，遵守法律和商业道德。”

② 谢晓尧：《竞争秩序为何更多原则而非规则》，载《深圳特区报》2015年3月24日，第B11版。

③ ［德］柯武刚、史漫飞：《制度经济学》，韩朝华译，商务印书馆2000年版，第129页。

艰难获致的。[①] 不仅如此，反不正当竞争法有着浓厚的商业道德基础，大部分类型化的“有名行为”构成要件中都暗含了一定程度的商业道德评价，“正当性”本身就是一种道德评价。但是，商业道德标准本身有太强的主观性和不确定性，有自身固有的缺陷，处于“两极”的行为不难判断，处于中间地带的行为就不那么好评价了。“有限理性”使然，在经济社会生活，乃至道德和价值都深刻变革的状况下，规则难以固化；也并非所有的秩序都能得以清晰地阐释和表达。

我们迫切需要一个适度的边界，尽量保持足够的“弹性和柔韧度”，容许创新和试错，以“商业道德、价值观和法律的自我演进”来回应经济社会的发展：一方面，作为法律原则的商业道德具有很强的“制度弹性”，通过回应竞争需要实现道德原则的法律化，维护竞争秩序的道德水平；另一方面，商业道德意味着恰当的“权衡”，并不以“全有或全无”的方式适用，而是意味着“妥协、竞价与权衡”[②]，更重要的是对竞争行为的认定应当“推定正当”而非推定不正当。

较之于法的不确定性，更重要的问题是如何缓解和克服不确定性，通过司法进行修复、填补和连接。[③]

（二）商业道德原则在大数据权利运用中的具体化

法律规则和法律原则共同构成了法律规范不可缺失的元素。原则是规则的基础和来源，原则经过高度抽象和概括，不预设前提、不直接规定具体的权利义务，对具体的规则有着普遍性的指导意义。按照黄茂荣教授的分类，法律原则与实证法的关系有三种样态，一是原则存于法律明文；二是原则存于法律基础；三是原则存于法律之上。[④] 反不正当竞争法的一般条款的商业道德原则显然属于第一种样态的法律原则。抽象的原则需要通

---

① 谢晓尧:《竞争秩序为何更多原则而非规则》，载《深圳特区报》2015 年 3 月 24 日，第 B11 版。

② 谢晓尧:《竞争秩序为何更多原则而非规则》，载《深圳特区报》2015 年 3 月 24 日，第 B11 版。

③ 谢晓尧:《法律的不确定性与司法应对之道》，载《深圳特区报》2014 年 1 月 7 日，第 B10 版。

④ 黄茂荣:《法学方法与现代民法》，中国政法大学出版社2001年版，第377—378页。

过具体化才能得以适用，具体化则面临“确定性”的难题。

通常认为，抽象的原则具体化应当受到严格的限制，否则将陷具体规则于空洞化的境地，危害法的安定性。① 原则的指导性在于规则不得与之抵触，而非优先适用性，在有法律规则的情况下，应当依据规则进行处理，不应越过规则直接适用法律原则，只有在“规则不敷适用”并且穷尽应有的“解释和类推适用方法”无法解决，才有直接适用原则的需要。大数据权利运用属于法律规则缺乏依据的新型案件，可以通过一般条款的扩大解释来维护竞争秩序。②

此外，商业道德的具体化还应当符合如下条件：第一，应当使用各领域或特定领域公认的、普遍接受的规范准则；第二，经营者的行为违反了某一具体的或抽象的商业道德标准；第三，所指向的商业道德的内涵与法律的强制性规定不冲突。③

1. 行业惯例

在适用商业道德原则进行裁判的案件中，行业惯例的出现频率极高，何谓行业惯例？合同法中有规定“交易习惯”，作为合同约定不明时确定相关内容的依据。行业惯例，往往基于交易习惯的历史和实践传承而来，是特定行业中参与主体共同认知和遵守的行为和习惯，虽然不具有强制性，但是一旦不遵守则可能为同行业的其他经营者带来不便或损害，行为主体本身也会因此受到否定评价。行业惯例具有很强的实践性、历史性、习惯性。行业惯例作为商业道德评价基础的难点在于“行业惯例的查明”：对于当事人关于行业惯例的主张，应当深入了解行业的发展进程、运行模式、盈利特点及相关背景等，对行业惯例的实践情况进行充分查证作出相应认定，行业惯例的查明是一个“事实发现”的过程，行业惯例不是一成不变的。

---

① 王泽鉴：《法律思维与民法实例》，中国政法大学出版社 2001 年版，第 245 页。

② 谢晓尧：《竞争秩序的道德解读》，法律出版社 2005 年版，第 39—45 页。

③ 吕来明、卢长青：《商业道德的法律化与商人思维评判》，载《中国商法年刊》（2013），第 121 页。

2. 行业自律规范

随着社会分工的日益精细化、产业发展的不断规模化，行业协会、行业自律组织日益发达。如果说行业惯例是行业发展自然孕育的产物，那么，行业自律规范则体现了行业协会、行业自律组织成员主动创设的结果。以互联网行业为例，随着产业的迅猛发展，出现了《互联网行业自律公约》《互联网新闻信息服务自律公约》《中国互联网协会互联网公共电子邮件服务规范》《搜索引擎服务商抵制违法和不良信息自律规范》《中国互联网网络版权自律公约》《抵制恶意软件自律公约》《博客服务自律公约》《中国互联网协会反垃圾短信息自律公约》[①] 等行业自律规范，以期联合反对短视的、不利于行业整体发展的经营行为，规范行业内经营者的行为，从而维护行业的长期发展、长期利益。基于行业自律规范的这一目的特点，其作为认定商业道德的评价标准具有了相当的理性基础，为许多裁判者所接受。

3. 消费者利益

消费者利益是反不正当竞争法的保护对象，反不正当竞争法关注如何将竞争效率转化为消费者福利，保障消费者享受竞争带来的利益，而不是承受竞争失败的后果。将消费者利益作为判断商业道德的依据，在法院的裁判中已成为共识[②]，虽然法官一致认为消费者利益是商业道德的判断依据，但是，具体理解却误区重重。可以说，对这一问题的分析，既是一个法律问题又是一个经济学问题，既要考虑消费者的当前利益和直接的体验改善，又要从行业甚至产业的现状和发展来考虑消费者的长期利益，毕竟竞争的最后结果都需要由消费者承受，同时还要避免对消费者长期利益的孤立的、建立在各种毫无基础的假设之上的判断。如腾讯公司诉世界星辉

---

① 陶钧：《在数字网络环境下“公认的商业道德”判定的考量因素》，载《竞争政策研究》2017 年第 1 期。

② 如在原告奇虎公司、奇智公司诉被告百度公司不正当竞争纠纷案中，法院认为“行业惯例和消费者福利是认定商业伦理的重要依据。消费者是竞争结果和市场产品的承受者，提升消费者福利是法律追求的最终目标，认定竞争行为正当与否的一个重要依据就是要看是否有利于提升消费者福利，特别是消费者利益必须不能被不必要地损害”。参见北京市第二中级人民法院（2014）二中民（知）初字第 9577 号民事判决书。

公司不正当竞争纠纷案，二审判决看似既顾及了消费者利益和经营者利益，又顾及了消费者当前利益和长期利益，但是，由于二审判决秉持了静态的、守旧的竞争观，错误地预判了视频网站的行为，未能认识到：一方面，视频拦截并没有触及经营者的根本利益，不存在压垮经营者的情形；另一方面，视频网站经营者作为一个理性的经营者，也不太可能取消免费视频浏览，“自绝于”市场、“自绝于”消费者，只会迫于市场的形式改进商业模式，提供更加质优价廉的服务吸引消费者，所以消费者福利是增加的而不是减少的。

4. 应当注意商业道德在大数据背景下的新理解

大数据深深植根于互联网时代，以互联网平台和技术为基础。传统实体经济下的商业道德相对稳定，大数据领域的商业道德则与之存在较为明显的内涵差异性，且内涵变动性较快。大数据领域的商业道德以“技术的更替”为基础，以创新为特征，商业道德常常以“商业模式”的样态呈现出来，并且很快随着技术的发展而被打破，“干扰性竞争、数字化颠覆”[①]成为基本思维方式，所谓“和平共处、避免相互干扰”的竞争方式是无法普遍存在的。随着信息技术的飞速进步，加之“开放、交互、协作”的互联网平台推动了知识的积累与共享，竞争的本质越来越表现为“创造性毁灭的过程”，成为一种熊彼特式的“破坏性创新”[②]，在不停地打破和替代之前的平衡[③]；而大数据经营者多为平台化跨领域经营，各行业密切交织，没有明显的边界，互相干扰无法避免，“干扰性活动成为互联网自由竞争的新常态”。因此，干扰性活动并不必然违背商业道德，干扰性竞争是常态。

诚然，对一个社会而言，首先要关注的是在经济活动中形成一种“客

---

① ［美］詹姆斯·麦奎维:《颠覆：数字经济的新思维和商业模式》，陈志伟等译，电子工业出版社 2016 年版，第 44 页。

② ［奥］约瑟夫·熊彼特:《资本主义、社会主义与民主》，吴良健译，商务印书馆 1999 年版，第 147 页。

③ ［奥］约瑟夫·熊彼特:《经济发展理论：对利润、资本、信贷、利息和经济周期的考察》，何畏等译，商务印书馆 1991 年版，第 72 页。

观正义关系及秩序”[①]，并在这个基础上，哺育经济主体之“德性”。[②]商业道德依然只能成为判断竞争行为正当性的必要条件而非充分条件，司法活动中不能无限制地适用道德规范依据，否则法律与道德的界限将更加模糊，法的确定性与可预见性会受到破坏；道德标准通常高于法律标准，道德标准的运用客观上扩大了义务缩减了权利；道德标准与法律规则相比，更加抽象和概括，普遍适用可能会导致司法机关滥用道德标准。[③]

小　结

由于分类方式的有限理性，列举条款的不敷适用是成文法的通病。“互联网专条”存在自身缺陷，但依然要在尊重其内涵与外延的前提下，发挥“互联网专条”作为认知模型所能有的价值，以尽可能发挥列举条款降低认知成本的作用。当既有的成熟的类型化规则以及新的类型化规则不敷适用时，应当容忍少量不宜类型化的行为在一般条款下进行评价：一方面，严格适用，避免向一般条款逃逸；另一方面，必须承认，并非所有的新类型竞争行为都可以被归入特定的类别，某些行为，如大数据竞争行为可能就要保留在一般条款之下解决。

即便在一般条款下评价，依然要准确把握背景的特殊性。大数据、大数据技术、大数据产业均产生并依赖于互联网经济，对互联网经济自身特性与逻辑的把握，是对大数据竞争行为进行评价的前提和基础：“流量”成为互联网经营者共同追求的目标，这一营销理念和目标的变化导致了经营者“经营模式的趋同化”，进而导致竞争加剧。信息爆炸和全新商业模

---

① 孟雁北：《我国反不正当竞争法视野中的商业道德解读——以互联网不正当竞争行为的规制为例证》，载《中国工商管理研究》2012 年第 12 期。

② 此处德性意为“道德品性”，高兆明教授认为商业道德首先是一种道德行为（德行），是一种客观存在的利益交换法则，随后才表现为道德品性（德性）。高兆明：《主观善、客观善与商业道德——重读恩格斯〈英国工人阶级状况〉1892 年序》，载《浙江社会科学》2004 年第 1 期。

③ 吕来明、卢长青：《商业道德的法律化与商人思维评判》，载《中国商法年刊》2013 年第 1 期。

式的更迭必须摒弃商业模式的“权利化保护”。互联网是一个“交叉补贴”的世界，免费内容并不意味着对价，交叉补贴很难一眼看穿。互联网技术为产品价格趋零提供支持，零边际成本刺激不正当竞争行为的发生。

大数据权利运用在反不正当竞争法的规制领域中表现得最为突出的典型行为是数据抓取行为，非典型行为是恶意的数据不兼容、聚合盗链等。

尽管关于《反不正当竞争法》第 2 条是否构成一般条款，曾经存在很大争议，但第 2 条在实践中确实发挥着重要的作用，与理论界的谨慎观点存在较大差距。法的价值和司法裁判之间并不能直接推导，需要一个复杂的跨越鸿沟的过程，因此，要实现一般条款的直接适用性，就必须对抽象的原则进行“阐释和重构”，将原则阐释明确为次级的规范即规则。德国反不正当竞争法是使用一般条款加列举条款立法模式的典型，在漫长的实践探索中，德国反不正当竞争法一般条款经历了从无到有、从条文到典型案例再到典型行为条款这样一个逐步丰厚的发展过程，我国学术研究中对德国反不正当竞争法一般条款发展、适用的理解可能存在片面、不充分的地方。德国学界与实务界对案例群的类型化方式并不统一，与立法上对一般条款的发展更是不能等同。我们在借鉴德国经验的同时，应当正视由于分类方法的有限理性和案例方法的非普遍适用性而带来的案例群类型化方式的缺陷。

市场竞争涉及非常多元化的利益，不同的利益主体有受到同样保护的权利和需求。基于对最广泛竞争利益的保护和对竞争行为本身是否增加公共利益总量的判断，是对法益衡量中公益优先原则的解读。法益衡量的核心最终要回归到两个方面：一是保障最广泛的竞争利益。广泛不仅包括横向的“利益面”的广泛性，还应当包括纵向的“时间轴”的广泛性。从利益面的角度看，在反不正当竞争法的语境下，一项竞争行为总体上应当有利于促进公平竞争，增进反不正当竞争法的制度利益。维护交易秩序、保护公平竞争与消费者利益，都是应当兼顾的法益。当法益保护之间发生冲突时，应当以“全体国民最大利益作为法益价值考量、取舍之依据”。从时间轴的角度看，法益衡量所要保护的，不仅仅是经营者和消费者的当前利益，还应当包括长期利益。二是竞争行为本身是法益衡量的最大关切。从法益衡量的角度看，是因为行为本身欠缺了“增加制度利益总量”、鼓励创新等客观公益价值，违背了“质高”的原则。

互联网经济下竞争的越发激烈以及利益的多元化，导致了竞争手段、方式、技术的日益多样化，需要以比例原则来考察竞争行为和手段对不同利益的增进或损害，以最大限度上兼容不同利益。实践的探索已经初步证明，通过比例原则可以构建一个具有一定普遍适用性的竞争行为合法性分析框架，用以处理市场竞争过程中的利益冲突，尤其是反不正当竞争法列举条款未能明确规范的新类型行为。通过对抵消性利益和行为手段、方式的衡量，将违反诚实信用原则和商业道德转化成为一个实质审查利益衡量的过程。

大数据产业以技术为中心，以创新为特征，大数据领域商业道德的基础表现出更加浓厚的技术色彩，而不是人文精神。人们形成并遵守商业道德秩序，肯定不是基于认为“道德是美好”而只是源于“道德的适用性”，商业道德本质上是一种“客观经济秩序”，作为“客观的利益交换法则”被人们有意识地使用，商业道德实践所表达的也并非“内在道义精神状况”，而是市场主体“对这种客观经济秩序不得不遵守”。商业道德形成的基本路径告诉人们，对商业道德的解读更应当“从价值性角度出发”，而非伦理性角度。大数据竞争的司法实践中，对商业道德理解和适用应注意纠正以下两个方面的问题：第一，以相对模糊和抽象的标准掩饰司法分析和论证的不足，对受诉行为不正当性的判断缺乏相对明确的标准，往往不加论证直接得出结论。第二，以“主观过错或者恶意”作为认定行为是否违反商业道德的具体标准。对商业道德的实践，终究还是要回到其作为“有用的”“利益交换法则”的本质，当注意在大数据背景下的新理解。

结　论

数据和大数据是一组密切关联的概念，两者在不同的语境下使用：数据侧重于强调其在物理或法律上的抽象意义；大数据侧重于强调海量数据的集合。大数据具备自身独特的自然属性，最显著的法律属性是独立性、确定性、非消耗性和财产属性；大数据权利兼具财产权属性、人格权属性与社会公共属性。确立大数据权利的基础性规则，应当既“有效地保护个人权益”，又“维护数据活动自由、发挥数据经济价值”。大数据立法应当是一个以数据化新型资产使用与交易实际需求为核心而构建的系统性的法律制度变革，以财产权为视角构建基础性规则——应当确立“数据主体的数据权利”和“经营者的大数据权利”。

大数据在为经营者带来竞争优势的同时，也对竞争产生了不利影响。大数据竞争格局的平台化、经营模式趋同化，大数据竞争手段的技术化，加之权属及交易规则的缺失，导致了大数据反竞争行为的发生。反垄断法和反不正当竞争法在保护竞争和维护市场竞争秩序方面起着相互补充的作用，在对大数据权利运用进行调整的领域不仅需要两者相互补充，一定程度上，反不正当竞争法的作用更应当得到显扬，这一方面是由互联网市场的技术特点决定的，如产业经营模式趋同、垄断基础的技术性和垄断结构的脆弱性；另一方面也是由反垄断法适用本身的特点决定的，如大数据依托的平台的双边市场结构，从不同的角度界定相关市场会有完全不同的结论，以及大数据领域市场份额的认定囿于相关市场的界定而无法发挥作用，相关市场的分析受到挑战等。

由于大数据技术和互联网产品零边际成本等原因，大数据不正当竞争行为的普遍性更明显，不正当竞争行为的分析方法可以更具效果。《反不正当竞争法》第 12 条“互联网专条”的宣示意义大于实际价值，由于分类标准缺乏足够的理性支撑，内部逻辑结构存在“既不互斥又不周延”的问题。尽管如此，适用本条时也应当在其内涵与外延的有限范围内发挥降低认知成本的作用。对一般条款的理解与适用，需要辩证地看待：一方面，严格避免泛化适用，避免向一般条款逃逸。另一方面，必须承认，并非所有的新类型竞争行为都可以被归入特定的类别，某些行为，如大数据竞争行为，可能就既要充分考虑行为的特性，又继续保留在一般条款之下解决。

从大数据不正当竞争案件法律适用述评与启示来看，大数据权利运用给不正当竞争行为认定理论带来了明显挑战，裁判中固守的错误评价理念应当予以矫正。应矫正背离市场机制的静态的竞争观，明确市场竞争终究是以“动态的过程”来维护市场有序运行；应矫正竞争性损害是构成评价竞争行为正当性的倾向性要件，明确竞争性损害中性；应矫正将损害法益作为不正当竞争构成要件的错误观念，明确竞争行为违法性来源于行为本身的违法性。

关于大数据不正当竞争行为的认定，还不可避免地要涉及竞争关系的再认识。大数据领域，传统地域市场的概念被完全颠覆了；随着互联网竞争进入一个明显的“全业务”和“跨行业”时代，行业界限作为原有的竞争边界被打破了；更由于互联网经济本质是对用户流量的争夺，而逐步呈现出高度近似的商业模式，平台经营者都面对一个大致相同的相关市场。大数据权利运用再次证明了，“竞争关系”并不是一个绝对的存在，而是一种适时的存在，行为是否构成不正当竞争还是“在于行为本身的正当性与否”。

构建大数据不正当竞争行为的分析框架，由于互联网专条的先天不足，只能以一般条款为依托。即便如此，依然要注重特殊性与一般性的结合：大数据、大数据技术、大数据产业均产生并依赖于互联网经济，对互联网经济自身特性与逻辑的把握，是对大数据竞争行为进行评价的前提和基础。“流量”成为互联网经营者共同追求的目标，这一营销理念和目标的变化导致了经营者“经营模式的趋同化”，进而导致竞争加剧；信息爆炸和全新商业模式的更迭导致必须摒弃商业模式的“权利化保护”；互联网是一个“交叉补贴”的世界，免费内容并不意味着对价，交叉补贴很难一眼看穿，利益分析更加复杂；互联网技术为产品价格趋零提供支持，零边际成本刺激不正当竞争行为的发生。

基于对最广泛竞争利益的保护和对竞争行为本身是否增加公共利益总量的判断，是对法益衡量中公益优先原则的解读，法益衡量的核心最终要回归到两个方面：一是保障最广泛的竞争利益。不仅包括横向的“利益面”的广泛性，还应当包括纵向的“时间轴”的广泛性。二是竞争行为本身是法益衡量的最大关切。从法益衡量的角度看，不正当竞争行为正是因为本身欠缺了“增加制度利益总量”、鼓励创新等客观公益价值，违背了“质高”的原则，而受到否定性评价。

互联网经济下竞争的越发激烈，以及利益的多元化，导致了竞争手段、方式、技术的日益多样化，需要用比例原则来考察竞争行为和手段对不同利益的增进或损害，以最大限度上兼容不同利益。通过比例原则可以构建一个具有一定普遍适用性的竞争行为合法性分析框架，用以处理市场竞争过程中的利益冲突，尤其是反不正当竞争法列举条款未能明确规范的新类型行为，通过对抵消性利益和行为手段、方式的衡量，将违反诚实信用原则和商业道德转化成一个利益衡量的过程。

大数据产业以技术为中心，以创新为特征，大数据领域商业道德的基础表现出更加浓厚的技术色彩，而不是人文精神。人们形成商业道德秩序，“并不首先因为道德是美好的，而是因为道德是有用的”，商业道德是“一种客观经济秩序”，作为“一种客观的利益交换法则”被人们有意识地使用，商业道德实践所表达的也“并不是经济活动主体自身的内在道义精神状况”，而是经济活动主体“对这种客观经济秩序的遵守”。商业道德形成的基本路径并告诉人们，对商业道德的解读更应当“从价值性角度出发”，而非伦理性角度。大数据深深植根于互联网时代，以互联网平台和技术为基础，传统实体经济下的商业道德相对稳定，大数据领域的商业道德则与之存在较为明显的内涵差异性，且内涵变动性较快。大数据领域的商业道德以“技术的更替”为基础，很快随着技术的发展而被打破，竞争越来越表现为“创造性毁灭的过程”，在不停地打破和替代之前的平衡，“干扰性活动成为大数据自由竞争的新常态”。

参考文献

一、著作类

1. Maurice E. Stucke，Allen P. Grunes, Big Data and Competition Policy, Oxford University Press, 2016.

2. Anselm Kamperman Sanders, Unfair Competition Law, Clrendon Press, 1997.

3. Giles Wyburd，Competitive and Ethical? How Business Can Strike a Balance, Kogan Page, 1998.

4. Carlos M Correa, Intellectual Property Rights, the WTO and Developing Countries: The TRIPS Agreement and Policy Options，Zed Books Led, 2000.

5. E. Thomas Sullivan & Richard S. Frase, Proportionality Principles in American Law: Controlling Excessive Government Actions, Oxford University Press, 2009.

6. [美] 劳伦斯·莱斯格:《塑造网络空间的法律》，李旭等译，中信出版社 2004 年版。

7. [英] 维克托·迈尔-舍恩伯格、肯尼斯·库克耶:《大数据时代:生活、工作与思维的大变革》，盛杨燕、周涛译，浙江人民出版社 2013 年版。

8. [法] 伯纳德·利奥托德、[美] 马克·哈蒙德:《大数据与商业模式变革：从信息到知识，再到利润》，郑晓舟等译，电子工业出版社 2015 年版。

9. [美] 詹姆斯·R.卡利瓦斯、迈克尔·R.奥弗利:《大数据商业应用:风险规避与法律指南》，陈婷译，人民邮电出版社 2016 年版。

10. [美] 詹姆斯·麦奎维:《颠覆：数字经济的创新思维和商业模式》，陈志伟、李融译，电子工业出版社 2016 年版。

11.［英］弗里德利希·冯·哈耶克:《自由秩序原理》，邓正来译，三联书店 1997 年版。

12.［英］弗里德利希·冯·哈耶克:《法律、立法与自由》(第 1 卷)，邓正来等译，中国大百科全书出版社 2000 年版。

13.［英］弗里德里希·冯·哈耶克:《经济、科学与政治——哈耶克思想精粹》，冯克利译，江苏人民出版社 2000 年版。

14.［德］卡尔·拉伦茨:《德国民法通论(上)》，王晓晔等译，法律出版社 2004 年版。

15.［日］丹宗昭信、厚谷襄儿:《现代经济法入门》，谢次昌译，群众出版社 1985 年版。

16.［德］柯武刚、史漫飞:《制度经济学——社会秩序公共政策》，韩朝华译，商务印书馆 2000 年版。

17.［德］罗伯特·阿列克西:《法律论证理论——作为法律证立理论的理性论辩理论》，舒国滢译，中国法制出版社 2002 年版。

18.［美］罗纳德·德沃金:《认真对待权利》，信春鹰、吴玉章译，上海三联书店 2008 年版。

19.［英］边沁:《道德与立法原理导论》，时殷弘译，商务印书馆 2000 年版。

20.［英］洛克:《政府论》(下)，叶启芳、翟菊农译，北京商务印书馆 1964 年版。

21.［美］布里安·P. 辛普森:《市场没有失败》，齐安儒译，中央编译出版社 2012 年版。

22.［美］塞缪尔·亨廷顿:《变革社会中的政治秩序》，李盛平等译，华夏出版社 1988 年版。

23. 陈新民:《德国公法学基础理论》(增订新版上卷)，法律出版社，2010 年版。

24.［美］保罗·萨缪尔森、威廉·诺德豪斯:《萨缪尔森谈效率、公平与混合经济》，萧琛主译，商务印书馆 2012 年版。

25.［德］卡尔·拉伦茨:《法学方法论》，陈爱娥译，商务印书馆 2003 年版。

26.［美］威廉·B. 埃瓦尔德:《比较法哲学》，于庆生、郭宪功译，中国法制出版社 2016 年版。

27.［美］霍菲尔德:《基本法律概念》，张书友编译，中国法制出版社 2009 年版。

28.［德］卡尔·恩吉施:《法律思维导论》，郑永流译，法律出版社 2014 年版。

29.［美］约翰·奇普曼·格雷:《法律的性质与渊源》（原书第二版），马驰译，中国政法大学出版社 2012 年版。

30.［美］E. 博登海默:《法理学：法律哲学与法律方法》，邓正来译，中国政法大学出版社 2017 年版。

31.［日］川岛武宜:《现代化与法》，王志安等译，中国政法大学出版社 1994 年版。

32.［德］何梦笔主编:《秩序自由主义》，董靖等译，中国社会科学出版社 2002 年版。

33.［荷］扬·施密茨:《法学的观念与方法》，魏磊杰、吴雅婷译，法律出版社 2017 年版。

34.［英］丹尼斯·麦奎尔:《受众分析》，中国人民大学出版社 2006 年版。

35.［美］欧内斯特·盖尔霍恩等:《反垄断法与经济学》，任勇等译，法律出版社 2009 年版。

36.［美］卡尔·夏皮罗、哈尔·R. 范里安:《信息规则：网络经济的策略指导》，中国人民大学出版社 2017 年版。

37.［德］米夏埃尔·施蒂尔纳主编:《德国民事诉讼法学文萃》，赵秀举译，中国政法大学出版社 2005 年版。

38.［美］博西格诺等:《法律之门》，邓子滨译，华夏出版社 2002 年版。

39.［美］罗斯科·庞德:《法律史解释》，邓正来译，中国法制出版社 2002 年版。

40.［美］哈罗德·J. 伯尔曼:《法律与革命——西方法律传统的形成》，贺卫方等译，法律出版社 2018 年版。

41.［美］基斯·N. 希尔顿:《反垄断法：经济学原理和普通法演进》，赵玲等译，北京大学出版社 2009 年版。

42.［美］罗斯科·庞德:《通过法律的社会控制》，沈宗灵译，商务印书馆出版社 2010 年版。

43.［美］罗斯科·庞德:《法哲学导论》，于柏华译，商务印书馆出版社 2020 年版。

44.［美］罗斯科·庞德:《法律与道德》，陈林林译，商务印书馆出版社 2018 年版。

45.［德］拉德布鲁赫:《法学导论》，米健译，商务印书馆出版社 2013 年版。

46. 中共中央文献研究室编:《十八大以来重要文献选编》，中央文献出版社 2014 年版。

47. 王泽鉴:《民法概要》，中国政法大学出版社 2003 年版。

48. 程啸:《侵权责任法》，法律出版社 2015 年版。

49. 沈宗灵:《现代西方法理学》，北京大学出版社 1992 年版。

50. 王晓晔:《反垄断法》，法律出版社 2011 年版。

51. 杨国亮:《企业竞争优势论》，中国经济出版社 2007 年版。

52. 霍春辉:《动态竞争优势》，经济管理出版社 2006 年版。

53. 杨紫烜:《国家协调论》，北京大学出版社 2009 年版。

54. 刘继峰:《竞争法学》（第三版），北京大学出版社 2018 年版。

55. 邵建东:《德国反不正当竞争法研究》，中国人民大学出版社 2001 年版。

56. 孔祥俊:《反不正当竞争法的创新性适用》，中国法制出版社 2014 年版。

57. 谢晓尧:《在经验与制度之间——不正当竞争司法案例类型化研究》，法律出版社 2010 年版。

58. 谢晓尧:《竞争秩序的道德解读》，法律出版社 2005 年版。

59. 陈新民:《德国公法学基础理论》（下册），山东人民出版社 2001 年版。

60. 韩伟主编:《数字市场竞争政策研究》，法律出版社 2017 年版。

61. 吕忠梅、陈虹:《经济法原论》（第二版），法律出版社 2008 年版。

62. 舒国滢主编:《法理——法哲学、法学方法论与人工智能》，商务印书馆 2018 年版。

63. 孙国华、朱景文:《法理学》(第四版)，中国人民大学出版社 2015 年版。

64. 吕来明、熊英:《反不正当竞争法比较研究——以我国〈反不正当竞争法〉修改为背景》，知识产权出版社 2014 年版。

65. 杨仁寿:《法学方法论》，中国政法大学出版社 2013 年版。

66. 郭瑜:《个人数据保护法研究》，北京大学出版社 2012 年版。

67. 谢永志:《个人数据保护法立法研究》，人民法院出版社 2013 年版。

68. 高金桂:《利益衡量与刑法之犯罪判断》，元照出版公司2003年版。

69. 谢晓尧:《在经验与制度之间：不正当竞争司法案例类型化研究》，法律出版社 2010 年版。

70. 舒国滢、王夏昊、雷磊:《法学方法论》，中国政法大学出版社 2018 年版。

71. 王利明:《民法总则研究》，中国人民大学出版社 2012 年版。

72. 谢远扬:《个人信息的私法保护》，中国法制出版社 2016 年版。

73. 汪渡村:《公平交易法》，五南图书出版股份有限公司 2015 年版。

74. 张新宝:《中华人民共和国民法总则释义》，中国人民大学出版社 2017 年版。

75. 张雷:《媒介革命：西方注意力经济学派研究》，中国社会科学出版社 2009 年版。

76. 全国人大常委会法制工作委员会经济法室编:《中华人民共和国〈反垄断法〉条文说明、立法理由及相关规定》，北京大学出版社 2007 年版。

77. 石宏主编:《中华人民共和国民法总则条文说明、立法理由及相关规定》，北京大学出版社 2017 年版。

78. 李爱君主编:《中国大数据法治发展报告》，法律出版社2018年版。

79. 王瑞贺主编:《中华人民共和国反不正当竞争法释义》，法律出版社 2018 年版。

80. 漆多俊主编:《经济法论丛》(第三卷)，中国方正出版社 2000

年版。

81. 瑞柏律师事务所译:《欧盟一般数据保护条例》,法律出版社 2018 年版。

82. 京东法律研究院:《欧盟数据宪章——〈一般数据保护条例〉GDPR 评述及实务指引》,法律出版社 2018 年版。

83. 白志鹏等主编:《环境风险评价》,高等教育出版社 2009 年版。

84. 颜运秋:《公益诉讼法律制度研究》,法律出版社 2008 年版。

85. 顾维熊:《西方法学流派评析》,上海社会科学院出版社 1992 年版。

86. 甘强:《经济法思维的实践运用》,法律出版社 2020 年版。

二、期刊论文类

1. Jerry Kang, Information Privacy in Cyberspace Transaction, 50 Stanford Law Review, 1193, (1998).

2. Xavier Boutin, Georg Clemens, Defining "Big Data" in Antitrust, (2) Competition Policy International Antitrust Chronicle, 2017.

3. Beier, The development and present status of unfair competition law in Germany: an outline, 4 International Review of Industrial Property 77 (1973).

4. Directive NO.96/9/EC of the European Parliament and of the Council, of 11 March 1996 on the legal protection of databases (EB/OL).

5. Maurice E. Stucke, Allen P. Grunes, Debunking the Myths Over Big Data and Antitrust, (2) Competition Policy International Antitrust Chronicle, 2015.

6. Christian Ahlborn, Competition Policy in the New Economy: Is European Competition Law up to the Challenge?, 22 (5), European Competition Law Review, 2001.

7. [德] 安斯加尔·奥利:《比较法视角下德国与中国反不正当竞争法的新近发展》,范长军译,载《知识产权》2018 年第 6 期。

8. 张新宝:《从隐私到个人信息:利益再衡量的理论与制度安排》,载《中国法学》2015 年第 3 期。

9. 王利明:《论个人信息权的法律保护——以个人信息权和隐私权的界

分为中心》，载《现代法学》2013 年第 4 期。

10. 程啸:《论大数据时代的个人数据权利》，载《中国社会科学》2018 年第 3 期。

11. 马长山:《智能互联网时代的法律变革》，载《法学研究》2018 年第 4 期。

12. 魏凯:《对大数据国家战略的几点考虑》，载《大数据》2015 年第 1 期。

13. 詹馥静、王先林:《反垄断视角的大数据问题初探》，载《价格理论与实践》2018 年第 9 期。

14. 梅夏英:《数据的法律属性及其民法地位》，载《中国社会科学》2016 年第 9 期。

15. 齐爱民:《论个人信息的法律属性与构成要素》，载《情报理论与实践》2009 年第 10 期。

16. 王利明:《论个人信息权在人格权法中的地位》，载《苏州大学学报》2012 年第 6 期。

17. 丁文联:《数字经济的竞争法关切和基础问题》，载《竞争政策研究》2017 年第 5 期。

18. 李爱君:《数据权利属性与法律特征》，载《东方法学》2018 年第 3 期。

19. 刘继峰、曾晓梅《论用户数据的竞争法保护路径》，载《价格理论与实践》2018 年第 3 期。

20. 龙卫球:《再论企业数据保护的财产权化路径》，载《东方法学》2018 年第 3 期。

21. 刘越:《个人信息、数据的权属》，载《人民法治》2017 年第 9 期。

22. 张阳:《大数据交易的权利逻辑及制度构想》，载《太原理工大学学报（社会科学版）》2016 年第 5 期。

23. 齐爱民、李仪:《论利益平衡视野下的个人信息权制度——在人格利益与信息自由之间》，载《法学评论》2011 年第 3 期。

24. 许可:《数据保护的三重进路——评新浪微博诉脉脉不正当竞争案》，载《上海大学学报（社会科学版）》2017 年第 6 期。

25. 李岩:《民事法益的界定》，载《当代法学》2008 年第 3 期。

26. 张芳:《民事法益的弱保护及突破》，载《湖北社会科学》2015 年第 2 期。

27. 丁道勤:《基础数据与增值数据的二元划分》，载《财经法学》2017 年第 2 期。

28. 王涌:《财产权谱系、财产权法定主义与民法典〈财产法总则〉》，载《政法论坛》2016 年第 1 期。

29. 王少辉、印后杰:《基于政府管理视角的大数据环境下个人信息保护问题研究》，载《中国行政管理》2015 年第 11 期。

30. 龙卫球:《数据新型财产权构建及其体系研究》，载《政法论坛》2017 年第 4 期。

31. 黄如花、李楠:《美国开放政府数据中的个人隐私保护研究》，载《图书馆》2017 年第 6 期。

32. 马海群、王茜茹:《美国数据安全政策的演化路径、特征及启示》，载《现代情报》2016 年第 1 期。

33. 陈兵:《大数据的竞争法属性及规制意义》，载《法学》2018 年第 8 期。

34. 李海英:《大数据的法律挑战和建议》，载《大数据》2016 年第 2 期。

35. 邵俊武:《法律视野下的大数据问题研究》，载《法治社会》2016 年第 2 期。

36. 王融:《关于大数据交易核心法律问题——数据所有权的探讨》，载《大数据》2015 年第 2 期。

37. 丁文联:《数字经济时代数据性质、产权和竞争》，载《财经问题研究》2018 年第 2 期。

38. 兰楠:《“一带一路”倡议下数据的利用与保护——以构建一种新型财产权为视角》，载《法大研究生》2018 年第 1 辑，中国政法大学出版社 2018 年版。

39. 林洹民:《个人信息保护中知情同意原则的困境与出路》，载《北京航空航天大学学报（人文社科版）》2018 年第 3 期。

40. 王利明:《论个人信息权在人格权法中的地位》，载《苏州大学学报》2012 年第 6 期。

41. 吕洪涛、兰楠:《民法典编纂中关于隐私权问题的考量——以网络隐私权为切入点》，载《民事行政检察指导与研究》总第 19 集，中国检察出版社 2017 年版。

42. 邹开亮、刘佳明:《试论大数据垄断的法律规制》，载《大庆师范学院学报》2017 年第 4 期。

43. 齐爱民、盘佳:《数据权、数据主权的确立和大数据保护的基本原则》，载《苏州大学学报》2015 年第 1 期。

44. 陈兵:《大数据的竞争法属性及规制意义》，载《法学》2018 年第 8 期。

45. 王晓晔:《我国反垄断法立法的宗旨》，载《华东政法大学学报》2008 年第 2 期。

46. 史宇航:《个人数据交易的法律规制》，载《理论与探索》2016 年第 5 期。

47. 孔祥俊:《〈民法总则〉新视域下的反不正当竞争法》，载《比较法研究》2018 年第 2 期。

48. 宁宣凤、吴涵:《浅析大数据时代下数据对竞争的影响》，载《汕头大学学报（人文社会科学版）》2017 年第 5 期。

49. 贾晓燕、封延会:《网络平台行为的垄断性研究——基于大数据的使用展开》，载《科技与法律》2018 年第 4 期。

50. 杨国亮:《从西方竞争理论的演变看马克思竞争理论的历史地位》，载《当代经济研究》2005 年第 10 期。

51. 杨国亮:《关于竞争优势的马克思主义分析框架》，载《中国人民大学学报》2005 年第 5 期。

52. 曾雄:《以 hiQ 诉 LinkedIn 案谈数据竞争法律问题》，载《互联网天地》2017 年第 8 期。

53. 孙笑侠:《论法律与社会利益——对市场经济中公平问题的另一种思考》，载《中国法学》1995 年第 4 期。

54. 时建中:《网络市场垄断行为发展趋势及危害研究》，载《经济参考报》2016 年 8 月 17 日。

55. 王晓晔:《再论反不正当竞争法与其相邻法的关系》，载《竞争政策研究》2017 年第 4 期。

56. 田小军、朱萸:《新修订〈反不正当竞争法〉“互联网专条”评述》，载《电子知识产权》2018 年第 1 期。

57. 王艳芳:《〈反不正当竞争法〉在互联网不正当竞争案件中的适用》，载《法律适用》2014 年第 7 期。

58. 孔祥俊:《论反不正当竞争法的竞争法取向》，载《法学评论》2017 年第 5 期。

59. 陶钧:《竞争法视角下对新型不正当竞争行为的规制与界定》，载《中国工商报》2017 年 12 月 28 日。

60. 魏小雨:《互联网平台经济与合作治理模式》，载《黑龙江社会科学》2017 年第 1 期。

61. 黄晓锦:《大数据时代数据分享与抓取的竞争法边界》，载《财经问题研究》2018 年第 2 期。

62. 李雨峰:《互联网领域不正当竞争行为的判定》，载《重庆邮电大学学报(社会科学版)》2016 年第 1 期。

63. 薛军:《质疑“非公益必要不干扰原则”》，载《电子知识产权》2015 年第 Z1 期。

64. 黄勇:《论互联网不正当竞争的“新边界”》，载《电子知识产权》2015 年第 Z1 期。

65. 宋亚辉:《网络干扰行为的竞争法规制——“非公益必要不干扰原则”的检讨与修正》，载《法商研究》2017 年第 4 期。

66. 孔祥俊:《论反不正当竞争的基本范式》，载《法学家》2018 年第 1 期。

67. 蒋舸:《〈反不正当竞争法〉一般条款在互联网领域的适用》，载《电子知识产权》2014 年第 10 期。

68. 叶明、陈耿华:《反不正当竞争法视野下商业道德认定的困局及破解》，载《西南政法大学学报》2017 年第 10 期。

69. 吴太轩、史欣媛:《互联网新型不正当竞争案件审理中商业道德的认定规则研究》，载《现代财经》2016年第1期。

70. 孔祥俊:《论反不正当竞争法的现代化》，载《比较法研究》2017年第3期。

71. 郑友德、杨国云:《现代反不正当竞争法中“竞争关系”之界定》，载《法商研究》2002年第6期。

72. 孔祥俊:《〈反不正当竞争法〉修改完善的若干思考》，载《经济法论丛》2017年第1期。

73. 王永强:《网络商业环境中竞争关系的司法界定——基于网络不正当竞争案件的考察》，载《法学》2013年第11期。

74. 孔祥俊:《论反不正当竞争法的新定位》，载《中外法学》2017年第3期。

75. 史晋川、刘晓东:《网络外部性、商业模式与PC市场结构》，载《经济研究》2005年第3期。

76. 焦海涛:《不正当竞争行为认定中的实用主义批判》，载《中国法学》2017年第1期。

77. 吴峻:《反不正当竞争法一般条款的司法适用模式》，载《法学研究》2016年第2期。

78. 蒋舸:《关于竞争行为正当性评判泛道德化之反思》，载《现代法学》2013年第6期。

79. 王磊:《法律未列举的竞争行为的正当性如何认定——一种利益衡量的新进路》，载《法学论坛》2018年第5期。

80. 曹新明:《试论反不正当竞争法的价值取向》，载《中南政法学院学报》1996年第4期。

81. 王保树:《社会主义市场经济与民法学经济法学研究》，载《中国法学》1993年第4期。

82. 郑友德、范长军:《反不正当竞争法一般条款具体化研究——兼论〈中华人民共和国反不正当竞争法〉的完善》，载《法商研究》2005年第5期。

83. 刘继峰:《反垄断法益分析方法的建构及其运用》，载《中国法学》2013年第6期。

84. 吴峻:《反不正当竞争法一般条款的司法适用模式》，载《法学研究》2016 年第 2 期。

85. 范长军:《行业惯例与不正当竞争》，载《法学家》2015 年第 5 期。

86. 吕来明、卢长青:《商业道德的法律化与商人思维评判》，载《中国商法年刊(2013)》。

87. 谢晓尧:《竞争秩序为何更多原则而非规则》，载《深圳特区报》2015 年 3 月 24 日。

88. 谢晓尧:《法律的不确定性与司法应对之道》，载《深圳特区报》2014 年 1 月 7 日。

89. 黄俊榜、谢晓尧:《互联网环境中广告过滤行为正当性解释》，载《法治社会》2018 年第 5 期。

90. 吴伟光:《大数据技术下个人数据信息私权保护论批判》，载《政治与法律》2016 年第 7 期。

91. 李博洋:《司法裁判的外部性》，载《中山大学研究生学刊(社会科学版)》2013 年第 1 期。

92. 吴太轩:《互联网新型不正当竞争案件中的竞争关系认定研究》，载《经济法论坛》(第 19 卷)，法律出版社 2017 年版。

93. 兰磊:《比例原则视角下的〈反不正当竞争法〉一般条款解释——以视频网站上广告拦截和快进是否构成不正当竞争为例》，载《东方法学》2015 年第 3 期。

94. 黄娟:《〈反不正当竞争法〉中的一般条款研究》，载《山东社会科学》2013 年第 1 期。

95. 舒国滢:《法律适用的困境——方法论视角的四个追问》，载《苏州大学学报(哲学社会科学版)》2005 年第 1 期。

96. 邵建东:《〈反不正当竞争法〉中的一般条款》，载《法学》1995 年第 2 期。

97. 曾琦、方小敏:《德国反不正当竞争法一般条款具体化研究》，载《孝感学院学报》2011 年第 3 期。

98. 吴峻:《反不正当竞争法一般条款的司法适用模式》，载《法学研究》2016 年第 2 期。

99. 张敏、杨宇昕:《比例原则视角下商业道德的认定——以互联网新型不正当竞争案件为对象》，载《上海商学院学报》2016 年第 6 期。

100. 高兆明:《主观善、客观善与商业道德——重读恩格斯〈英国工人阶级状况〉1892 年序》，载《浙江社会科学》2004 年第 1 期。

101. 孟雁北:《我国反不正当竞争法视野中的商业道德解读——以互联网不正当竞争行为的规制为例证》，载《中国工商管理研究》2012 年第 12 期。

102. 蒋舸:《〈反不正当竞争法〉网络条款的反思与解释——以类型化原理为中心》，载《中外法学》2019 年第 1 期。

103. 焦海涛:《论互联网行业反垄断执法的谦抑性——以市场支配地位滥用行为规制为中心》，载《交大法学》2013 年第 2 期。

104. 孔祥俊:《论新修订〈反不正当竞争法〉的时代精神》，载《东方法学》2018 年第 1 期。

105. 颜运秋:《习近平法治思想中有关公益诉讼的重要论述及其展开》，载《中国政法大学学报》2022 年第 1 期。

106. 孙谦:《论检察机关法律监督的几个问题》，载《当代法学》1987 年第 4 期。

107. 朱孝清:《中国检察制度的几个问题》，载《中国法学》2007 年第 2 期。

108. 巩固:《公益诉讼的属性及立法完善》，载《国家检察官学院学报》2021 年第 6 期。

109. 秦前红:《两种“法律监督”的概念分野与行政检察监督之归位》，载《东方法学》2018 年第 1 期。

110. 张雪樵:《检察公益诉讼比较研究》，载《国家检察官学院学报》2019 年第 1 期。

111. 刘艺:《论国家治理体系下的检察公益诉讼》，载《中国法学》2020 年第 2 期。

112. 胡卫列:《从一般监督到公益诉讼——习近平法治思想指引新时代检察事业创新发展的历史见证》，载《人民检察》2021 年第 21 期。

113. 俞可平:《推进国家治理体系和治理能力现代化》，载《前线》

2014 年第 1 期。

114. 胡卫列:《国家治理视野下的公益诉讼检察制度》，载《国家检察官学院学报》2020 年第 2 期。

115. 孙笑侠:《论法律与社会利益——对市场经济中公平问题的另一种思考》，载《中国法学》1995 年第 4 期。

116. 刘艺:《构建行政公益诉讼的客观诉讼机制》，载《法学研究》2018 年第 3 期。

117. 薛刚凌:《行政公益诉讼类型化发展研究——以主观诉讼和客观诉讼划分为视角》，载《国家检察官学院学报》2021 年第 2 期。

118. 胡卫列、孙森森:《实务与理论深度融合 推进公益诉讼检察新发展——2021 年公益诉讼检察研究综述》，载《人民检察》2022 年第 4 期。

119. 吕忠梅:《从后果控制到风险预防 中国环境法的重要转型》，载《中国生态文明》2019 年第 1 期。

120. 胡婷婷:《欧洲环境司法制度及启示》，载《人民检察》2020 年第5 期。

121. 秦前红:《两种“法律监督”的概念分野与行政检察监督之归位》，载《东方法学》2018 年第 1 期。

122. 张百灵:《预防性环境行政公益诉讼的理论基础与制度展开》，载《行政法学研究》2021 年第 6 期。

123. 秦天宝、陆阳:《从损害预防到风险应对：预防性环境公益诉讼的适用基准和发展方向》，载《法律适用》2022 年第 3 期。

124. 吴光荣、赵刚:《消费者团体提起公益诉讼基本问题研究》，载《法律适用》2015 年第 5 期。

125. 张新宝、赖成宇:《个人信息保护公益诉讼制度的理解与适用》，载《国家检察官学院学报》2021 年第 5 期。

126. 高志宏:《“公共利益”：立法梳理与学术反思》，载《苏州大学学报》2013 年第 2 期。

127. 徐海燕:《公共利益与拆迁补偿：从重庆最牛“钉子户”案看《物权法》第 42 条的解释》，载《法学评论》2007 年第 4 期。

128. 张钦昱:《〈民法典〉中的公共利益——兼论与公序良俗的界分》，载《暨南学报（哲学社会科学版）》2021 年第 7 期。

129. 王轶、关淑芳:《认真对待民法总则中的公共利益》，载《中国高校社会科学》2017 年第 4 期。

130. 薄振峰:《朱利叶斯·斯通的社会法学思想》，载《清华法学》2006 年第 3 期。

131. 刘连泰:《“公共利益”的解释困境及其突围》，载《文史哲》2006 年第 2 期。

132. 王利明:《论征收制度中的公共利益》，载《政法论坛》2009 年第 2 期。

133. 韩波:《公益诉讼制度的力量组合》，载《当代法学》2013 年第 1 期。

134. 顾凌云:《行政法哲学中的公共利益本位论》，载《国家检察官学院学报》2006 年第 2 期。

135. 何增科:《市民社会概念的历史演变》，载《中国社会科学》1994 年第 5 期。

136. 褚江丽:《我国宪法公共利益原则的实施路径与方法探析》，载《河北法学》2008 年第 1 期。

137. 钱玉文:《消费者权的经济法表达——兼论对〈民法典〉编纂的启示》，载《法商研究》2017 年第 1 期。

138. 赵祖斌:《反不正当竞争公益诉讼：消费者权益保护的另一途径》，载《中国流通经济》2020 年第 11 期。

139. 颜运秋、周晓明:《竞争公益诉讼的法理与规则》，载《甘肃社会科学》2008 年第 2 期。

140. 薛克鹏:《经济法司法实施困境及体制创新》，载《法学论坛》2017 年第 4 期。

141. 焦海涛:《不正当竞争行为认定中的实用主义批判》，载《中国法学》2017 年第 1 期。

142. 潘剑锋、郑含博:《行政公益诉讼制度目的检视》，载《国家检察官学院学报》2020 年第 2 期。

143. 梁鸿飞:《检察公益诉讼：法理检视与改革前瞻》，载《法制与社会发展》2019 年第 5 期。

144. 陈耿华:《论竞争法保障消费者利益的模式重构》，载《法律科学（西北政法大学学报）》2020 年第 6 期。

145. 谢甜甜:《构建我国消费者公益诉讼制度》，载《法学论坛》2015 年第 2 期。

三、学位论文类

1. 邱本:《自由竞争与秩序调控——经济法的基础建构与原理阐析》，中国社会科学院 2000 年博士学位论文。

2. 柴聪:《视频聚合平台盗链的著作权研究——以“腾讯诉快看影视案”为例》，西南政法大学 2017 年硕士学位论文。

3. 赵红雨:《视频聚合平台侵权问题研究》，河北大学 2017 年硕士学位论文。

4. 曹悦子:《信息抓取的反不正当竞争法规制研究》，西南大学 2017 年硕士学位论文。

四、网络及其他

1. Directive 95/46/EC of the European Parliament and of the Council of 24 October 1995 on the protection of individuals with regard to the processing of personal data and on the free movement of such data (Data Protection Directive), OJ L 281/ 31.

2. Charter of Fundamental Rights of the European Union art. 8, 2010 O.J.C 83/02, at 10.

3. Directive 2002/58/EC of the European Parliament and of the Council of 12 July 2002 concerning the processing of personal data and the protection of privacy in the electronic communications sector (Directive on privacy and electronic communications), OJ L 201/37, at 37.

4. 北京市第一中级人民法院（2000）一中知初字第 16 号民事判决书。

5. 北京市高级人民法院（2001）高知终字第 33 号民事判决书。

6. 北京市朝阳区人民法院（2010）朝民初字第 37626 号民事判决书。

7. 北京市第一中级人民法院（2011）一中民终字第 12521 号民事判决书。

8. 北京市第一中级人民法院（2013）一中民初字第 2668 号民事判决书。

9. 北京市高级人民法院（2013）高民终字第 2352 号民事判决书。

10. 北京市海淀区人民法院（2013）海民初字第 13155 号民事判决书。

11. 北京市海淀区人民法院（2013）海民初字第 17359 号民事判决书。

12. 最高人民法院（2013）民三终字第 5 号民事判决书。

13. 北京市第一中级人民法院（2014）一中民终字第 3283 号民事判决书。

14. 北京市第二中级人民法院（2014）二中民（知）初字第 9577 号民事判决书。

15. 北京知识产权法院（2014）京知民终字第 79 号民事判决书。

16. 上海市浦东区人民法院（2015）浦民三（知）初字第 528 号民事判决书。

17. 上海知识产权法院（2016）沪 73 民终 242 号民事判决书。

18. 北京市海淀区人民法院（2015）年海民（知）初字第 12602 号民事判决书。

19. 北京知识产权法院（2016）京 73 民终 588 号民事判决书。

20. 浙江省杭州市中级人民法院（2018）浙 01 民终 7312 号民事判决书。

21. 最高人民法院（2021）最高法民申 3881 号民事裁定。

22. 北京知识产权法院（2018）京 73 民终 558 号民事判决书。

23. French Autorité de la concurrence, German Bundeskartellamt, Competition Law and Data, Competition Law and Data, 10th May, 2016, at 28.Available at: http://www.autoritedelaconcurrence.fr/doc/reportcompetition-lawanddatafinal.pdf，2018 年 2 月 26 日访问。

24. Outside of merger reviews, U.S. Untitrust law generally does not impose a unilateral duty to share one's assets with competitors, Bernard (Barry) A. Nigro Jr., Big Data and Competition for the Market, Department of Justice, at3 (Dec.13, 2017). Available at: http://www.justice.gov/opa/speech/file/1017701/download，2018 年 9 月 21 日访问。

25. U.S. The White House. (2012). Consumer Data Privacy in a Networked World: A Framework for Protecting Privacy and Promoting Innovation

in the Global Digital Economy, Retrieved February 26, 2018, from https://www.hsdl.org/?abstract&did=700959.

26. U.S. Executive Office of the President. (2014). Big Data: Seizing Opportunities, Preserving Values, Retrieved February 26, 2018, from https://obamawhitehouse.archives.gov/sites/default/files/docs/big_data_privacy_report_may_1_2014.pdf.

27. U.S. Federal Trade Commission. (2016). Big Data: A Tool for Inclusion or Exclusion? Understanding the issues, Retrieved February 26, 2018, from https://www.ftc.gov/system/files/documents/reports/big-data-tool-inclusion-or-exclusion-understanding-issues/160106big-data-rpt.pdf.

28. http://sohu.com/a/229929263_468714，2018 年 4 月 29 日访问。

29. http://www.alibabagroup.com/cn/ir/home，2018 年 12 月 25 日访问。

30. http://m.baidu.com/sf_bk/item/腾讯/112204?fr=aladdin&ms=1&rid=7820394753051466094，2018 年 12 月 25 日访问。

31. http://m.baidu.com/sf_bk/item/ 百 度 /6699?fr=aladdin&ms=1&rid=7901035466218254729，2018 年 12 月 25 日访问。

32. http：//eur-lex.europa.eu/content/news/building_EU_data_economy.html，2018 年 2 月 22 日访问。

33. Page Fair (2017). The state of the blocked web. 2017 Global Ad block Report. online Page Fair, p.5.Available at: https://pagefair.com/downloads/2017/01/PageFair-2017-Adblock-Report.pdf,2018 年 9 月 25 日访问。

34. Page Fair and Adobe (2015). The cost of ad blocking. Page Fair and Adobe 2015 Ad Blocking Report. online Page Fair and Adobe, p.1. Available at: https://downloads.pagefair.com/wp-content/uploads/2016/05/2015_report-the_cost_of_ad_blocking.pdf，2018 年 9 月 25 日访问。

35. 陶钧:《涉网络不正当竞争纠纷的回顾与展望（一）——近五年北京法院审判的总体概况》，载微信公众号“知产力”2015 年 5 月 15 日，http://mp.weixin.qq.com/s/5U_z_m3GgjAhTjKAAY1B5g，2018 年 11 月 24 日访问。

36. 海淀法院课题组:《北京市海淀区人民法院关于网络不正当竞争纠

纷案件的调研报告（三）》，载微信公众号“知产力”2016年8月12日，https://mp.weixin.qq.com/s /DGPbk2GAvh7FUNJCuuiHig，2018年12月8日访问。

37. 习近平：《关于〈中共中央关于全面推进依法治国若干重大问题的决定〉的说明》，载http://www.xinhuanet.com/politics/2014-10/28/c_1113015372.htm，2022年5月10日访问。

38.《中央全面深化改革领导小组第十二次会议召开》，载http://www.gov.cn/xinwen/2015-05/05/content_2857332.htm，2022年5月10日访问。

39.《中共中央关于加强新时代检察机关法律监督工作的意见》，载检察日报正义网，https://mp.weixin.qq.com/s/Dw04g_bXfrpiBJOqwE6Pgg，2022年6月12日访问。

40.《最高检第八厅2020年9月18日发布：〈关于积极稳妥拓展公益诉讼案件范围的指导意见〉》，载https://mp.weixin.qq.com/s/6A7CYfAgLYzfyvRgdWLrEQ，2022年6月11日访问。

41.《最高检、国铁集团联合发布铁路安全生产领域公益诉讼典型案例》，载微信公众号“最高人民检察院”，https://mp.weixin.qq.com/s/ofIxgHGdY5oitI7mq_lu5g?from=singlemessage&isappinstalled=0&scene=1&clicktime=1655030487&enterid=1655030487，2022年6月12日访问。

42.《最高检、应急管理部联合发布安全生产领域公益诉讼典型案例》，载微信公众号“最高人民检察院”，https://mp.weixin.qq.com/s/UBNV4g_C_wtSRZWAbalUEg，2022年6月12日访问。

43.《全国人大常委会法制工作委员会副主任刘俊臣：关于〈中华人民共和国个人信息保护法（草案）〉的说明——2020年10月13日在第十三届全国人民代表大会常务委员会第二十二次会议上》，载全国人大网，http://www.npc.gov.cn/npc/c30834/202108/fbc9ba044c2449c9bc6b6317b94694be.shtml，2022年6月5日访问。

44.《网络不是法外之地！最高检发布11个典型案例》，载微信公众号“最高人民检察院”，2021年1月25日发布，https://mp.weixin.qq.com/s/R0IJyGPurLYOIo1V0ZDMaQ，2022年6月25日访问。

后　记

本书的写作始于2018年，初稿完成于2019年，沉淀了一年后，2021年和2022年笔者结合具体实践，又对书稿作了全面、系统修改完善。

阅读、思考和写作是非常愉快和满足的过程。通过阅读回望历史、考察现在、凝视未来，通过思考观察和追问实践中的冲突，通过写作的表达促进梳理、归纳和总结所得。哈里斯风趣的思辨常常幽灵一般地冒出来，法律是干什么的？要实现什么？如何改进？我们究竟应该到哪里寻找法律？如果按照德沃金的观点，政策和原则之分在于政策是整个社会的目标，原则是个人或团体的权利，那么属于政策范畴的社会公共利益又怎么样用法律来界定和保护？拉德布鲁赫对最终价值判断的回答一定是“我们不知道”，这缓解了多少冥思苦想的焦虑。“不可知论”固然局限，可是人类的认知或许只能是一个通过相对真理尽量接近绝对真理的过程，“社会公共利益”似乎就有这样的“不可说性”，不特定的多数人、不特定的利益内容。凯尔森说社会秩序所能够保护的幸福只是集体意义上的幸福，是立法者认为的幸福，人类的哪些幸福满足是必要的呢？实则都是人的价值判断的主观过程。可是，也总有被普遍接受的价值判断，正义不能超越历史，但我们也总能在特定的历史发展阶段中找寻它的踪迹和规律。即便置于特定的历史阶段，实证主义法学家和新自然法学家所争论的“实际是这样的法律”和“应当是这样的法律”也足以让我们幻想能否立足法律的实然状态拥抱应然的它。帕特森曾称赞庞德关于社会利益的分类是他对法律哲学最重要的贡献，诚然，庞德早在20世纪提出关于“保护社会资源的利益”和“一般进步的利益”也促使我们反思人类在不同的历史阶段必然有值得不懈追求的价值。然而，法律是一个非常复杂的现象，正如博登海默所说的，仿佛一座有许多厅室角落的大厦，仅凭一盏灯难以同时照明每一处。法律适用要关注的法律本身的问题和社会现象是多方面的、复杂的，反不正当竞争法就是如此，它既发端于传统的保护经营者路径，又因现代化的需求把消费者利益纳入判断标准，并且基于经济法部门的定位与法律属性，可能要以重构反不正当竞争法社会公共利益保护模式的视角探索新的路径。

马克思主义的唯物史观时刻提醒我们，法律从来不是超越历史的，不是超越人类社会的，归根结底是由一定的社会物质生活条件所决定的，这也就决定了我们观察反不正当竞争法的新发展，必然要放在互联网时代、大数据经济深刻改变生产生活方式的背景下，并且注意到在全球治理体系发生重大变革的背景下，检察公益诉讼作为一种参与国家治理体系现代化建设的法治手段的重大优势，反不正当竞争法在新的经济社会格局之下对社会公共利益的保护有着新的要求，检察公益诉讼提供了新的手段。

在这个令我沉浸的阅读、思考和写作的过程里，有大量的学术理论成果、一线检察官的实践成果指引我、启发我，有我的恩师、领导的指导和帮助。我的博士生导师刘继峰教授是一位学术严谨、志趣高雅、温和敦厚的老师，多年来给予了我和师弟师妹们太多耐心、细致的指导、关怀。老师写过一篇树洞的文章，不经意间暴露了他小心翼翼扮演树洞的内心，时刻准备着、等待着我们的倾诉和求助。我女儿的传统文化启蒙是师爷爷一直亲自关心的，总按照“晚照对晴空，来鸿对去雁”的格式聊。我的硕士生导师刘智慧教授，早在十几年前就抱着电脑，提着干粮，亲赴法大昏暗破败的学生宿舍楼教我改文章，当时我对信托法充满浓厚的兴趣，老师就很耐心地保护我这份兴趣，这一幕至今依然常常温暖我。感谢我的师弟师妹，感觉他们常常扮演师兄师姐的角色，陪我探讨各种问题，忍受我随时随地的打扰，他们的阳光、真诚一直在感染我。

人不可能不受到视野、认知的局限，也不可能毫无成见。持续学习写作的过程也是我学习和接受不同观点、给予自己更多的思想可能性的过程，尽量抛弃局限与成见，不断升华的过程。本书必然存在诸多的错误和疏漏，怀着忐忑的心情，感激批评指正。

致敬心中的求知、正义与柔情。

兰　楠

2024 年 7 月